第二辑

中国古文书学研究

中国社会科学院古代史研究所 古代社会史研究室
隋唐五代十国史研究室◎编
中国社会科学院徽学研究中心、敦煌学研究中心

刘子凡◎主编

广西师范大学出版社
GUANGXI NORMAL UNIVERSITY PRESS
·桂林·

中国古文书学研究 第二辑
ZHONGGUO GUWENSHUXUE YANJIU DI-ER JI

图书在版编目（CIP）数据

中国古文书学研究. 第二辑 / 刘子凡主编. -- 桂林 : 广西师范大学出版社, 2024. 12. -- ISBN 978-7-5598-7750-5

Ⅰ. K877-53

中国国家版本馆 CIP 数据核字第 2024CT2671 号

广西师范大学出版社出版发行
（广西桂林市五里店路 9 号 邮政编码：541004
网址：http://www.bbtpress.com）
出版人：黄轩庄
全国新华书店经销
三河市三佳印刷装订有限公司印刷
（河北省三河市杨庄镇杨庄村 邮政编码：065200）
开本：787 mm × 1 092 mm 1/16
印张：13.5 字数：255 千
2024 年 12 月第 1 版 2024 年 12 月第 1 次印刷
定价：158.00 元

目　录

古代史研究所70周年所庆访谈专栏

古文书整理与研究

古文书与历代制度

编者按：2022年，中国社会科学院古代史研究所（原历史研究所）为筹备所庆，组织对为本所发展做出突出贡献的老先生进行访谈，请老先生们回顾在所期间个人及学科的发展。其中，张弓、黄正建、郭松义等先生在访谈中，详细介绍了历史研究所敦煌学、古文书学、明清档案研究的成绩与贡献。2024年，时值古代史所成立70周年，本刊特设立访谈专栏，刊载三位先生的所史访谈文稿，以展现古代史所古文书学发展的历史脉络与学科基础。

《英藏敦煌文献》与古代史所敦煌学研究
——访张弓先生

刘子凡

张弓（麋弓），生于1938年5月，籍贯河南省新野县。1961年北师大历史系本科毕业，1981年中国社科院研究生院毕业。社科院原历史研究所研究员（已退休），曾任副所长、院敦煌学研究中心主任，中国唐史学会副会长；曾任华梵大学东方人文思想研究所客座教授、高丽大学史学科中国历史研究班客座教授。

出版专著《唐朝仓廪制度初探》（中华书局，1986年）、《汉唐佛寺文化史》（中国社会科学出版社，1997年）、《汉传佛教与中古社会》（五南图书出版股份有限公司，2005年）。主编《英藏敦煌文献（汉文佛经以外部分）》第五、六卷（四川人民出版社，1992年）、《敦煌典籍与唐五代历史文化》（中国社会科学出版社，1996年）等。

问：您是古代史所唐史和敦煌学学科的重要人物，尤其是您是咱们历史所第一届研究生，毕业之后留在所里，给咱们学科和研究所发展做出了很大贡献。首先就请您介绍一下您入所时候的经历，就是您那一代老先生，还有您本人对我们所的一些贡献。

答：我是1978年“文化大革命”以后第一次招研究生考进来的。来之前我是跟着吴晗编《中国历史小丛书》。那一年看到报上的广告，说是只要是出生在1938年3月31号以后的都可以报考，我是5月1号出生，正好在这个范围里边。那个时候的《历史小丛书》已经不再编了，在市教育局编历史课本的工作也告一段落，正好赋闲。我向教育局的领导汇报了考研想法，得到领导支持，就来报考。当时编教材，我参编的是隋唐史，就报考了隋唐专业。导师是唐长孺先生，他是咱们所的特约研究员，武汉大学教授。当时以为就在北京、在咱们所里读书。录取了以后，唐先生说后两年要跟他到武汉大学读，我就有些犹豫，因为我有两个孩子，年龄也比较大了。我就同妻子商量，说要到武汉去，两个孩子、负担很重，读还是不读。妻子是老师，支持我读，就决定还是读吧。

历史系一期的同学，我记得招了三十六个。三十六个同学，南方的、北方的都有，天南海北，年龄差距较大，经历差别也大。我们相处得非常好，因为那是十年“文化大革命”以后的第一批。社科院当时条件也差。办研究生院没有地方，借住北京师范大学西斋的西楼和南楼，同学都住在那里，上课也是借北师大的礼堂、教室。同学们在一起，很快都熟了。隋唐史专业招了两人，就是黄正建同志和我。我比正建大十六岁。跟唐先生见面的时候，他说“我就是要招一个大的、一个小的”。三十六个同学年龄大排行，我们两人也恰好把在两头。第一年学公共课，外（日）语、政治经济学，主要是这两门，就是在师大学的，讲课的老师都到师大去。因为当时家务负担比较重，我没有在学校住，住在家里，每天骑车“走读”去上课。第一年在北师大，以后第二、第三年，我们两个就来武汉大学了。唐先生在武大历史系同时也招有六位研究生，我们两个加入进来，八生相聚，时称“八大金刚”。第一届招人多一点，三年以后留在所里的，大概有一半多一点。一般因为师从的导师散处各地，我们俩在武大，还有杭州大学的、北师大的、华东师大的、川大的。这分散各地、各校的老师，往往会把他的学生留下来，这些学生也就没有到所里来。也有因为家属等原因不便留北京，分回外地了。“文化大革命”以后，终于有第一批自己的研究生进来，那时所内各研究领域都已有些青黄不接了。

我到所里来，因为年龄比较大，又当过编辑，编过《中国历史小丛书》、历史课本，所领导就说你还是当编辑吧，到《中国史研究》编辑部，跟李祖德同志一起编杂志。我当时还有点思想波动。我说我来所是想做一点研究工作，让当编辑，我原来就做编辑，还考研究生做什么呀。后来说你还是服从分配，我说好吧，党员服从分配，就到编辑部了。从1981年干到1985年，又调到科研处。当时科研处处长刘忠同志，年龄比较大，他退休后我就接替他做科研处处长。当时所长是林甘泉同志，副所长熊德基先生、李学勤同志，我跟着他们做一些科研相关的具体工作。

在所里这些年，到1998年退休，实际上我在所里工作只有十七年，因为来的时候都四十三岁了。这十七年，大概可以划分为两段。第一段就是“双肩挑”的时候，从编辑部到科研处，再到副所长，都是“双肩挑”，一边做行政工作，一边还要做自己的研究工作，直到1992年。1992年以后呢，行政工作就解脱了。解脱以后我就专心致志做科研，当时分配我到敦煌组。隋唐室里边有一个敦煌组，当时宋家钰同志是组长，还有唐耕耦同志、黄正建同志。黄正建同志毕业回来，他就到隋唐室，分在敦煌组。敦煌组的工作，不久就转移到《英藏敦煌文献》的拍摄、编辑和出版工作上。大概就是这两个阶段，“双肩挑”阶段和做研究阶段。我专心于研究，从1992年到退休，只有六年的时间。

图1　张弓先生在伦敦大学亚非学院（SOAS）留学生公寓卧室（1987年9月20日—11月10日居住）

问：请您介绍一下本所的唐史和敦煌学科，从创立到发展，您了解的一些情况。

答：咱们所唐史研究，确实学术力量比较强，而且学术积累和专家力量都是比较强的。最早历史所有三个所，远古到秦汉是第一所，魏晋南北朝以后是第二所，近代是第三所。咱们这是一二所合的。二所的老所长陈垣先生，他本身就是最早的一位敦煌学家。伯希和和斯坦因把敦煌的好多文书劫走，引起了国内的重视。当时这个政府就赶快把敦煌剩下来的文书都拿到北京来了。当时陈垣先生在故宫任职。卷子拿到北京来，就让陈垣先生来编。他后来编成了《敦煌劫余录》。都是遭劫以后剩下来的敦煌卷子，所以叫“劫余录”。垣老是咱们国家第一代的敦煌学者。原历史二所副所长向达先生也是一位敦煌学家。还有贺昌群先生，他们当时的唐史研究，都非常重视敦煌文书。后来比他们年轻一点的专家里边，像张泽咸先生、唐耕耦先生，还有宋家钰先生、李斌城先生、方积六先生，从事唐史研究的这五位先生都是有成就的，有自己的著作。

问：刚才您也提到敦煌组，我们在敦煌学方面的贡献非常大，为敦煌学的发展做了特别多的贡献。请介绍一下敦煌组的成立和发展的大概情况。

答：我所的敦煌学研究"文化大革命"前就有了。早期敦煌学的研究工作，倡导者主要是贺昌群先生。因为向达先生在北大做教授，垣老在师大做校长，他们不具体地做所里的研究工作。主要是贺昌群先生提倡要重视敦煌学研究。在20世纪50年代，大英图书馆把自己所藏一部分卷子缩微化，成为市场上的商品。咱们国内在50年代就买到了英藏敦煌缩微胶卷。据我所知，北京图书馆有一套，科学院图书馆有一套，我读书的武汉大学唐长孺先生也买了一套。当时这三个地方就有了敦煌卷子，我都去查阅过，都是英国那个原卷。咱们所就利用这缩微胶卷，由贺昌群先生带头，还有宋家钰同志、唐耕耦同志，三位先生选卷编了《敦煌资料》，现在称它是第一辑。此辑以敦煌文书里边的唐五代经济文书为主。现在看起来，这部《敦煌资料》的不足之处，一个是内容尚显单薄，再一个是错漏也比较多。但它毕竟是第一本，它的价值也在于第一本。出版以后很被唐史界所重视。因为它是除了两《唐书》、《资治通鉴》以外，有关唐五代重要的传世文献原卷，受到唐史学者的重视和欢迎。

"文化大革命"以后我们来所时，宋家钰和唐耕耦两位先生还在坚持敦煌学研究。为方便读卷，他们提出经费申请，希望把缩微胶卷放大，方便研究使用。他们的建议得到院领导重视，批给两万元，把北图的缩微胶卷拍照、放大、复制成数千张八开大的纸卷，阅读方便，不必再去费力摇胶卷了。这一工作黄正建同志比较熟悉，当时他就是配合宋家钰、唐耕耦，清点一批批的照片。法藏的敦煌写本，是70年代制作了缩微胶卷。我听说的是咱们国家领导人到法国访问的时候，提出引进法藏缩微胶卷的要求。这套法藏胶卷放在北图，是付费买的还是法国送的，我不太清楚。咱们所就把法藏的也拍照、放大、复制了，也是八开纸那么大，黄正建同志亲自整理的。后来，唐耕耦同志编了一套《敦煌社会经济文献真迹释录》。他后来离开历史所，调到北京图书馆去，利用馆藏敦煌卷的完备条件，做出来这个成果。这部《真迹释录》有助于唐代经济史的研究，受到学术界的重视。

问：除了《敦煌资料》，咱们所还编过国内第一部敦煌大型图录，就是《英藏敦煌文献》。这个您也是亲身经历，请您详细介绍下《英藏敦煌文献》的情况。

答：《英藏敦煌文献》这个事情起源的时候，我还在科研处，还没有到敦煌组来，可是参与了。它的起始，是由于咱们有一个国际合作项目。就是我们历史研究所和英国伦敦大学亚非学院（SOAS）有一个学术合作的长期合同，不设定具体课题，双方约定一个课题一个课题去做，也就是一个多年合作项目中可以容纳多学科课题。最早的合作课题，就是我们的副所长李学勤先生，他和齐文心先生到英国去，寻访拍摄英国所藏小屯甲骨。英方的合作人是亚非学院教授艾兰博士，我们始终和艾兰博士联系。艾兰博士搞中国先秦史研究，汉语很好，最早由她和李学勤执行这个项目；随后齐文心先生参加，跟李学勤先生一起搞。这就是中英合作的第一个课题——英藏甲骨。后来结项完成，大型图集《英国所藏甲骨集》出版。这个课题完成以后，所领导说，这个国际合作项目可以搞敦煌。中英合作的后续课题就上了敦煌。

原本"文化大革命"前所里的敦煌研究已经有贺昌群先生和宋家钰、唐耕耦做过《敦煌资料》（第一辑）。我跟唐长孺先生读研究生的时候，硕士论文做"唐代仓廪制度研究"。这个课题的相关资料，正史中很少，在敦煌文书里面颇有正仓、义仓等相关资料。我利用武大历史系所藏那部缩微胶卷，摇卷查看、搜集资料，完成了论文《唐朝仓廪制度初探》的写作，后来中华书局给出版了。来到历史所以后，我继续阅读敦煌胶卷，做唐代经济史研究。当时就是跑科图、跑北图看卷子，重点搜集敦煌卷子里边的寺院经济文书，希望扩展学术视野，深化唐代经济史研究。唐代寺院经济文书里边有很多破历、入历、入破历，是当时敦煌寺院的账本，还有一些民间账本，都属于唐五代时期社会经济史范畴。所里把敦煌研究选为中英合作课题以后，我跟宋家钰相商，确定以《敦煌寺院文书资料》作为《敦煌资料》第二辑，去英图核对原卷。法藏敦煌卷子里也

图2　阅读敦煌写本（在大英图书馆写本阅览室）

有寺院文书，再向院里申请中法学术合作交流项目，外事局批四十天，也由咱们所、由家钰和我负责。去英国是从1987年8月到11月，大概三个月，法国是四十天，去英、法核对一下寺院经济资料。所里同意我们这个计划，我们两个就去了，先到英国去。

我们去伦敦大英图书馆看卷子，是经过亚非学院介绍的，而大英图书馆中文部的吴芳思博士和马克乐女士也都在中国留学过。吴芳思博士是在北大中文系，她说她还当过工农兵学员，那还是“文化大革命”期间。马克乐女士是在北京外国语学院的汉语班。两位女士管理中文组，她们对中国很有感情，中国话都很好。艾兰博士向她们提出以后，她们也变成这个项目的积极合作者。到她们那里看卷子，她们很欢迎。后来主要就是跟她们两位联系，艾兰教授就撤出了。我们两个借看卷子，大英图书馆对我们两人很照顾。馆内原来规定看敦煌卷子，一天只能看十卷，即十个号。我们两个就不做限制了，每天看多少卷都可以，这样时间就可以充分利用。

在看卷子的过程中，我们发现有两个大的问题。一个是卷子残破得很厉害。尽管他们的维修部很重视，从斯坦因拿过去以后，他们就确实是当作很重要的历史文化遗产来保护，专门有维修室。维修室我们都看了，最先是采用网格式，就是每一个卷子都用线格网给包上、保护上。可是这样没有考虑到使用者，你网格挡住字了，没办法看。后来就用透明赛璐珞给它包夹起来，每一个卷子夹一个。当然用赛璐珞包夹，看字也是不太清楚。后来搞了一个储藏室，偌大室内常年恒温恒湿。我们也进去参观过，室内排满玻璃柜，柜内分层铺放敦煌写卷。屋里、柜里边永远是那个温度和湿度，很有利于卷子的长期保存。可毕竟是一千多年前的纸张啊，残破得很厉害。

我们发现的另一个更重要的问题是，许多写卷上边的学术内容、学术信息，缩微胶卷不能完全反映出来。一个情况是，卷子上有附张，就是一个卷子上边又贴了一张，缩微的时候只能照上面的附张，下面的内容看不见。再一个情况是，有些卷子上写有红字，缩微胶卷反映不出来红字。还有一些字迹轻微、墨色太淡的，缩微胶卷也照不出来。这样的缩微写卷，内容就失真了。我跟家钰商量认为，就写卷目前这个状况，再从以后研究的需要来看，我们得赶快采取抢救措施，全部仔细拍照以留真。首先是把写卷中的非佛经部分、汉文的社会文书拍照。我们当时就从伦敦打电话给林甘泉同志，向所长报告写卷情况和我们这个想法，并请示可否把写卷的现状、须拍照留真的想法，去跟大英图书馆方面协商，这将是很大的工程。甘泉同志觉得有必要，当时就表示同意。我们随后就跟中文组负责人吴芳思博士相约共商。我们把写卷普遍存在的现状、必须抢救性拍摄以留真，以及历史所领导支持拍照等，详细说给她听。吴芳思甚表赞成，还主动建议说：“你们派专家来拍吧！想拍多少拍多少！”家钰和我心里明白，多日来我俩心无旁骛，倾情于借卷、读卷，赢得了英国朋友的高度认可。艾兰曾对我和家钰说，吴芳

图3　同马克乐女士阅读敦煌写本（在大英图书馆写本阅览室）

思私下对她讲，宋、张来英图，是认真做学问的。彼此间的融洽信任，换得了对方无条件的承诺。

拍摄经费的筹措，是当时面对的一个难题。先打电话向所长请援，甘泉同志表示所里经费有困难，又同周绍良先生相商。敦煌学家绍良先生是敦煌俗文学研究大家，兼任中国佛教协会副会长。先介绍伦敦访卷事由，便开门见山请教：重拍英藏非佛经写卷，量大，所需不菲，佛协能不能帮着解决拍摄经费呢？数日后，绍良先生有了主意。他说，佛协正在印制《乾隆大藏经》，咱们可以免费送给大英图书馆一套《龙藏》，换请英图给咱们提供拍摄胶卷。把绍良先生的意见跟吴芳思博士一说，她说："好，你们给我们一套《龙藏》，我们太欢迎了。这样的话，我们可以给你们提供拍照所用全部胶卷，给你们最好的德国胶卷！"双方就这样顺利达成协议。当时，双方都还不知道，需要拍照的非佛经写卷究竟有多少。没想到后来拍照的量有那么大。可是英方吴芳思她们依然信守承诺，一直给拍摄组提供德国优质胶卷。合作方式形成了：英方提供胶卷；中方拍照，中国出版；中国赠送英图一套《龙藏》。参加合作起初是两方四家列名——中、英两方，中方是历史研究所、中国佛教协会两家，英方是大英图书馆、伦敦大学亚非学院两家。后来出书的时候，绍良先生说"佛协不用署名了"，中方就只有历史研究所，成为两方三家署名。

当时因为我们的时间有限，就三个月，连看写卷带商谈合作，很快过去了。接着又到法国四十天。法藏写卷的保存情况，估计跟英藏差不多。起初也想中法合作，一起拍照、出版，谈判没有成功。法国国家图书馆东方部主任柯恩夫人不像吴芳思和马克乐，不懂中文，也没有到中国来过。她跟你就是谈生意了，她不让重新拍照，说可以用我们

图4　同“英博三英”（女士左起：白珍、罗森、希勒）在大英博物馆中国馆展室合影

图5　在伦敦圣保罗大教堂前

的缩微胶卷翻拍，翻一个照片五个克朗。那不得了，咱们没有钱哪，后来就没有谈成。在法图那四十天，我们就核对我们自己带的抄卷。

回来首先要落实拍照问题。英方说他们没有拍照的力量，谈妥的协议就是中国去选片、拍照。商量了一下，决定请当时敦煌学会副会长宁可教授，带领咱们所的王孖先生和王亚蓉先生。他们两位是跟沈从文先生编服饰史的，是拍摄的专家。第二年，1988年，他们三人来到大英图书馆。宁可先生一个人进敦煌写本库选卷。他把英藏全部一万多号写卷依次检阅了一遍。宁可教授本身是著名历史学家，又是敦煌学者，选卷做得仔细而准确。现在看来，他选出的非佛经部分的社会文书，可以说很完备，几无遗漏。他选定的卷子，依英方准允，当时就从库里提出；王孖、王亚蓉即予拍照，当晚洗出看效果；效果不理想可返工，第二天重新拍。就这样忙了好几个月。他们同我俩一样，一直住在伦敦大学亚非学院的留学生公寓。

吴芳思、马克乐女士说："往后，英图不会再允许另一家单位进我们的库选卷、拍照了，只允许你们历史所一家。"三人珍惜难得的良机，在拍摄过程中，还选拍了一些彩卷。吴芳思博士当时还说："你们历史所拿走的这套敦煌文书胶卷，它的文物价值，等同于我们英图馆藏的敦煌文书原件。不会有第二家再来拍了。希望你们珍惜它！"这一套珍贵的英藏敦煌写卷胶卷，现在还在咱们所里收藏。

他们三位完成拍照的任务、携卷归来以后，就是出版了。当时我们先在北京找了很多出版社，中华书局、文物出版社、北京出版社等都找了。中华、文物两家出版社，跟咱所的专业性质还有点关系。可是都要价太高，得补贴好几十万，咱们没有钱。后来宋家钰说，他是四川人，可以回成都去四川的出版社商量一下。不料到四川人民出版

图6　在法国国家图书馆东方部主任柯恩夫人办公室合影（1987年11月17日）

社，绝处逢生，因为他们的社长关源博是川大历史系毕业，他懂历史，懂敦煌的价值，所选责任编辑蔡济生也是历史专业毕业。他们很乐意接这个项目，就向上级四川出版局报告。四川出版局很关心、支持，说可以，你们需要多少经费，出版局都可以答应。一下子谈成了，在四川出。

出版社确定下来，开始整理据胶卷洗出的数千帧照片。这项工作主要是杨宝玉同志做的，她那时刚从北大毕业分配来所。宝玉同志读北大图书馆系，是白化文教授的敦煌学硕士生，专攻敦煌文学，请她负责整理照片，最合适不过。她带着全部照片到四川人民出版社去时，怀有身孕，很不容易。师勤同志配合宝玉，一起赴川。由于宝玉是内行，依照英图流水号，整理片子很快入手，选定了哪些可以出，哪些可以不出。他们两位忙了好几个月。全部选定后，交给责编蔡济生同志，进入出版社的编辑流程。

出版图集用什么纸来印，四川人民出版社也很认真。他们让我们询问吴芳思博士，看印制《英藏敦煌文献》用什么纸好。她说用海图纸。海图纸是印制海军地图的那种纸，不怕水，不会变脆、断裂。我们转告给出版社，他们去看了很多造纸厂，最后选定一家造海图纸的厂子。四川新华印刷厂还不惜重金，特为这套书从德国进口一套分色机。敦煌各式写卷照片经分色机处理以后，能在纸上显现最佳效果。阅看整套《英藏敦煌文献》图版，比阅看敦煌原卷还清楚。图版经分色处理，可以弱化那些非文字的东西，强化文字的东西，所以印出来格外清楚。蔡济生他们还使用“拼接法”编排图版：一张接一张，不要重叠行。不像台湾黄永武那个《敦煌宝藏》，图版相接有叠压：前图末尾两行，在后图开头再出现一下。你阅看我们的《英藏敦煌文献》十四卷，就跟看原卷子的感觉一样，前后没有重叠行，阅看很流畅。这个书，第一卷在1992年出版，在英国大使馆举行了首发仪式，英国大使馆文化参赞主持。为什么有英国驻华大使馆参与呢？因为这是我们历史所跟伦敦大学亚非学院和大英图书馆合作，是中英两国的文化合作项目，经费都是英中文化协会提供的；我和宋家钰、李学勤、齐文心去，宁可和王抒、王亚蓉去，到第四批余太山先生的“中外关系史研究”课题，都属于这个中英文化合作项目，都是英中文化协会给我们提供机票费、生活费。《英藏敦煌文献》第一、第二卷出版，是中英双方文化合作的大事，所以得到英国驻华大使的重视。在他们大使馆开的这个首发式，很多人去参加，有北京市的好多学者，还有新闻媒体记者，那次引起很大反响。《英藏敦煌文献》这部中英合作大型图集，后来被评为第二届国家图书奖一等奖。学术界普遍反映，看这部印制精美的敦煌写卷图集，比看原卷要方便多了，大家的评价还是不错的。后来日本学者听说了，池田温先生，还有土肥义和先生，说他们要买一套。他们两位先生各买了一套。韩国学者郑淳模先生也买了一套。他们都很高兴，因为他们都有缩微胶卷，《英藏》出来，觉得看这部图集方便多了。国内外评价都很不错。

图7　大型图集《英藏敦煌文献》封面

问：请您再介绍下《英藏敦煌文献》的定名问题。

答：这个卷子拍过来以后，确定了四川人民出版社出版。出版的时候，每个卷子需要有一个名称。当时组织了敦煌卷子的研究和定名组，请来了佛协的周绍良教授、首师大宁可教授，还有人大的沙知教授、北大的荣新江教授，咱们所有我、家钰、宝玉，前期还有牛来颖，组成一个定名组。定名费了很长的时间，因为十四卷，好几千个写本，包括各种社会文书，每件都要定名，要有一个学术名称，不能是白本。就开始按照编号走，按照英图的流水编号走。全部写本分作十四卷，分头负责主编：头两卷是周绍良先生；三、四卷是沙知先生；五、六、七三卷是宋家钰先生；八、九卷是我；十、十一、十二、十三、十四共五卷，宝玉、家钰两个人合编。大体上分作这十四卷。每一卷含数十件到百余件写本，每个写本都由主编先阅读、研究，给它一个暂拟名称。定名研究会从第一卷开始，按原有的流水号，围绕主编给的暂拟名称，逐篇讨论、研究、修改或重新定名，一篇一篇地，尽可能争取定名准确。十四卷数千件写本，召开无数次定名会，经历了三年多时间。开会也没有固定的地方。那时咱们历史所没有搬进前面的大楼，还在后院两层三号小楼里边，没有大点的会议室。先是到咱们院附近川办所在的四川饭店租房开会。因花费较多，随后改到东厂胡同近代史所，它有大会议室，借用的次数比较多，定名组几个人全过去。还去过西四牌楼中国佛协所在的广济寺，去过首都师大历史系，去过东四六条绍良先生府上。总之，三年多时间，到处打游击。每一次都是全体参加，只要定一个地方，大家都去。绍良先生是全国政协委员，在三月政协大会期间，他往往向政协请假，也要参加定名会。因为给每一件写本准确定名，是“百年大计工程”，先生们都有强烈的责任心！

问：当时的工作流程是什么样，一件一件地来？

答：流程是：照片洗出来，按照分卷号提供给主编，请他逐件考虑拟名。召开定名会时，主编当场呈示写卷照片，一件一件研究。当时先从绍良先生的头两卷开始，按卷号给大家看照片，就是传阅。大家传阅了这个写卷，都可以对它的内容性质发表意见。首先由主编绍良先生讲解他的拟名。当时绍良先生的助手有郝春文、李德龙、徐庆全，都是宁可先生的学生，协助绍良先生。每位主编都先把自己负责的那一卷所列写本，依照它的学术内涵，初拟一个名称。开会研究的时候，就围绕着主编的拟名，大家提意见，大家研究，最后确定一个名称，就这样定。有的卷子争论很大。特别是有一些写卷的内容在我们专业领域以外，我们都不大懂。因为是一批社会文书，内涵广博，涉及很多学术领域，有经济的、民俗的、政治的、宗教的、民族的、语言文字的……很多很多。有的时候就要请教相关专业的专家。比如像这个语言文字的，你得找语言文字学的专家来请教，形成最后一个定稿。就这样拖了很长时间，好几年，拖了好几年。到最后到第十二、十三、十四卷，宋家钰和杨宝玉主编的三卷写本定名，已经到1991年了。你看从1988年拍摄回来、出版社确定以后，当年就开始启动定名工作，经历了1988年、1989年、1990年、1991年共四年，为定名开了无数次的会。只有准确定名后才算定稿，才能发稿。发稿到四川人民出版社，责编蔡济生同志给每件多帧照片剪裁排序，选配适宜的海图纸等，都花费很多精力。还有邹小工同志，她充分调动个人才智和心力，为全书规格、版式的设计做出重大贡献。还有四川新华印刷厂的工人师傅们，他们把接手这个国际文化合作项目当作特殊任务，特批进口德国分色机，首先给各卷照片逐帧分色调整，精心对待印制的每个环节。所以这部大书印出来以后，摆上全国图书节的展台，设计典雅大气，印制严整精美，观众都说好。这部书确实是北京史学界、大英图书馆、四川人民出版社、四川新华印刷厂多界合作的成果。

简单说说法藏。咱们跟法国没有继续谈。后来上海古籍出版社听说我跟宋家钰先生去过，跟法图他们谈过，就跟法国联系。法国国家图书馆答应上海古籍出版社，只能用法图的敦煌缩微胶卷，照相翻拍。不像咱们同英图合作，是请王矜同志面对敦煌原卷，拿那个德国胶卷，一张一张重新拍。当时上海古籍出版社给咱们历史所来信，说他们要编《法藏敦煌文献》，问应该注意些什么。咱们这个定名组当时还在，就委托我给他们回一封信。我给上海古籍出版社回了一封信，要点是说，一定要给每件敦煌写本定个学术名称。我跟他们说，根据我们这个流程，胶片回来以后，得先洗成照片，据文本照片

6月22日
敦煌藏经洞
发现100周年

英藏敦煌文献

泪眼亲瞻怜落寞
暂接倩影慰故园
——关于《英藏敦煌文献》的回忆

图8　“纪念敦煌藏经洞发现一百周年”专文：张弓《泪眼亲瞻怜落寞　暂接倩影慰故园——关于〈英藏敦煌文献〉的回忆》（刊于《光明日报》2000年6月22日第3版）

定名；有了文本名称，出版以后才方便学者用。后来他们做得很大，还有俄藏也出了。现在英国做的IDP网，敦煌文书在网上都有了。敦煌学者现在要利用这个文书，都很方便了。不过咱们这部《英藏敦煌文献》，还有它的使用价值。

问：您曾经担任过咱们所的科研处处长，还曾经担任过副所长。您在担任领导期间，对咱们所的发展有什么经验？

答：我到科研处以后，甘泉所长就告诉我，所里有几个大的项目在做。几个大的项目里边，有几个属于文献方面的，包括咱们的英藏文献、甲骨文文献，还有徽州文书文献。这几个大的项目是咱们所里边很重要的学术领域，需要重视。除了英藏文献以外，徽州文书是和安徽合作。起初由周绍泉先生做，他已经不在了。以后由栾成显先生、阿风他们几位把这个项目给做起来了。还有几个属于学术著作类的大的集体项目，当时也要求科研处重点抓一抓。其中有一个，就是张政烺先生主持了几十年的《中国古代历史图谱》。这个书有它的特色，它是以图版为主，而且也是断代的；它还要配有学术性的文字，学术性文字要求简约。选择能够反映这个断代政治、经济、文化、军事各个方面的图片，作为全书主体，然后由我们学者给每类图片做文字的叙述。它不能是图片说明，而是学术性叙述、系统阐述。《图谱》的隋唐分册是黄正建先生做的，最早卢善焕同志曾经跟正建同志合作过。后来善焕岁数大了，如今九十多岁了，做不了了，是正建同志完成的。这部《图谱》是多卷本，编纂难度很大。首先涉及每一帧图版的版权问题，每帧图版的拍摄者，人家拥有版权。这个版权问题很麻烦。80年代，文物出版社曾经有意出版。我跟着张政烺先生去谈，跟文物出版社社长谈。主要因为千百帧图版的版权，涉及的人太多、太复杂，许多图版版权人找不到了，可又不能回避搁置它，谈判没有成功。后来，在我卸任后又过去多年，才终于完成了。再有一个多卷本项目《中国古代经济史》，是甘泉同志主编的，是咱们所和所外单位合作的大项目：先秦经济史由杨升南先生主编，秦汉经济史由林甘泉先生主编，唐代经济史由宁可先生主编，元代经济史由陈高华先生主编，明代经济史由刘重日先生主编，清代经济史由魏金玉教授主编。这是属于校际、所际合作的一个大项目。这个项目管理较松散，拖的时间比较长，后来没有可能统一统稿以后再出版，只好各卷完成以后，由各自的主编定稿出版，是陆陆续续出版的。还有一个大的集体项目是《中国古代社会生活史》多卷本，每个研究室都写。咱们研究室是斌城主任抓这个项目。这也是一个多卷本大项目。另外还有很多小的项目，有所里边的，有个人的。所有的项目科研处也要去过问，也要抓。

做学术组织工作的体会，主要是认识到国际学术合作是非常重要的学术发展方式。就说咱们所跟SOAS的合作项目。它属于中英两个学术单位之间的一项学术合作协议，课题可以更换，经费分别由中国社科院历史所、英中文化协会支持，课题由伦敦大学亚非学院和历史所实施、转换。我经历过三个项目的实施，第三个是余太山先生的中外关系史研究。他在英国有一个很好的条件，就是伦敦大学亚非学院给咱们提供一把复印室的钥匙。我、宋家钰在那儿的时候，也给我们复印室的钥匙。你可以复印任何你需要的学术资料，免费。余太山先生是做第三个课题时去的。他的英文好，他就把有关中国和外国交流历史的著作爬梳了一遍，复印了好大一箱子资料回来。太山同志做学术研究工作非常专注，这几十年，他什么活动也不参加，就专门搞他这套学问、搞他这个专业。最近他还把自己的著作都翻成英文。我跟太山说，他那次抱回来那一箱子都用上了！所以我觉得，类似于咱们跟SOAS的英中文化交流项目是一种很好的方式。再有这个机会就不要放弃，为了扩展我们历史所很多专业领域的学术视野，这样的机会要抓住。

另一类是所内外合作研究。主要是与国内高校和研究单位合作。譬如多卷本《中国古代经济史》。它的问题是外单位学者属“友情参与”，施行进程无法约束，管理难度大，易流于“各行其是”。敦煌文化研究中心的课题《敦煌典籍与唐五代历史文化》属于此类。这一课题实施结果较好。先说说敦煌文化研究中心。《英藏敦煌文献》出版以后，首先是宗教所的方广锠先生，他研究佛经，关注英藏敦煌佛经。他到所里找到我，说咱们社科院许多研究所都有学者研究敦煌文书，咱们院应该成立一个敦煌文化研究中心。我就把他这个意见向所里反映。当时我已经退休，就跟李学勤所长汇报，李先生很支持。我就跟方广锠先生起草了一个成立敦煌文化研究中心的大纲，拿着大纲找到院里的刘吉副院长——这位副院长从上海调来，向他汇报，他很支持。后来在院务会议上通过，就成立了咱们的敦煌文化研究中心。中心的研究人员，包括了历史、宗教、文学、语言、经济诸研究所的敦煌学者，先由我担任主任，方广锠先生担任副主任。中心上的第一个合作研究项目，就是主要由咱所学者承担的《敦煌典籍与唐五代历史文化》。它既是咱们院所际学者合作，又是咱们院学者同外单位学者合作的项目。譬如“儒典章”是请王素先生承担，他当时是国家文物局古文献研究室研究员，现在是故宫文献研究所所长；“儒典章”里的“蒙书”是牛来颖同志承担；“佛典章”是方广锠先生承担；“道典章”是宗教所道教研究室主任王卡先生承担；“文学典”由两位承担，“传统文学”是文学所的张锡厚先生承担，“俗文学”是杨宝玉同志承担；“天文典”是古文献研究室的邓文宽研究员承担；“医学典”是请中医研究院医史研究所的王咪咪研究员承担；“藏学典”是请中央民族大学教授王尧先生承担。咱们这个项目，就有这么多外单位的学者一起来参加。这个项目完成以后，由中宣部出版局资助出版，后获得第二届郭沫若中国历史学奖的提名奖。

国际学术合作、本所和国内多单位合作，都是咱们发展学术研究，拓展学术领域的很好的方式。这是我做学术组织工作的一个重要体会。

问：也请您谈一谈对我们所未来的发展，以及对我们青年同志的建议。

答：这就谈点我自己的体会吧。我的学术研究生涯不长，在编只有十七年的时间，因为来得太晚。个人从事研究工作的体会，主要就是两条。一个就是要有基本的理论理念。我们是信奉历史唯物主义的，历史唯物论是我们的指导思想，不管你搞什么课题，这个指导思想是要明确的。就我自己学习的过程，从大学时期开始，都重视这个问题，研究生导师唐长孺教授也提醒，到所里也重视。我自己学习感到，《资本论》里边《前资本主义形态》那一章是要读的，还有《反杜林论》里边的一些章节是要读的。还有《家庭、私有制和国家的起源》。我们虽不是搞先秦史，这部历史唯物主义的基本著作，我觉得是很重要的。另一个就是治学方法上。马克思、恩格斯《德意志意识形态》里边有一段话，给我的印象很深。大意是说，历史学是有关人们的社会实践和现实生活的“真正实证的科学”，就是说，历史学应当秉持的科学实证的方法，是要用可靠的材料说话。所谓“文史哲”，文学研究要借助形象思维，哲学研究要借助逻辑思维，历史学就要借助实证科学，就是要全面掌握、研究、分析相关的历史资料。也就是范老说的“板凳要坐十年冷”。

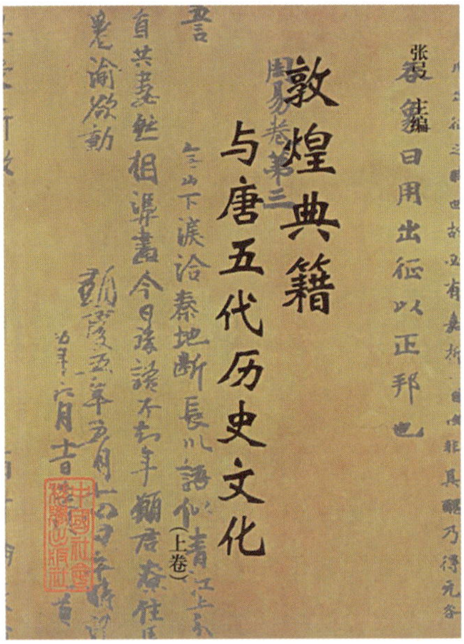

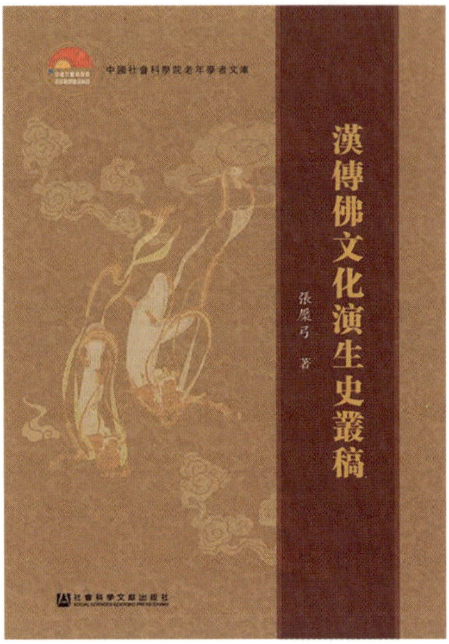

图9 《敦煌典籍与唐五代历史文化》（张弓主编）、《汉传佛文化演生史丛稿》（张弓著）封面

在我短暂的学术生涯里边，就是注重这两条，一个是指导思想，一个是治学方法。这两个理念做指导，所以在有限的学术研究过程中，首先通读两《唐书》、《资治通鉴》相关部分；又选择经济史，注重经济史资料，逐渐转到寺院经济。先是跟敦煌文书结合起来，探讨寺院经济史；后来扩展至佛寺文化史、佛教社会史。为什么后来扩展了呢，就是在看史料的过程里，我觉得佛教在唐代发展到了兴盛时期，是汉传佛教成熟时期。我们中国的这个文化基因，儒、释、道三个方面，真正成熟是在唐代，在唐代集中形成。所谓“十族之乡，百家之闾，必有浮图”，这是在穆宗长庆时期，已经是这样的一个情况。所以后来的研究，就由寺院经济史拓展到佛教文化史、佛教社会史，逐渐这样走下来了。接下来的阅读，就进入《大藏经》了。《大正大藏经·史传部》是我反复读的重要典籍。《大正藏·史传部》四大册确实是汉传佛教文化的资料宝库，它是中古佛教社会的实录。我看《史传部》看了好多年，量太大了。那和尚传一篇一篇，它里边都是社会，都是文化，都是政治。我就在宗教所，把宗教所收藏的《大藏经》的那四部借出来，陆续完成了《汉唐佛寺文化史》《汉传佛教文化演生史稿》《汉传佛教与中古社会》《汉传佛文化演生史丛稿》。没有这个史料啊，你做不了文章的，没有材料做不了饭，就这个道理。给青年同志也就是这两点体会：要有理论根底，要踏踏实实的，从史料里边发现问题。

〔访谈人刘子凡，中国社会科学院古代史研究所。北京，100101〕

古代史所唐史与古文书学发展
——访黄正建先生

王　博

黄正建，1954年生，1981年毕业于中国社会科学院研究生院历史系（导师唐长孺先生），获硕士学位。中国社会科学院古代史研究所二级研究员、博士生导师。曾任历史研究所隋唐宋辽金元史研究室主任、院敦煌学研究中心主任、中国唐史学会副会长，现任中国敦煌吐鲁番学会常务理事。2014年作为首席专家主持国家社会科学基金重大项目“中国古文书学研究”。

研究方向主要为唐史、敦煌学和古文书学。出版有专著《唐代衣食住行研究》、《敦煌占卜文书与唐五代占卜研究》、《走进日常：唐代社会生活考论》（此书获第20届华东地区古籍优秀图书奖）、《唐代法典、司法与〈天圣令〉诸问题研究》、《中国古文书学综论》、《中国古代历史图谱·隋唐五代卷》等，主编《中晚唐社会与政治研究》、《〈天圣令〉与唐宋制度研究》（此书入选首批国家哲学社会科学成果文库）、《中国古文书学研究初编》等，主持《天一阁藏明钞本天圣令校证（附唐令复原研究）》（此书获首届中国出版政府奖、第四届郭沫若中国历史学奖），发表论文百余篇。

问：您与历史所同庚，在您入所之后的这四十年间，您的治学经历与咱们所的历史是一贯的。想请您谈一下，您个人的求学、治学经历以及您对所里做的贡献。

答：确实我跟历史所同庚，因为我是1954年生的，历史所也是1954年成立。所以我（年龄）多大历史所就多大，反过来说历史所多大我就多大。我感到很荣幸。1977年恢复高考，我当时特别想参加，因为我相当于大学期间什么也没学到。我们在大学的时候甚至不让读《资治通鉴》。我们有个同学读《资治通鉴》，全班点名批评。1977年我想参加高考，结果有规定，像我们这样虽然是工农兵学员，但就算是上过大学了，不能参加高考。到1978年开始恢复研究生招生，我想这下我可能有点机会。虽然基础不好，但我还是想考研究生，可是我们在大学什么也没学到，我考研究生考哪一段呢，我自己也不知道，我就回我们学校。我们学校里我认识一个老师，他就给我出主意，他说你学隋唐史，为什么呢，它是在中国古代历史的中间，你要学好了隋唐史，上可以往上溯到秦汉魏晋南北朝，下可以往下延到宋元明清，这是一个有利条件。第二个有利条件就是，隋唐史的史料不多也不少，再往前，你搞先秦史，史料就很少，再往后你要搞明清史，史料又多得你根本看不过来，隋唐史正好史料不多不少，你这一个人一辈子基本上能看完。我就听了他意见准备考隋唐史研究生，于是就开始拼命地读隋唐史方面的著作。结果1978年我一查当时的招生目录，很多学校都不招。北京地区招隋唐史的只有一个地方，就是社科院，招生的老师是我现在的老师唐长孺先生。他实际是武汉大学的老师，但他是历史所的兼职研究员，他要在历史所招两个研究生。我已经到了这个时候，只好破釜沉舟，就报名了。但是我心里一点底都没有，我觉得我肯定考不上。因为不仅有专业要求，当时还要求外语。外语的条件现在看来都很可笑，说要达到可以阅读国外进步刊物上的文章这个程度。我那时候根本没学过外语，但是硬着头皮就去考。1978年的5月份初试，结果没想到初试我通过了，初试的成绩还不算太差，然后6月份就复试。复试的时候，唐先生在历史所招两个学生，我们参加复试的是五个学生，那四个学生都是老大学生，有的是“文化大革命”前就毕业的，有的是在“文化大革命”中毕业的。老大学生，那水平肯定比我高，其中岁数最大的就是张弓先生。张弓比我大十六岁，他是1961

图1　1981年6月研究生毕业答辩后合影，前排左起：陈仲安先生、唐长孺先生、黄惠贤先生，后排左起：黄正建、张弓

年大学毕业，那时候我上小学二年级。所以你想我跟他的水平差到哪儿去了。他在考研究生之前已经是北京教育学院的讲师了，参加过吴晗编的《中国历史小丛书》，所以我们差别很大。但是最后唐先生决定，这五个考生之间，他决定要一个老的，要一个小的，这样就收了张弓和我两个人，我们俩相差十六岁。1978年入学以后，到1979年这一年我是在北京，1979年到1981年这后两年，我就到武汉去上学了。因为唐先生是在武汉大学当老师，等于我第一年在北京，后两年在武汉读书。

1981年毕业以后，我被分到历史所，一开始没有分到隋唐室，因为隋唐室当时人才济济，就把我分到了古文献室，分配我参加张政烺先生主编的《中国古代历史图谱》编写工作，同时我也参加了敦煌组，在敦煌组里承担一些工作。

从1981年入所，工作近四十年，我的研究主要是四个领域。第一个领域是社会生活史，或者叫日常生活史，研究唐代人的衣食住行。1998年就出了一本《唐代衣食住行研究》。第二个领域是敦煌的占卜文书。因为敦煌占卜文书留下了很多，但是没有人进行过全面整理，我是第一个。然后研究了唐代占卜术的发展情况，像相面、占梦等研究。第三个领域是法制史研究，主要是“天圣令”的整理和研究。第四个领域就是古文书学。这是我们倡导的一种学问，新兴的学科，就是从古文书学的角度来看待历史文献，来研究历史。这是我的四个研究领域。

我在这四个领域里取得的成果或者说贡献，我自己认为：一是很多领域是我开辟的，或者说是前人很少研究的。比如社会生活史、日常生活史，在我之前，很少人出过像《唐代衣食住行研究》这样的书。当时我写这本书的时候还不受重视，很多人还批评我搞得太杂，但是现在变成了很多人都愿意研究的一个学问。包括占卜也是。我的第一篇占卜文章是关于占梦的，当时我投到杂志社的稿子，一开始都同意用了，后来杂志社

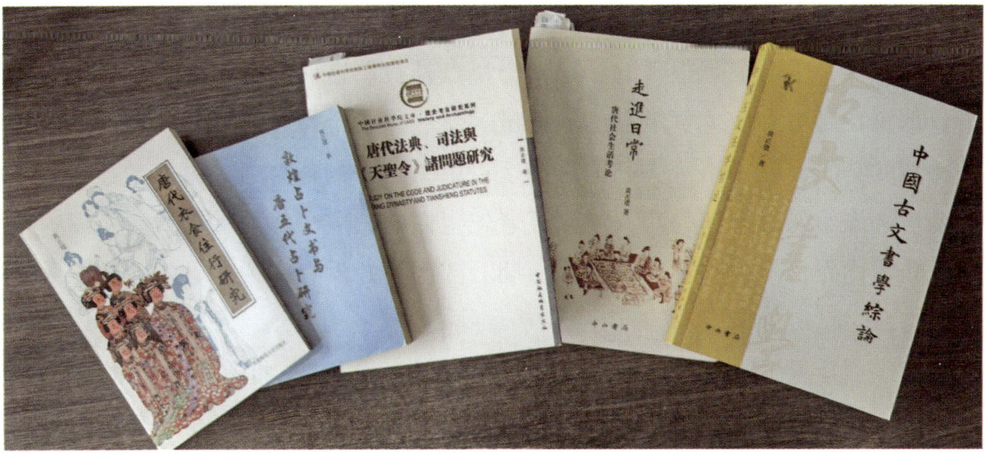

图2　黄正建先生部分著作

给我退稿，理由就是宣传迷信，当时在大家心目中占卜是不能研究的。但是我就开拓了敦煌占卜研究的一个领域，后来研究者也多起来了。大家现在也都知道，占卜实际上是一个非常重要的现象，敦煌文书中的占卜文书比儒家经典还要多，说明我们不能紧盯着社会上层人的思想，实际上在社会下层人中，真正去读儒家经典的人没有去读占卜书的人多，真正喜欢儒家经典的人没有喜欢占卜的人多。法制史研究，“天圣令”是一个新的资料，对“天圣令”的整理和研究就是一个崭新的领域，在这方面我也做了一点贡献。再有就是古文书学。古文书学在日本是非常兴盛的，但是中国没有。在我们的倡导下，2012年就建立了古文书学学科，召开了第一次古文书学的学术研讨会，以后古文书学就成为一个新兴学科。如果说到贡献的话，我觉得我就是在这四个领域还是有一些成绩的。

问：1978年咱们所招收了第一批研究生，您是当时最年轻的一位。这一批研究生也被称作“黄埔一期”。那么这个“黄埔一期”是谁提出来的称呼？他们在历史所发展中起到了什么作用?

答：“黄埔一期”是一个戏称，是因为社科院招的第一届研究生非常多，各个所都青黄不接十年没有进人，也没有招人，所以那一届研究生各个所都招了。历史所招了三十三位，这个是空前绝后的，过去没有，以后也没有。这批学生有几个特点。第一个特点是他们大部分都下过乡，或者在军队干过，或者在中学当老师，接触过社会的底层，所以有丰富的社会经验。第二个特点是他们都经历过贫困的生活，我们同学很多人当时都结婚了，有的还有孩子，有的甚至有两个孩子，所以他们上学是非常艰苦的。有的人，比如说有五分钱的菜，有一毛钱的菜，他们只买五分钱的菜。我们当时做记录需要卡片，但是买不起那个卡片，甚至连纸都买不起，张弓就托人要造纸厂切下来的纸边，拿回来分给我们用。就是因为经历过非常艰苦的生活，他们的耐受力很强。我们刚上研究生的时候，生活上是很苦的。第三个特点是我们这些研究生都对专业抱有非常大的热情，都想在历史专业上贡献自己的力量。就这样三个特点，使得我们这些研究生具有一种特别的特质，就是第一关心国家命运；第二学习刻苦努力；第三是在培养、学习期间，继承老先生的思想和办法，学到了老先生们的一些很优秀的品质。所以这些学生总体来说非常优秀，就被戏称为“黄埔一期”。因为并没有人说是谁发明的，大家都这么叫，就这么叫起来了。

后来这一批学生很多都当了各个所的所领导，所以这一批是很重要的。那么具体到我们所的“黄埔一期”，一共有三十三个人，这中间既有老大学生，就像我说的“文化大革命”以前就毕业了，像张弓，还有其他一些人；还有一些红卫兵学员，就是“文

图3　历史所部分1978级研究生1981年毕业时与部分所领导及导师合影，其中研究生有：二排左第三人起为张弓（留所）、马忠建（留所）、刘隆有（留所）、陈祖武（留所）、柯兆利、张承宗、崔大华、李尚英；三排左第二人起为杨正基（留所）、赖长扬（留所）、范毓周（留所）、任道斌（留所）、商传（留所）、林金水、谢保成（留所）、黄正建（留所）、刘桓、王培真（留所）、吕宗力（留所）

化大革命”中间毕业的，像谢保成、商传、赖长扬；还有就是像我这样的工农兵学员。还有一类人是自学成才的，没有上过大学，这些人都是聪明绝顶，最后他们考上了研究生，比如像宋振豪、余太山、姜广辉，现在都是学界的名人，他们都是自学成才的。我们这批人专业是有侧重的。因为当时尹达先生特别想发展史学理论、史学史，还有中外关系史这几个学科，所以这几个学科招的人都比较多。经过学习以后留在所里的，前前后后留了十八个人，也算留得很多的，后来陆续走了一些人，最后剩十二个人。这十二个人就成了历史所承前启后的一个很重要的学术集体，在历史所发挥了很重要的作用。1985年张弓当了科研处处长，标志着“黄埔一期”的同学开始走上领导岗位。1988年他成了副所长。然后到1991年的时候，已经有五个我们同学成了室主任，包括余太山、商传、姜广辉等，然后又过了几年，再加上宋振豪和我，我们同学当室主任的已经有七八个。我们所一共有十一到十二个研究室，一大半的主任都是我们这届同学，仅从这一点就可以看出“黄埔一期”对历史所建设的重要。此外像陈祖武，从副所长到所长，也是我们这一届的同学。不仅如此，我们这些同学的老师都是非常有名的一代，从他们身上学到的东西又传下去，传给自己的学生。所以“黄埔一期”是真正的承前启后的一代，填补了因为“文化大革命”造成的历史所的十年学术空白。所以从这一点来说，“黄埔一期”的作用是非常大的。

问：请您谈一谈咱们的唐史学科的发展。

答：唐史学科是历史所一个很有传统的重点学科，过去的成就很大。因为从老一代开始就形成了一个团体。我们到历史所的时候，当时唐史和魏晋在一起，是魏晋隋唐史研究室，研究唐史的像张泽咸先生、宋家钰、唐耕耦、方积六，包括张弓、李斌城，是一个很强大的团体，所以取得了很大的成就。虽然一开始我没有分到隋唐室，但后来又到了隋唐室。等我们来了以后呢，中年的这一部分开始成长起来了，又形成了一个比前辈学者更强大、人数更多的以唐代为重点的唐史学科的一个团体。到2003年的时候，社科院准备实行重点学科项目，就让各个所都申报，我们就申报了唐史重点学科，这个时候我们全所的唐史研究人员就有十个人。不光在我们隋唐室，还包括社会室、文献室、历史地理，还有些所领导，包括李斌城、吴丽娱、谢保成、我、吴玉贵、辛德勇、李锦绣、孟彦弘、牛来颖、杨宝玉等。

我们这十个人的特点，可以概括为四点。第一是人数多，任何一个大学，当时研究唐史的都没有我们人多。第二是研究涉及的范围非常宽，包括政治、经济、军事、民族、史学史、社会史、思想史，各方面都有人研究。第三是我们这些做隋唐史的人都兼搞敦煌学，会利用敦煌资料来研究唐史。第四是年龄结构非常合理，既有比较老一点的，像李斌城是20世纪30年代、谢保成是40年代出生的，也有50年代出生的，像我、吴丽娱（1949年生，也可以算是50年代出生的）、吴玉贵、辛德勇，然后就是60年代出生的。所以这个梯队也非常好。有这么四个特点，就使得我们唐史的学科力量很强大，申请后就获得批准。当时所里一共有四个重点学科，唐史就是其中之一。唐史学科成了重点学科以后，我们推出了一系列成果，取得了很大成就。当然现在这十个人有的调走了，有的已经不在我们室里了，也有的退休了，但研究室又进了一些搞唐史的青年才俊。我特别希望，历史所也好，隋唐室也好，把唐史学科发扬光大，把团体的建设、学科的建设再进一步加深，把我们的唐史研究继续推向深入。

问：请您回顾一下敦煌学研究中心的前世今生，并且做一个展望。

答：敦煌学研究是历史所的一个很重要方向，或者说是一个学科。其实早在20世纪五六十年代历史所就已经很关注这个学科的发展。当时英藏的敦煌文献做成了胶片，一百多盒胶片，好像只卖给中国三个单位，一个是北京大学有一套，还有中国科学院图书馆有一套，再有就是历史所存的一套。所以我们很早就对敦煌学资料非常关心。1961

年，历史所牵头主编了一本《敦煌资料》，这本书就是把敦煌资料中关于社会经济方面的一些文书分类录文，编辑出版，当时叫第一辑，本来还想编第二辑、第三辑。这本书出了以后引起很大的震动，可以说是全世界敦煌学资料的第一本，过去没有这种分类录文的书，所以在世界范围内都有很大的影响。特别是国内的很多学者，包括地方院校，他们看不到敦煌文书胶卷，看不到敦煌资料，他们研究敦煌或者利用敦煌文献就靠这本书。所以我们说在“文化大革命”之前历史所就有敦煌研究的传统。

到了改革开放以后，大概1979年到1980年，我们就成立了一个敦煌组。这个敦煌组不是个实体，是各个研究室搞敦煌的人集在一起叫敦煌组。后来大概在1981年、1982年的时候，我们在《中国史研究动态》上专门有一个专栏，就是敦煌学研究的专栏，开始全面介绍世界各地的敦煌学的研究情况，这在全国也是第一次，有很大的影响。所以到了1982年、1983年的时候，筹备召开了敦煌学会成立大会，当时全国各地的学者都提出建议，让中国社会科学院牵头来办这件事，因为只有中国社会科学院有这个能力。在这次会上，历史所有两位先生被选为敦煌学会的理事，一位是马雍，一位是唐耕耦，不论是参会成员还是理事，在全国来说都是属于比较多的。从那以后，历史所的敦煌学研究逐渐走向正轨，参与者也比较多了。后来的负责人就是宋家钰先生。宋家钰先生在主持敦煌组工作的时候，主要就是参加了《英藏敦煌文献》的整理工作。他和张弓两个人一块到英国去，建议把英藏的敦煌文献（非佛教部分）全部重拍一遍，最后跟其他的学者一起合作，出版了《英藏敦煌文献（汉文佛经以外部分）》十五册，署名就有历史研究所。

1998年，张弓倡议成立了一个院里的敦煌学研究中心。他要团结起整个社会科学院的研究敦煌学的人来研究敦煌学，其中其实人最多的就是历史所。张弓先生当时是主任，副主任是李锦绣，另一个副主任是宗教所的方广錩，成员一大半都在历史所。所以这个院属敦煌学研究中心，实际上就挂靠在历史所，更具体地就挂靠在我们室。张弓先生到2003年、2004年的时候就不当主任了，那时候我是唐宋室的主任，就由我接任了敦煌学研究中心主任，就一直在推动这个工作。现在院里其他所研究敦煌学的人已经比较少了，主要的研究者都集中在历史所。所以现在说是院属敦煌学研究中心，实际上等于是历史所的一个敦煌学研究中心。后来的主任就是雷闻。雷闻调走以后，现在就是刘子凡。我觉得这个学科能传承下去还是很好的，我也希望，历史所搞隋唐史研究的学者同时研究敦煌学的传统能够发扬下去，今后研究隋唐史的人同时也要研究敦煌资料，反过来说，研究敦煌资料的人也要同时研究隋唐史，这样才能把这两种资料结合起来，推动唐史研究的进步。这也是我对于年轻人以后发展方向的期望。

问：在敦煌文书中，占卜文书是一个非常重要的内容。您是通过怎样的契机开始研究这个领域的？

答：我在泛泛地浏览敦煌资料的过程中，就发现占卜文书比较多，比儒家的经典还要多。我当时就想这个占卜文书在当时的人中间到底起了什么作用，为什么会有这么多的占卜文书留在敦煌。我就看唐代的史籍，发现唐代史籍里关于占卜的史料是非常多的，《太平广记》有好几卷就专门讲占卜，我就有兴趣了。然后就从占梦开始，我第一篇文章写的是占梦，第二篇文章写的是占相，就是相面，然后就这样研究下去了。后来就有一个机会，当时张弓组织的一个集体项目，叫作"敦煌典籍与唐五代历史文化研究"。他知道我在做占卜，就说那你干脆把敦煌文献里的占卜文书都做一遍，我就答应了。然后做起来就发现这个工作是非常难的。因为第一是占卜知识非常复杂，很多都看不懂，也很深奥，需要去一点一点把它弄懂。第二是占卜文书不像儒家经典都抄写得非常整齐，读起来也很容易，占卜文书都是民间的抄手们随意写的，写的字也很差，错误又很多，看起来也很难。而且那时候没有清晰的图版，就是黑乎乎的《敦煌宝藏》的那个图版，所以每一件文书都要拿放大镜，一个字一个字辨认。我在书的后记里写过，编辑这本书我的视力都下降了很多。但是我就把这整个占卜文书读了一遍，一共找出来三百多件占卜文书，分了十三个类别，然后把这些文书都分类做了一个叙录，重要的文书做了录文。这里面有很多文书很有意思，而且最后做了一个研究，就是研究唐代占卜术在当时的影响。总的来说，占卜是一种非常重要的社会现象，研究社会史的话，我们不仅要关注上层阶级的思想，统治阶级的思想，那些好像正统的思想，我们还要关注民间的思想，民间的各种方术，其实这些对于老百姓生活才产生更大的影响，所以这个领

▼伯二七九七號　相書殘卷

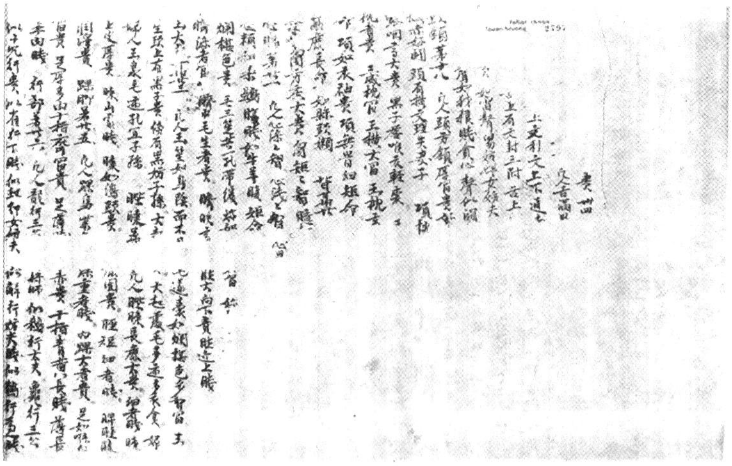

图4　《敦煌宝藏》中收录的相书残卷

域还是要研究下去。

问：除了占卜之外，您还有一个非常重要的领域，就是唐代的日常生活史。就我个人的感觉，您特别擅长以小见大，见微知著，就是从历史细节中发现大的历史规律、历史现象。请问您是在怎样的契机下开始研究日常生活史的？

答：日常生活史是这样。在20世纪80年代的时候，全国兴起了一个社会史研究的热潮，社会史、文化史在全国范围兴起。1986年，历史所决定上一个叫作“中国古代社会生活史”的项目，李学勤先生主持，这个项目分成几卷。隋唐五代的社会生活史就找人来参加，我对社会生活有兴趣，就报名参加了。参加以后就分配任务，当时是分配我研究物质生活。所谓物质生活主要是日常生活。我就开始研究这个日常生活。当时也没有现成的东西可依据，就靠自己来摸索。所以我首先要广泛阅读文献，特别是正史里没有的日常生活，主要靠从笔记小说来找。我就把《太平广记》整个通读一遍，其他的一些唐代小说呀，《说郛》里的一些唐代笔记小说都看。因为同时我也做《图谱》，所以对唐代的文物的情况比较了解。因为做日常生活，比如服饰、饮食，有些跟文物是相关的。比如说胡饼，哪儿出土的一个胡饼，你要不知道的话你就没法研究。所以我对文物也很熟悉。正好我有个机会去日本。在日本他们不叫日常生活史，就叫生活史。日本的生活史研究是非常发达的，有成套的理论和学术成果，而且他们还有一个相近的学科，叫民俗学。民俗学、民俗史研究也很发达。所以我在日本也看了很多东西，受了很多的启发。就这样，我一点一点地进入日常生活史研究这个领域，开始写衣食住行。而且我写的衣食住行主要不是关心它的物质形态，是要以人为本，就是一个人他为什么食、为什么衣，他怎么食、怎么衣，主要从这个角度来研究。同样是服饰，不同等级的人穿的也不一样，不同民族的人穿的也不一样，我们主要关注它们在历史上的作用。后来在1998年出版了《唐代衣食住行研究》，以后我还是继续做这些研究，我也比较愿意从一些小问题入手，来探讨背后的大问题。

问：请您谈一下“天圣令”整理与研究的情况。

答：大家知道唐代的法律体系是律、令、格、式四种。唐律是完整保留下来的，但是唐令到元明的时候就遗失了。唐令很重要，可是我们已经不知道唐令是什么样子了。日本学者为了研究他们自己的日本令，要上溯到母本，就是唐令。所以日本学者从20世纪初，就开始了一个重大的工程——复原唐令。日本人就有这种锲而不舍的精神，他们连续三代人复原唐令，仁井田陞到池田温、大津透，他们三代人经过一百多年，复原了唐令的差不多一半的内容。可是到了1998年，《唐令拾遗补》出版以

图5　黄正建手抄的史料卡片和卡片盒（卡片与卡片盒均由历史所供给）

后，唐令复原就走到头了，不知道再怎么复原了。虽然日本人想了很多办法复原，但是没有新的资料，也没有新的证据，没法复原。

就在这个时候，上海师范大学的戴建国先生在浙江宁波天一阁发现了一本北宋的令，后来他给定名为“天圣令”。这个“天圣令”有一个很特殊的构成，就是它有两部分：前面半部分是宋令，但是它的宋令是从唐令来的，它把宋令搁在前面，但是用过的唐令并没有扔掉，把唐令又抄在后面。所以就形成了一个令，又包含两个时代令，这么一个特殊的结构。戴建国先生把他的发现公布以后，引起了中外学者的震动。这一下子等于发现了很多的唐令原文。所以大家都想把天一阁藏的这本“天圣令”的残本（“天圣令”一共四册，现在就剩一册）整理出来。后来为了把整理工作落实到我们所，2005年，当时的党委书记刘荣军和我一起去了趟宁波，跟他们谈。他们看中了历史所的整体力量，经他们的文化局局长同意，就把整理“天圣令”的工作交给历史所。那已经是2005年的下半年，他们要求在2006年11月的时候必须出版，就给我们一年的时间。当时我回来以后就很着急，组织了一个团队，一共九个人来整理“天圣令”，都是我们所的人。岁数最大的宋家钰先生已经七十多岁了，还有吴丽娱、我、孟彦弘、李锦绣、牛来颖、雷闻，还有两个硕士生都是二十多岁。经费又很少，总共就两万块钱，吃饭和复印资料都不够。我们九个人那一年的时间真是拼了命的，有时候是每一天都在那儿讨论，甚至有时候每一句话、每一个标点都有争论。但是我们协作得很好，大家求同存异，共同来标点。经过我们的努力，终于在11月之前把这本书拿出来了，名字就叫作《天一阁

图6　2006年《天一阁藏明钞本天圣令校证》出版发布会后合影，左起：赵大莹、大津透、牛来颖、黄正建、池田温、宋家钰、徐俊（中华书局总编）、雷闻、吴丽娱、孟彦弘

藏明钞本天圣令校证》。我们还同时把它复原成唐令，复原了五百多条唐令。所以这本书出来以后，第二年就获得了中国出版政府奖。那是第一届中国出版政府奖，我们的《天一阁藏明钞本天圣令校证》就拿到这个奖。

之后我们所有参加者就继续对令文进行研究。因为令文是规定国家制度的，实际上涉及国家的方方面面，比如赋役制度、土地制度，甚至医疗制度、假期制度等，有很多新资料。所以我们就进行了很多研究，出版了《天圣令与唐宋制度研究》。这本书还没出版就被列入首批国家哲学社会科学成果文库，作为我们这个团队的一个成果。“天圣令”研究一直到现在，仍然热度不减，还有很多人在进行研究。为了培养“天圣令”研究的人才，也为了让“天圣令”能够被更多的人重视，我们在2009年办了一个“天圣令”的读书班。“天圣令”读书班一直坚持到2019年，坚持了十一年，这是我非常引以为傲的一件事情。因为国外的学者老说，中国的读书班坚持不了多久，往往是虎头蛇尾，一开始声势很大，慢慢就没人读了。而国外的读书班，特别是日本的读书班，都是能坚持二十年、三十年、四十年的读书班。我们整个读书班的学生，我后来算了一下一共一百多人，可以说我们这个读书班，培养了北京地区的唐宋史研究，特别是唐宋法制史研究的人才。

问：请您介绍下古文书学建立与发展的情况。

答：古文书学是一个重要的研究历史的辅助性学科，在日本很发达。在2010年的时候，因为咱们所有很多人也研究古文书，张国旺和阿风他们就来找我，说他们有研究徽州文书的，有研究宋元文书的，还有研究敦煌文书的，他们想办一个古文书的研究班，想请我当班长。我一听，好啊，因为我之前在日本访问的时候，就觉得日本这个古文书学挺好，中国当时还没有古文书学。所以我就跟阿风讲，我说我们要办这个研究班就要往大办，我们的目标就是要建立中国的古文书学。他们俩都同意了，这样我们就开始组织这个研究班。研究班的核心人员包括徐义华、陈丽萍、张国旺、邬文玲、阿风，主要是这几个人。我们每个月一次请一个人来做讲座，从汉简到敦煌文书，到徽州文书，到黑水城文书，就这么讲下来，还请外面的人来讲。2012年，我们召开了第一届中国古文书学的学术研讨会，正式宣布中国古文书学的成立。从2012年一直到2019年，我们召开了八次古文书学的研讨会，并且在2014年，我们申请到了国家社科基金重大项目“中国古文书学研究”。这样就有一些经费，我们就开始推动中国古文书学的发展。

而且中国古文书学越来越得到学界的承认。日本的古文书学界原来不知道中国还有古文书学，后来知道了以后，就邀请我和阿风在2018年去参加日本的古文书学会议。这样就把中国、日本、韩国研究古文书学的学者联系起来了。因为古文书学是一个研究古文书的很方便或者说很有用的视角和方法，所以古文书学应该成为历史所今后发展的一个方向，因为只有历史所才能组建这样一种跨学科、跨断代的学术团体，其他学校不具备这个条件。

图7　2016年“中国古文书学研究”项目组成员在中国古文书学暑期研修营开幕式时的合影，左起：徐义华、邬文玲、陈丽萍、黄正建、阿风、张国旺

图8　古文书学研究方面的成果

问：从建所以来，研究室经历过很多次的调整。您作为室主任，如何看待研究室建设与学科发展？

答：我刚分来的时候是叫魏晋隋唐史研究室。因为魏晋和隋唐合在一起是国际惯例。我刚来的时候，魏晋隋唐室主任是黄烈，副主任是朱大渭。后来黄烈退休以后，朱大渭是主任，李斌城是副主任。到了1991年的11月做出了一个调整，魏晋和秦汉合并了，叫秦汉魏晋史研究室；我们隋唐和宋元合并了，就变成隋唐宋辽金元史研究室。隋唐和宋辽金元作为一个研究室，虽然从学术上来说可能不太合适，但是有它的好处。我们原来只是往前看，魏晋隋唐，有什么东西到魏晋去找它的根源，现在我们学会了往后看，就是隋唐的变化怎么影响到宋。所以后来我组织主编了一本《中晚唐社会与政治研究》，就是宋代的变化要从中晚唐开始看，所谓唐宋变革，你不能从宋代看，你得从唐代看，唐代也不能从唐前期去看，要从中晚唐看。所以，隋唐和宋元作为一个研究室是有道理的，也是可以互相影响、互相借鉴的。但是这个室太大了，我们隋唐宋辽金元史研究室，最多的时候人数能达到十四五个人，包含了三个断代，现在分别是三个研究室，当时是一个研究室三个断代。所以我们在进人、申报项目、评奖各方面都不占优势。现在看来，隋唐史独立出来是比较好的，有利于隋唐史作为一个学科的发展。

历史所是很重视对外交流的，特别是跟日本学者。因为日本可以说是有研究中国古代史最好的国外学术团体和个人。所以改革开放一开始，就有日本学者到历史所来访问，非常著名的一些学者都来过，像西嶋定生、谷川道雄、堀敏一、山根信夫、柳田节子都到历史所来访问过。历史所也很重视跟日本学者的交流，当时也是有意识地要培养一些懂日语的人。当时社科院教育局办过一个日语班，是要考试进去的，要培养一些懂

图9　2004年隋唐宋辽金元史研究室合影，前排左起：宋家钰、李斌城、张泽咸、刘忠、陈智超、张弓、李锡厚，后排左起：沈冬梅、吴丽娱、杨宝玉、牛来颖、蔡春娟、王曾瑜、江小涛、黄正建、楼劲、刘晓、李立、关树东、雷闻

日语的人才。历史所大概有七八个人去参加考试，最后考上的是五个人，这大概是从1984年到1986年吧。这个班到最后叫加强班，全院就剩下十个人。在这班里有很多人都是后来很有名的专家。历史所就是我和栾成显参加这个班，一直到1986年才结业。这个时候，历史所发生了一件我觉得很重大的事情，就是接待了一个在历史所长期访问的学者，因为过去的学者都是过来做一个报告，做一次座谈就走了。1985年，山梨大学的助教授金子修一，当年他是三十六岁，到历史所访问一年。这在当时是破天荒的，而历史所就接纳了他，我觉得这是历史所对外交往的一个很重要的改变或者说一个机遇。他来了以后，受到了从上到下的重视。现在如果是一个学校的助教授来，根本没人会注意你，可当时从院里的外事局，一直到所领导，都接见过他，享受了很高的待遇。

我陪着金子修一在北京去了很多地方，我们也建立了友谊。1990年他就邀请我去日本。到了日本以后，我觉得除了学到日本学界的一些成果和方法之外，还认识了很多的日本朋友，比如后来跟我们一起研究“天圣令”的大津透，当时他就在山梨大学，也是个助教授，是做日本史的，我当时就认识他。后来他做“天圣令”也成立了一个团队，大概也有七八个人，就跟我们保持很密切的联系。所以就个人关系来说，我们历史所的“天圣令”研究的这个团队，和日本的研究日本令的这个团队，有非常密切的关系。我们都有很友好的往来关系。他们的作品我们翻译成中文发表，我们的作品他们翻译成日文在日本发表，这些都推动了唐令研究，是双方共同推动的。这种和日本学者的交流是

图10　1985年或1986年合影，左起：艾廉莹（编译室副编审）、黄正建、郦家驹（副所长）、金子修一、陈高华（副所长）、林甘泉（所长）、刘忠（科研处处长）

历史所一个很好的传统。历史所还推动了中日论坛的召开，每两年一次，还有和日本的文化大学建立的交流关系，都是这个传统的反映。

问：请问您对咱们所里的年轻人有什么寄语？

答：我觉得做这个所史采访非常好，因为历史所的传统需要继承和发扬下去。历史所有两个很好的传统：第一是非常重视踏踏实实工作的学风，重视文献，要去读书；第二是重视做一些大的集体项目，要做一些大的课题。另外，我觉得一定要做一些自己感兴趣的问题。我觉得作为年轻学者，一定要勤奋，只有勤奋，才能成功。这不光是做历史，做任何事情都要勤奋才能成功。这就是我的寄语。

〔访谈人王博，中国社会科学院古代史研究所。北京，100101〕

说说我的治学经历
——访郭松义先生

邱源媛

郭松义，1935年生，浙江绍兴市上虞区人，1960年北京大学历史系毕业，中国社会科学院荣誉学部委员，研究员、博士生导师。研究领域为清史、经济史、社会史，曾就清代人口问题，清代农业、商业、婚姻家庭，以及国家经济政策等方面问题做过重点研究。曾任社会职务：历史研究所学术委员会副主任、清史研究室副主任、社会史研究室主任，山东大学历史系兼职教授，南开大学社会史研究中心学术委员，中国档案学会理事，中国谱牒研究会理事，中国商业史学会常务理事、学术委员会副主任，中国经济史学会理事、常务理事、古代史专业委员会副主任，中国社会史学会副会长、顾问，《清史论丛》《清史资料》《平准学刊》《中国史研究》《历史研究所学刊》编委等。曾参加国家重点、社会科学基金和院、所重点项目八个，出版专著二十二部（包括大中型合作项目），发表论文百余篇。主要代表作：《清代全史》（“六五”国家重点项目，任第三卷主编并参加第二、三、四卷写作）、《中国史稿》第七册（所重点项目）、《中国政治制度通史》第十卷（院重点项目），以及《中国航运史》（与张泽咸）、《中国屯垦史》（与张泽咸）、《伦理与生活——清代的婚姻关系》、《辽东移民中的旗人社会》（与定宜庄等）、《清代民间婚书研究》（与定宜庄）、《中国妇女通史·清代卷》、《民命所系：清代的农业和农民》、《清代赋役、商贸及其他》、《清代社会环境和人口行为》、《清代政治与社会》。其中《伦理与生活——清代的婚姻关系》获中国社会科学院2002年优秀著作三等奖；五项集体项目获国家社科基金优秀著作奖、中国社会科学院优秀著作奖、郭沫若中国历史学奖优秀史学著作奖。

问：郭先生，我们从您怎么开始认识历史这门学科，然后进入做学问讲起吧。

答：从入门投师说起吧。我是1955年以调干生的名义考入北大历史系的。按照我的本心，最喜欢的是地理学，特别是人文地理，但因为地理是归入理工类，需要通过数理化考试，我于1951年参加工作，高中还差两年没有念，无法补习数理化，只好选择文科历史系。所以，从我的学历讲，就先天条件差，营养不足。再说入学后的客观大环境，头两年还可以正规念书，1957年起，先是反右派斗争，接着“大跃进”，批判白专道路、下乡下厂参加劳动，我们三、四年级学生参加全国少数民族历史和现状调查，五年级时又集体搞科研，直到1960年毕业，几乎都在各种政治运动中度过。尽管如此，我还是要衷心感谢北大这所有深厚学术传统的学校，当时，只要自己愿意，总能找出空隙，到学问的天地里去遨游、去寻找快乐。其实多数学生还是关注学业，教授们也认真授课答疑，图书馆始终不关门，阅览室中人总是满满的。当时我聆听过很多名师的课，比如张政烺先生的中国上古史、邓广铭先生的中国中古史、许大龄先生的中国近古史、林耀华先生的原始社会史、胡厚宣先生的甲骨文通论、夏鼐先生的中国考古学、向达先生的中西交通史、齐思和先生的世界中古史、周一良先生的亚洲史。另外如范文澜、侯外庐、刘大年、吴晗等也都给我们讲过他们熟悉的专题。老师们除了在课堂上传授本门知识，也不时讲些做学问的方法：齐思和先生教我如何做卡片、做年表；邓广铭先生讲做史入门的四把钥匙——目录、年代、地理和职官制度；商鸿逵先生告诉我做学问要眼勤、手勤、脑勤；其他老师也跟我们聊如何读史料，通过读史发现问题，谈做史学的要点。在大学时，我除看讲义，还花了很多精力看有关论文，也读史料，明清史的基本史

图1　1960年，北大毕业时留影，前排右二为郭松义

料，如《明实录》《清实录》，我都翻过查过，还发表过学术文章。最后一年，我又参加北京市交给的编写《北京史》的工作，有机会能与老师们朝夕相处，也学到了不少知识。

问：听说您到历史所之后，头几年做了不少打基础的工作？

答：1960年，我从北大毕业，分配到历史所。到所后的第二年，领导针对我们的业务能力，提出要“打基础”，并指定杨向奎先生具体指导我的学习。向老早年曾师从顾颉刚先生，后来任山东大学历史系主任，1956年调入历史所。向老针对我读书不系统、基础不扎实的毛病，开了一些书，像《清史稿》、王先谦《东华录》、《清朝文献通考》、《圣武记》以及基本马列理论著作，叫我一本本地读，每过半个月二十天，找我谈话，要我说说读书的进度和心得，这样大概持续了一年多的时间。这个过程中，我根据读书心得写了七八篇札记和短文，20世纪80年代初我发表的有些文章，就是由这些札记充实修改而成的。[①]回忆这段时间的读书经历，虽然好多书的具体内容都已经忘了，但是它让我对清代有一个整体的概念，这对我帮助还是很大的。

在我打基础这个问题上，还有一件事情也很重要。1963年，向老提出从史料整理入手，开展清史研究工作。我们室里分成两拨人，一拨是何龄修、张显清、刘重日、钟遵先、张兆麟、胡一雅等先生，还有我，加向老，共八个人，去山东曲阜挖掘整理孔府档案。一拨是刘永成、周远廉、曹贵林、韩恒煜、吴量恺等六七个人，去档案馆收集乾隆刑科题本中有关雇佣劳动、租佃关系等方面的资料。后来，周远廉又提出整理东北的档案，挖掘关外史料。主要整理了屏风档，涉及明朝同后金的关系。我们约定在现场抄录资料的基础上，进一步做校对、分类、加工，做每篇提要，出版资料集，然后再写出专著。

在曲阜的四个月，我跟着向老在档案室里一起看档案、挑档案。曲阜档案共二十万件，每一件里面至少有两三种，多的十来种，不可能都要，必须有所选择。向老提出原则，告诉我怎么挑选，有拿不准的再问他，手把手地相教。这样的过程，确实是个学习锻炼的过程。回到所里后，我们对这批档案做了进一步加工，完成了七百五十余万字的档案选编。后来，因政治运动的耽搁，这套洋洋七百五十余万字的档案选编，以及几十万字的有关研究专著（《封建贵族大地主的典型——孔府研究》），一直拖到80年代

① 按：如《江南地主阶级与清初中央集权的矛盾及其发展和变化》，载《清史论丛》第1辑，北京：中华书局，1979年；《从辽饷九厘银的重新征收论清初的三饷蠲免》，载《中国农民战争史研究》集刊第2辑，上海：上海人民出版社，1982年；《明末的三饷加派》，载《明史研究论丛》第2辑，南京：江苏人民出版社，1983年。参见郭松义：《回忆进所初期杨向老对我的培养》，载中国社会科学院历史研究所编《求真务实五十载：历史研究所同仁述往》，北京：中国社会科学出版社，2004年，第292页。

图2　1963年10月，于曲阜孔府档案室查阅资料，右一为郭松义

图3　1963年8月，在曲阜查阅孔府档案与历史所诸同仁合影，左起：何龄修、郭松义、杨向奎、郦家驹、张显清、张兆麟、刘重日

图4　《曲阜孔府档案史料选编》书影

初方得先后出版。[①]

这就是我在向老指导下，与同事们一起完整系统地接受整理档案和利用档案的训练经历。可以说，在我的学术道路上，选择清史这个学科是受到北大商鸿逵先生的启发，获得的系统基础训练应归功于杨向老。

问：上面的经历想必对您的学术道路起到了非常大的影响。那《中国史稿》的编写呢？这是您一进所就开始做的工作，但直到1995年，《史稿》第七册才出版。花了三十年时间完成这部作品，这对您产生了什么样的影响？

答：我刚到历史所，就被分到了由郭沫若任主编的《中国史稿》组。开始也就是跑跑龙套，做点拾遗补阙的工作。到了1961年、1962年，《中国史稿》第三稿完稿，所里根据当时的形势，提出要做专题研究，在此基础上再写通史。这样《史稿》就处于停止状态。1966年"文化大革命"开始，业务工作全面停止，我们都去参加"革命"。直到1971年，中央让历史所恢复《中国史稿》的编写，才把我们分批从正在河南劳动学习的干校调了回来。那个时候能恢复工作就很幸运，所以我特别珍惜，只要能够承担的事，都尽量去做。慢慢地，我的工作量大了起来。清史卷的四个成员中，我承担的章节最多，分量也最大，除了经济部分，还有政治、军事、民族以及中外关系等有关章节，涉及面比较广。1975年以前，主要稿子基本上都已写完。1976年粉碎"四人帮"，所里组建研究室，令大家回室里去做。我和何龄修他们都不同意，因为一到研究室，很难再有

① 钟遵先、刘重日、何龄修、郭松义、胡一雅、张显清、张兆麟选编：《曲阜孔府档案史料选编第二编（明代档案史料）》，济南：齐鲁书社，1980年；刘重日、钟遵先、何龄修、郭松义、胡一雅、张兆麟、张显清选编：《曲阜孔府档案史料选编第三编（清代档案史料）》，济南：齐鲁书社，1980—1985年；何龄修、刘重日、郭松义、胡一雅、钟遵先、张兆麟：《封建贵族大地主的典型——孔府研究》，北京：中国社会科学出版社，1981年。

图5　1960年代，历史所明清史研究室合影，第一排右二杨向奎、右三谢国桢、左二王毓铨，第二排左三牟安世，第三排右三郭松义

精力顾到这边（《中国史稿》）。就这样，《中国史稿》工作又拖了下来。

直到1995年，《中国史稿》第七册清史卷才出版，断断续续拖了三十来年，就个人付出的心血、投入的劳力，较之个人写书写论文要多得多。正如何龄修给这本书写后记时引述的一位老学者的话："这样的劳动不值，不如你们自己搞些东西更好。"①但我感到也不完全对，至少它开阔了我在清史学方面的眼界，很多平时不触及、将来也不会去搞的题目，通过搞《中国史稿》摸了一摸，面的整体知识得到提高，对局部或点的专题深入还是很有好处的。我在后来的研究中，从开始的经济史，转到人口史，然后又做了些社会史的东西。这些转变就牵涉到点（的知识）到面（的知识）的关系。有面的知识以后，心里就对这个点有一个大概的数，大体知道这块的情况怎么样，材料到哪里去找。这个面（的知识）跟我搞《中国史稿》有关系，我从中得到很多面的知识。

问："文化大革命"结束，沉寂了多年的学术界一下子感受到很多新的气象，各个学科都得到了很大发展。正如您说的，研究工作从这时才算真正的开始。您一定有一个很不一样的全新的工作状态吧。

答：20世纪80年代起，由于学术禁锢不断被打破，史学研究有了很大的发展，一向基础薄弱的清史学科更是发展迅速。为了配合新的学术形势的需要，历史所于70年代

①《中国史稿》编写组：《中国史稿》第七册，北京：人民出版社，1995年，第832页。

末在恢复明清史研究室的基础上，不久又单独成立清史研究室，我被归在清史室。1979年，禁闭了十多年的学术职称解冻，我先晋助理研究员，次年即1980年评为副研究员，1982年成为研究生院副教授、硕士生导师，1987年升研究员，随后由国务院学位委员会批准聘为博士生导师。

新成立的清史研究室在推动清史研究上做的最有意义的工作，就是在中华书局支持下，出版《清史论丛》和《清史资料》两种辑刊。《清史论丛》第一辑于1979年出版，杨向老出任主编。这是历史所第一个以研究室为单位出版的专刊，也是史学界最早以刊登清史论文为己任的专辑。《清史论丛》的出版，立刻引起国内外学术界的重视，得到了好评。我是从第二辑起参加编辑工作的。此后不久，我们又酝酿出版了《清史资料》，并成立三人编辑小组，从开始筹划，我便是其中的成员。《清史论丛》和《清史资料》虽然每年各发一本，统共字数在五六十万到七八十万，但是审稿改稿的事情不少，有时还要帮着查对史料。《清史资料》几乎主要靠编辑组三人寻找资料线索，然后花钱抄写，再找人标点、翻译，写按语，有的还须亲自做注释。当时我还一度担任研究室学术秘书和副主任，参与全国史学规划中有关清史方面的一些工作，先后出席在成都和长沙召开的第一、二次史学规划会议。在整个80年代，虽然头绪较多，事情也较繁杂，但我觉得在经过十年浩劫后，学术上耽误的时间太长，要做的事太多，趁自己年纪还不太大，能做多少是多少，所以心绪是好的，热情也较高涨。

在具体研究工作上，从80年代到90年代初，我参加了几项规模较大的国家项目和社科基金项目的写作，如十卷本《清代全史》、二十卷本《清代人物传稿》、四卷本《中国封建社会经济史》、“中国古代经济史断代研究”中的《中国经济通史·清代经济卷》、十卷本《中国政治制度通史》。①这些项目，在某种意义上，可以说具有总结和推动学科基础建设的性质。其中《清代全史》由清史室具体负责实施，所以我也参加了开头的组织规划工作，并任第三卷主编，承担第二、三、四卷的写作（本书不设总主编，由王戎笙任项目负责人）。《中国封建社会经济史》由田昌五、漆侠任总主编，我是清代分编主编。在《中国政治制度通史》中，我是清代卷的第一作者，并负责全卷的统一加工工作。另外个人或与人合作写了十来本书。发表的论文也以这一时期为最集中，统共七十来篇，总字数超过一百万。在资料集辑整理方面，已出版的有《曲阜孔府史料选

① 《清代全史》，沈阳：辽宁人民出版社，1991年；《清代人物传稿》，北京：中华书局，1995年起陆续出版；《中国封建社会经济史》，济南：齐鲁书社，1996年；《中国经济通史·清代经济卷》，参加农业篇第二、三章写作（14万字），北京：经济日报出版社，2000年；《中国政治制度通史·清代编》，与李新达等（负责统稿），北京：人民出版社，1996年。

图6 《清史资料》书影

编》《古代中越关系史资料选编》①（均系集体项目）等。再就是花费我很多精力的《有关玉米、番薯在我国传播的资料》②，为了编辑这部史料集，几年内，我和合作者邓自燊先后翻阅了包括档案在内的各种史籍三千来种，并从千余种史籍中辑得有关资料二千条，几乎跑遍了北京的主要图书馆，虽忙碌却感到实在有奔头。

问：在您的论著中，经济史占有相当的分量，您是怎么想起做经济史的呢?

答：我搞经济史起因于研究室的一次分工。那是在80年代初，清史室刚恢复，人丁兴旺，有二十来人。大家不能窝在一起去做一两个专题。为合理布局，均衡力量，需要做些分工。记得有人说，叫郭松义去搞经济史吧，我就没反对，这样经济史成了我研究的重点。我搞经济史，初时集中于经济政策方面的内容，如垦荒政策、摊丁入地、蠲免政策、粮食运销政策和关税政策、清初更名田、康熙禁航南洋和雍正重开南洋贸易等，同时也写了些有关贸易方面的文章，共发表了十来篇文章③，其中有的文章篇幅相当大，如《论“摊丁入地”》④近八万字，《清初的更名田》⑤约五万字。我搞这些专题，一方面想弄清这些政策的来龙去脉、实施情况，然后再看一看国家的政策法令和经济发展的关系。还有一种文章更着重于对史实和某些数据的考订，通过辩证，纠正某些错误和不

①《古代中越关系史资料选编》，与陈智超等，北京：中国社会科学出版社，1982年。

② 郭松义、邓自燊：《有关玉米、番薯在我国传播的资料》，载《清史资料》第7辑，北京：中华书局，1990年。

③ 郭松义：《清初封建国家垦荒政策分析》，载《清史论丛》第2辑，北京：中华书局，1980年；《从辽饷九厘银的重新征收论清初的三饷蠲免》；《明末的三饷加派》；《康熙禁航南洋和雍正重开南洋贸易》，载《平准学刊》第4辑（下），北京：光明日报出版社，1989年；《清代国内的海运贸易》，载《清史论丛》第4辑，北京：中华书局，1982年；《清代的粮食贸易》，载《平准学刊》第1辑，北京：中国商业出版社，1985年。

④ 郭松义：《论“摊丁入地”》，载《清史论丛》第3辑，北京：中华书局，1982年。

⑤ 郭松义：《清初的更名田》，载《清史论丛》第8辑，北京：中华书局，1991年。

够确实却又广为流传的看法，《清初的更名田》就是如此。

在随后的一些年里，我有意无意间把清代的农业生产当作研究重点。这主要是因为1978年，《中国史研究》编辑部组织一篇有关中国古代粮食生产的文章，所里叫我和张泽咸、王曾瑜三人合写一篇纵论我国历史上粮食生产的文章①。这篇文章很快写成了，但因以往的研究多偏重于生产关系方面，对生产力的研究，因长期忽视，留下不少空白点，这就引起了我研究农业生产力的兴趣。我先根据早先积累的资料，写了几篇读书札记式的文章，像《清代田土计量种种》《清代的量器和量法》《清代的亩制和流行于民间的田土计量法》，后来根据所摸资料，陆续发表了《有关玉米、番薯在我国传播的资料》《番薯在浙江的引种和推广》《清代山东粮食产量的估算》《清前期南方稻作区的粮食生产》《清代北方旱作区的粮食生产》《清代粮食市场和商品粮数量的估测》等文章，还写了《中国史话・水利史话》《中国古代农业》等小册子。②我写这些文章，曾在资料工作上花费相当工夫，尽管像有关玉米、番薯在中国传播这样的成果已有不少，但我认为我的研究还是给学术界提供了一些新的东西。至于粮食产量问题，因情况比较复杂，估计近期内很难就此得出大家首肯的结论，不过作为一种探索，也还是有意义的。

问：您是怎么转向人口史研究的?

答：60年代批判马寅初《人口论》，人口史成了禁区。改革开放后，现实的人口问题引起人们的重视，由此人口史也逐渐得到学者的注意。我研究经济史的时候，附带抄了些我觉得有趣的人口史料。当时人口史研究已经开始热了，但是从人口流动的角度还没有人写。我手上正好有这么些材料，所以由此着手来写。

1987年，美国历史人口学会召开第三次亚洲人口年会，他们请我去。我写了篇文章③，主要从家谱里面看人口。这篇文章后来引用率比较高，当时在国内，这是第一篇在人口史研究中使用计量方法的文章。那次会上，一位美国的人口学专家从人口学的角度，在计算方面，给我提了很好的意见，对我启发颇大。

---

① 张泽咸、郭松义、王曾瑜：《略论我国封建时代的粮食生产》，《中国史研究》1980年第3期。

② 参见郭松义：《清代田土计量种种》，《清史研究》1984年第1期；《清代的量器和量法》，《清史研究》1985年第1期；《清代的亩制和流行于民间的田土计量法》，载《平准学刊》第3辑，北京：中国商业出版社，1986年；《番薯在浙江的引种和推广》，《浙江学刊》1986年第3期；《清代山东粮食产量的估算》，载《庆祝王钟翰先生八十寿辰学术论文集》，沈阳：辽宁大学出版社，1993年；《清前期南方稻作区的粮食生产》，《中国经济史研究》1994年第1期；《清代北方旱作区的粮食生产》，《中国经济史研究》1995年第1期；《清代粮食市场和商品粮数量的估测》，《中国史研究》1994年第4期；《中国史话：水利史话》，北京：社会科学文献出版社，2011年；《中国古代农业》，原稿被出版社丢失，未能出版。

③ 郭松义：《清代人口问题与婚姻状况的考察》，《中国史研究》1987年第3期。

图7 1986年，在美国盐湖城参观犹他家谱学会永久性库藏，左为郭松义

1993年，我同在美国加州理工学院任教的李中清开过一个皇族人口讨论会[①]。此前，李与台湾“中研院”刘翠溶、赖惠敏合作整理清代皇族《玉牒》，将其中男女本人姓名、出生日期、婚嫁、爵职（女性则记有夫婿爵职）、死亡（女性包括夫婿亡故日期），以及有关父母情况等内容输入计算机，已完成近八万人的资料（一共二十多万人）。他们想开一个阶段性的成果会，大家讨论讨论，请我协助他们筹备。在筹备过程中，我又介绍王钟翰先生的大弟子定宜庄女士与其认识。定当时是中央民族学院（后为中央民族大学）的副教授，对满族和民族史造诣颇深，也有做田野的训练。定随后调进历史所社会史室，晋研究员。于是定便被李看中，吸收到他的研究团队。这次会议强调人口问题的社会背景和环境状况，邀请了不同学科的学者参加，希望各个学科可以互相借鉴。当时参会的学者有王钟翰先生，搞民族学——满族；侯仁之先生，搞历史地理学；张丕远先生，当时历史地理所的所长，他从粮价、物价、灾害天气这方面研究清代二三百年的气候变化，探讨气候同农业收成的关系；还有中医研究院的陈可冀先生，院士，他的领域是疾病学，曾经参加过清代皇家医方的研究工作；还有台湾“中研院”近代史所的赖惠敏、经济所的刘素芬等诸位先生。后来，1998年又召开了一次以“中国婚姻、家庭与人口行为”为题的国际学术会议[②]。这次会议的大部分工作都由定宜庄具体

① 按：这次会议名为“清代皇族人口及其环境——人口与社会历史（1600—1920）”，于1993年1月在北京清华大学召开，出版会议论文集《清代皇族人口行为和社会环境》，李中清、郭松义主编，北京：北京大学出版社，1994年。

② 按：1998年11月在北大召开了内容和时间上相互衔接的两个国际学术会议，“欧亚人口与家庭历史研讨会”和“中国婚姻、家庭与人口行为”，共三十位学者出席，分别来自美国、意大利、比利时、瑞典、日本和中国。后从两次会议论文中挑选编辑成《婚姻家庭与人口行为》一书，由李中清、郭松义、定宜庄合编，北京：北京大学出版社，2000年。

安排，请了很多搞人类学、社会学的学者。学者们分别从历史学、人类学、社会学的角度，探讨各个学科如何看待婚姻家庭，从哪些角度入手研究。这两次会议对我们的启发都很大，前一次会议强调事物不是孤立发展的，比如说人口的出生、死亡，它是多种合力的结果，多种因素导致了它的结果。因此，我们应该重视各因素之间的相互联系，落实到具体研究，也就是要重视各学科之间相互的关联性。后一次会议，强调对同一个问题，不同的学科有不同的视角、不同的入手点和不同的研究方法，如此不同学科之间的交流就会发生碰撞，从而在方法、思路上得到启发。

我还和定宜庄、李中清、康文林一起合作过《辽东移民中的旗人社会》[①]一书，这本书算是多学科合作的一次具体实践。这次合作，与我同李中清1993年主持的人口史讨论会有一定关系。李先是研究皇族《玉牒》，后接着去整理沈阳《盛京内务府户口册》。但单纯的统计工作，其价值就只能囿于人口统计学的有限范围之内，无法应用于广义的历史研究。譬如对户口册记载的上百万人口，究竟是些什么人，属于什么民族，来源于何处，均难搞清。于是我提议一面继续查文献，再试着做田野调查，从1998年到2000年，我和定宜庄先后五次前往户口册记录地区，以户口册提供的地名（村屯名）和姓氏为线索，寻找户口册所记人群的后裔。经过多次田野调查[②]，逐渐查出他们的后裔，由此才确定下这群人的身份。这个过程，非常艰辛，但同时也引人入胜。在我们进行田野调查的同时，李中清在美国继续使用人口统计学的方法，将户口册大约十分之一到五分之一输入计算机，大概有五十万人次十万个个人的材料，并对此进行了婚姻、生育、死亡、病残等人口统计分类。就这样，我们这个研究小组于中国和美国两地双管齐下，分别进行，在史学传统的文献研究基础上，借鉴了民族学家的田野调查，以及人口统计学的方法，可以说是一次跨越不同国界、不同文化背景以及不同学科的合作，是一次很有益的尝试。

在接着的几年里，我又着手做了些家庭规模、生育、疫病、死亡等有关人口行为的专题，发了六七篇文章，写过农民进城和我国早期城市的文章，并把重点放在清代北京的外来移民方面。有关论文，多数收于2012年天津古籍出版社出版的《清代社会环境和人口行为》一书中。

问：社会史是您近几年做的领域，您在经济史和人口史上都很成功，为什么要改变研究方向？

① 定宜庄、郭松义等：《辽东移民中的旗人社会》，上海：上海社会科学院出版社，2004年。

② 按：根据《辽东移民中的旗人社会》后记，1998年至2000年，共做了五次田野调查。详细的时间、地点、参加人物，参见该书第341页。

图8　1998年，辽北田野考察，中间为郭松义，右为李中清，左为定宜庄

答：1990年，历史所领导为适应新的学科发展需要，决定成立社会史研究室，要我负责新室的筹建工作。既然到了社会史室，当然要搞社会史研究，于是我选择了“清代的婚姻和家庭”作为专题。选此题的原因在于，我原来写过《清代人口问题与婚姻状况的考察》[①]，有点这方面的基础。另外它比较具体，符合我做学问的路子，而且虽然有人做过，但空缺仍多，有潜力可挖，只要下功夫，是可以写出新意的。后来，婚姻部分做得比较成熟，就单独成书：《伦理与生活——清代的婚姻关系》[②]。

过去写婚姻，大多是从制度的层面来写，我希望能从社会学的角度来思考这个问题，侧重于关注上层社会与下层百姓婚姻行为差别的研究。绅士家庭把受旌表看成家门的荣誉，妇女自幼受此熏陶，视贞节为性命，从整体环境到个人的思想活动，全被传统礼教所俘虏，所以即使年轻守孀，乃至已聘未婚而聘夫早亡，也要挣扎着去做节妇、贞妇。据我接触到的资料，绅士家庭虽不乏年轻寡妇，甚至有的还不到二十岁，却无一例再嫁。但下层百姓，由于生活所迫，虽然也有守节的，但多数年轻寡妇还是会选择再嫁。不同的人群，地位不同，身份不同，经济条件不同，就会出现不同的情况。

2000年，我同定宜庄开始合作《清代民间婚书研究》[③]。这部书的意义在于，过去从来没有人把婚书作为主要研究对象来探讨。史学界对地契、房契、卖身契等文书都有利用，唯独婚书一直未能进入史家的研究视野。我们在多年研究清代婚姻史、妇女史的过程中，逐渐认识到了婚书的价值。中国传统社会的官方文献，有关下层民众婚姻生活

① 郭松义：《清代人口问题与婚姻状况的考察》，《中国史研究》1987年第3期。

② 郭松义：《伦理与生活——清代的婚姻关系》，北京：商务印书馆，2000年。

③ 郭松义、定宜庄：《清代民间婚书研究》，北京：人民出版社，2005年。

的史料非常缺乏，仅有的少量也凌乱难稽；方志、笔记与其他私家著述，对这类题目多做空泛之谈，从中很难把握实质。婚书却是当事人持有并作为证据的最直接、最原始的材料，它为我们展现的婚姻各方之间、婚姻各方与社会道德以及国家法律之间的真实关系，都是我们在其他任何史料中难以具体地和系统地领悟到的。因此，婚书的研究对于婚姻家庭史研究是有意义的。

我在研究清代婚姻家庭的过程中，费力最多也是收获最大的，是取得了众多的数据信息，并结合有关分析把它反映出来。我从地方志烈女传记载的三十万至四十万个女子中，查到了一万五千多个初婚年龄资料，加上从年谱、档案、文集中得到的数据，统共辑得一万七千多例。男子初婚年龄记录较少，但也辑得七百多例。根据这些资料，作为样本，我们计算了清代男女初婚年龄和各年龄段的比例，还考察了不同阶级、不同地区和清朝前后不同时期婚龄的变化。我还通过户口册和家谱中的数千个数据，计算了夫妻年龄差，以及这个差别在南方、北方，绅衿和一般平民百姓中的不同情况。此外，我还根据《清实录》等资料，统计了有清各朝旌表节妇、烈女、贞女的人数和情况，利用家谱等资料，就通婚地域圈进行抽样分析，又对童养媳的童养年龄和结婚年龄、表亲婚在整个婚姻中的比例等，一一做了统计，还利用刑案记载，对流民和童养媳的婚姻质量，以及婚外性关系中的通奸原因和通奸男女原来关系，进行量化分析。上述统计，尽管有的也有人做过，比如女子婚龄，有的在统计人数上比我多得多，但他们大抵限于某一地区或某些特殊群体如皇族，在面的覆盖上显得不广；再就是有的统计不够圆满，或由其他数字间接推算得出。例如有的学者根据《古今图书集成》，辑得清代节妇9482人、烈女2841人。这个数字最多只能反映清代康熙以前（包括康熙朝）的情况，与我统计的，仅节妇一项就有百万之众，相差很多。

虽然，我做社会史是上级安排的任务，但一旦进入，觉得也挺有意思。经济史研究的多半是死的东西，如生产力、生产关系、政策什么的。社会史研究的是活的人，探讨人与人之间的关系，从而显出它有魅力的一面。

问：您对清代的档案、地方志等史料的熟悉在学术界是出了名的，我们做清史的很多年轻学者在寻找史料的时候都得到过您的指点和帮助。史料是史学的根本，您能给我们讲讲您是如何收集史料的吗?

答：我在北大念书的时候，商先生（商鸿逵）告诉我要多看多想和多动手。所谓多看，就是多看书，凡是涉及你搞的题目范围的书，能看的尽量多看；多想指边看书边想问题，或者看完一些书后归总起来再想问题，不断为自己提出问题，否则就像现在时行话说的，找不到感觉了；至于多动手，在我而言，是不要怕麻烦，在书中凡是看到好的

图9　婚姻、家庭领域的部分研究成果书影

观点、有用的资料，统统抄下来。那时一般人还没有计算机，只好用手抄，起先抄在本子上，后来觉得抄多了，本子上使用不方便，换成抄卡片，一条资料抄一张，必要时画上重点，加上标题，可随意摆弄。现在我手头的几十万张卡片，就是平时翻书时一张张抄下来的，时间长了，养成习惯，每写一本书或搞一个专题，大体都循着这个路子做。尽管烦琐耗时间，好处是资料先行摸得透，基础打好了，写时有底，心里就踏实。过去有人针对像我这样的笨人调侃说："只知道读书抄卡片，然后把这些卡片凑在一起，拼成文章，简直成了史料的奴仆。"我想只是拼凑史料，没有综合出观点来固然不好，但无论如何史料是基础，搞历史的不把握足够的史料，不管是"论从史出"，还是"以论带史"，总是危险的。

说起摸史料，真正要搞好它，做到有用能用也不容易，尤其是搞清史。我在大学念书时曾听到这样的话：搞中国史的，为什么选中间一段的人多，两头却显得零落？原因是上古先秦资料太少．很多事搞不清楚（现在每年都有考古新发现，话可能要另说了），后一段明清则烦于史料太多，一辈子也念不完，中间不多不少，一个人可以从容地搞，好好地做。这里，我且不说这段话的是和非，但从史料数量之多、类别之庞杂，对搞清史的人来说确实是如此。面对着数十万种别集、上万种家谱、五六千种地方志，以及数以千万件计的各种档案文书等等，有时真有不知如何下手之感。回想当年杨向老给我开《清史稿》《东华录》等书作为入门书来读，着实感到很有帮助。可后来轮到我给研究生和年轻人开基本书目时，却觉得怎么也想不出满意、理想的书来了。这除了我怀疑有的学生未必肯花那么多时间去坐冷板凳念书，史料本身存在的欠缺也是一个原

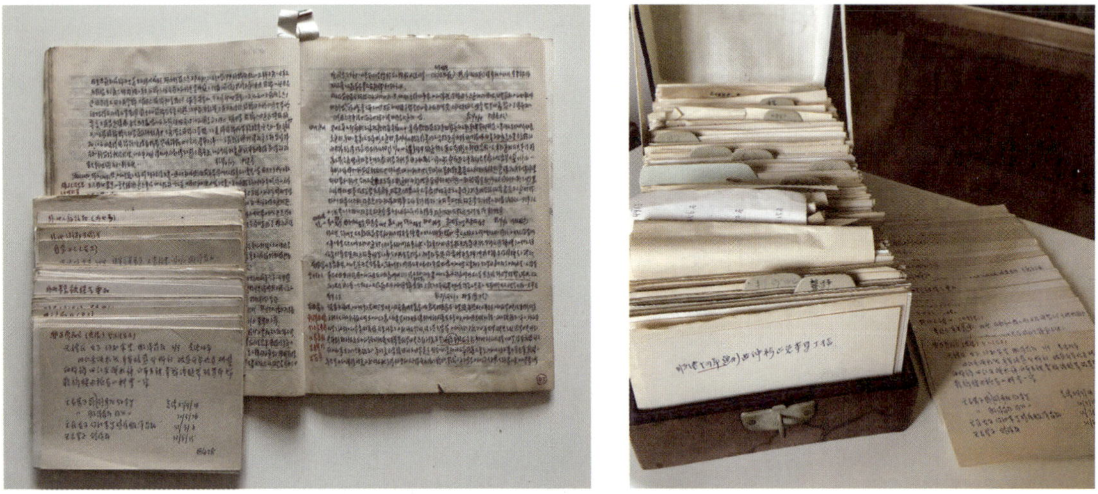

图10　郭松义先生抄录的部分卡片资料

因。就拿清代基本史籍和明代史籍相比，我们可以把《明史》作为入门书读，但若把《清史稿》作为基本史料，那无论如何是不够的。又比如《明实录》和《清实录》，尽管从数量上，《明实录》比《清实录》少了将近一半，可我们读《明实录》，不但能得知皇帝的旨意，还可了解有关大臣讨论的意见；《清实录》中载录的主要是皇帝的诏旨，大臣们的反响较少。比较起来，《清实录》的资料信息就相对单一。所以我搞专题，力求从更广的角度搜集资料。比如研究人物、研究事件，除了读《清实录》，读有关碑传状志外，还要配合翻文集、笔记、政书一类的书。

地方志是我摸资料花费工夫最多的地方。这大概是与我偏重摘社会经济史资料有关。有人说，搞经济史是一项吃力不讨好的工作，这主要指资料工作投入量大，又不易齐全。为了辑录有关资料，我曾三次大规模翻阅地方志。第一次在20世纪80年代初，主要收录各地的人口、田地、赋税资料，共查阅了二千来种。第二次是搞农业生产，再次普查方志近三千种，其中辑得的关于玉米、番薯和粮食亩产方面的资料便各有千余条。第三次在90年代中，目的是完成我的社科基金项目“清代婚姻家庭”课题，翻了一千五百余种。一遍一遍地重复，有时连自己也会产生不知何时才能到头的不耐烦想法，但想到搞的题目不同，着眼点不同，辑录的门类也不完全相同，似乎只能采取如此笨办法。

在清史资料中，档案资料无疑是最重要的一种。除了整理曲阜的孔府档案外，我还几次到中国第一历史档案馆查阅过顺治朝题本，康熙朝黄册，雍正、乾隆朝的部分军机处录副档册，宗人府堂稿和说堂稿，刑、法部档案，以及乾隆朝婚姻奸情类档案。

2000年，我应台湾中华发展基金会邀请赴台四个月，在“中央研究院”翻阅了史语所收藏的清内阁大库档和他们从大陆购买的刑科题本、四川巴县档案，同时还在“中研院”、台大等几个研究机构、大学讲演、座谈。此后，又在沈阳翻了辽宁省档案馆所藏盛京内务府有关档案，约万余件。档案的最大优势在于资料的原始度高。不过因为清代档案的数量实在太大，且又零散，加上整理工作跟不上，分类过粗，利用不方便，不投入大量时间，单靠个人力量，根本搞不齐全。还有，作为获取信息的管道，也不能单靠档案，否则就过于单一，这是研究者所忌讳的，何况现存的档案还存在着年代缺漏和内容不完整等问题。利用档案做研究，给我印象最深的是我们写的《封建贵族大地主的典型——孔府研究》，那是根据孔府档案写成的书。此书某些观点，因限于那个时代特点，不免有偏激不全之处，但总的感觉还是满意的。后来有位行家提意见，认为档案外没有更多地利用其他资料，从而限制了面的展开。这使我颇感震动。我想，如果当时我们能在资料收集上更放手些，注意把孔府与同时的其他贵族做横向比较，那么这本书的整体水平可能还会更好一些。1985年，我写了一篇《曲阜孔府与明清贵族地主》[①]的文章，其中的意图，就是试着对过去研究中的不足做某种弥补。此文原本有两万来字，收入论文集时限于篇幅，被删削一半，很多用以说明问题的资料被砍去了，使我多少感到惋惜。

如果要说史料方面的心得的话，我想史料切忌单一化，要用不同史料做二重证、三重证，我们常说“细节决定历史”，在很大程度上就是史实决定了历史。清代史料浩如烟海，很难以个人力量穷尽，对于存在争论的事情，切勿以为现在肯定了，就可以当成定论，很可能几年之后，就会有新的史料，就会被推翻。这是很正常的，学术就是这样，一个一个台阶逐级而上，每一个新的台阶都离不开底下的台阶。

问：郭先生，您的史料功底扎实，又跨越了好几个不同的研究领域，您能跟我们谈一下您的治学体会和经验吗？我想您的体会、经验一定会给我们年轻学者很多益处。

答：对于我做学问，我有这么两点体会，一个是我研究的题目通常比较微观、具体。这可能与我看重史料有关系。当然，我并不是说搞史料的人，不能搞宏观、理论性的东西。就我个人而言，我更注重微观，注重史料的收集和积累，强调立论要建立在史料的基础上，要有史料证据，不要空谈。因此，除有关正史外，其他像野史、文集、笔记、年谱、家谱、日记、方志，以及公私档案，平时我都比较注意搜集。另外也注意上溯下联，如前代明朝和后来民国的资料与著述，使结论不至于与时代脱节。

再就是我觉得自己在研究上还不太保守，愿意去借鉴其他学科的方法。经济所的吴

① 郭松义：《曲阜孔府与明清贵族地主》，载中国第一历史档案馆编《明清档案与历史研究——中国第一历史档案馆六十周年纪念论文集》，北京：中华书局，1988年。

老（吴承明先生）就主张方法可能有新旧之分，但没有高低之别。[①]他认为研究方法不必太过拘泥，需要用哪种，就去用哪种。我开始做研究的时候，学的是传统的考证方法，不少文章也是按照这种方法写出来的，比如《论“摊丁入地”》《清初的更名田》等文章。在我做经济史的时候，有几件事对我影响很大。80年代，历史所希望加强经济史的研究，准备成立经济史研究室或研究组，委托孙毓棠先生筹办此事。当时他们也找过我。记得孙先生说，严格说，这些年来有的经济史文章，不像在做经济史。当时，我很纳闷，不知道是什么意思。后来我体会，那是指搞经济史应该注意吸收经济学的研究方法。对于经济史的研究方法，吴承明先生的一段话，让我释了疑。他认为研究经济史，既允许用传统史学实证的方法去做，也可以用经济学方法入手，但即使如此，“我们经济史也应注意定量分析，或根据资料可能，从经济学中吸取一些方法，如投入产出以至回归分析等”[②]。

1985年，吴老《中国资本主义的萌芽》[③]一书出版。该书就一些宏观数量做了估算，用统计或计量学的方法，检验所做的定性分析。过去写资本主义萌芽的文章，主要从史学的角度，举例子来论断。而吴老用量化的方式，从更为宏观的角度来看待这个问题。尽管有些人不同意吴老的某些观点，而且现在看来有些论点也还有待完善，但就当时来讲，吴老搞的东西是过去用史学传统的实证方法做不出来的，我对此感触很深。自从受到量化分析的启发后，我希望能够学习这种方法，让我的研究有所前进。因此，我尽可能地从“量”这个角度出发，收集数据，做定量的分析。像《清前期南方稻作区的粮食生产》《清代粮食市场和商品粮数量的估测》《清代北方旱作区的粮食生产》《明清时期的粮食生产与农民生活水平》[④]等文章都采用了这种方式。

1992年、1993年起，我的主要精力转向社会史，这是我在清史研究层面上的又一次拓展。不过因为此时我已年近六十，不可能像过去那样张大网广加求取，做社会史理论探讨又不是我的长处，所以只能从选择具体题目入手。正好我先前搞人口史触及过婚姻问题，于是就把清代的婚姻和家庭作为切入点。社会史中的婚姻家庭史可以关联到人类

① 吴承明：“1984年，我在一次在国外召开的中国经济史国际讨论会上说：‘就方法而言，有新老、学派之分，但很难说有高下、优劣之别。’”吴承明：《中国经济史研究的方法论问题》，载《市场·近代化·经济史论》，昆明：云南大学出版社，1996年，第49页。

② 方行、经君健、魏金玉主编：《中国经济通史·清代经济卷》（上）“前言”，北京：经济日报出版社，2000年。

③ 许涤新、吴承明主编：《中国资本主义发展史》第一卷《中国资本主义的萌芽》，北京：人民出版社，1985年。繁体字本，台北：谷风出版社，1987年。C.A.Curwen译编英文本：Chinese Capitalism，1522-1840，英国麦克米伦出版公司，2000年。

④ 郭松义：《明清时期的粮食生产与农民生活水平》，载《中国社会科学院历史研究所学刊》第1集，北京：社会科学文献出版社，2001年。

学、民族学、民俗学、人口学以及伦理学等学科。它们中，很多我不熟悉或不很熟悉，这样要花时间去了解。其实学习关联学科，在相当程度上包含了方法论方面的借鉴和吸收，社会史也是一样，起码它的研究门类，很多就是从社会学中得到启发。社会学中经常使用的如抽样分析，典型分析，定量、定性数据统计法，以及某些田野调查的问卷设计等，都是社会史研究中需要吸收借鉴的。其中以1989年到1999年，我与合作者定宜庄教授以及美国的李中清教授到辽宁盖州、海城、法库、开原、铁岭等地，就“清代辽东内务府旗人”后裔的历史记忆所进行的田野查访，收获最为巨大。

史学是在不断进步的，20世纪50年代，史学界连说点康熙皇帝的好话都难，那时一说清代就说统治坏。1983年，我应中华书局李侃同志约稿，在《文史知识》发了一篇《康乾盛世》的文章，一时引起很多人的关注。现在却是讲过了头，一说清朝（康乾时期）就不能说坏话。但总的来说，清史是在向前发展的，无论是在资料还是在研究上，都要比过去深入得多，面上也扩大得多。

当前史学涉及的范围越来越宽，有的东西随着对现实问题的关注，而联系到历史研究。比如人口史，就是因为80年代以后，国内人口现实才迫使我们关注历史上的人口问题。再比如环境史学的兴起，也与当前人们对环境问题的重视有关联。总之，发展的势头都是好的，但无论是清史，还是社会史，都要沉下来踏踏实实地做。现在有的研究比较浮，炒冷饭的太多。我们应该不断注意前人的研究情况，然后在前人的基础上做下去。2004年，我写了篇乾隆南巡、东巡的文章①，这是一个前人写烂了的题目。我用了曲阜档案里面的一些史料，有学者就评价说这篇文章做出了新东西。事实上，曲阜档案已经出了好多年，但是没有人注意这些东西。关键还是要扎扎实实地从不同的视角来做，通过事实说话。

我从60年代初开始从事清史研究，到现在已过了整整一个甲子，如果除去“文化大革命”前后的空白期，不过半个来世纪。在这半个世纪中，我在清史这块园地里涉及不少领域，也编过刊物、整理过资料，历经甜酸苦辣。至于说到对清史整个体系提出什么看法，或者做过使人仰慕的创造性成果，从而总结出一大套理论，在我都谈不上，因为那是大师们做的。我本人充其量不过是个普通研究者，做些零敲碎打的工作。从史学的特性看，它从来不属于显学，我觉得我能做成些事，就是想到了这一点，并耐着寂寞，循着设定的路子走下去。我不自卑，也不高估自己。我了解自己不是个有很高灵性、理论魅力很强的人，所以只能按照一定的起点，从资料工作开始，由史料形成论点，再综合出结论，写书做专题。当然也要吸收借鉴其他的成果和别的学科的研究方法，因为它

① 郭松义：《曲阜“孔府档案”中记载的乾隆南巡和东巡》，载辽宁大学历史文化学院编《明清史论丛——孙文良教授诞辰七十周年纪念文集》，沈阳：辽宁大学出版社，2004年。

可以开阔眼界，提高研究质量。

在我的研究工作中，也会碰到这样的事，成果刚出来或出现不久，就觉得不满意了。究其原因，不外有几个：一是原定的起点不高或没有得知已有的高水平成果；二是形成论点时考虑不周密；三是又发现了新的资料；四是采用其他视角或不同的研究方法，也许能得出更新的结论。这就促使我要不断地进行总结，提醒自己虚心些。由于清史资料太多，即使竭尽全力，也不敢说我搞的题目资料已完全齐备，有时新发现的资料甚至足以得出与原先完全不同的结论。因此，我从不说我的研究具有创造性或有全新突破这样的话。对于每一个经过努力得出的结论，我都由衷地尊重，也绝不因为自己有些新看法而贬低他人的努力，因为每一项研究均不可能凭空而起，都或多或少地参照吸收过前辈或同辈先行者的成果，是在他们基础上前进的，并愿以此与大家共勉。

图11　郭松义先生访谈照片

〔访谈人邱源媛，中国社会科学院古代史研究所。北京，100101〕

流散敦煌文献源流考镜举例
——读《务本堂藏敦煌遗书》*

陈丽萍

摘　要：《务本堂藏敦煌遗书》陆续出版两册，其中既收有近60件敦煌文献，还有30多件其他地区所出的古文献，为我们比对同类型文献抄写模式的发展变化提供了新的资料。本文主要关注了其中所见抄经题记与其他各地所藏敦煌文献之间的关联，以及流散敦煌文献的拍卖与归属问题。

关键词：务本堂；散藏；敦煌文献；题记；拍卖

上海务本堂第一任堂主在20世纪90年代就开始搜罗散藏敦煌文献，数年累积，渐成规模，于2013年出版了《务本堂藏敦煌遗书①》，刊布43件古文献图版，其中敦煌文献30件。[①] 十余年后，《务本堂藏敦煌遗书②》续接，刊布48件古文献图版，其中敦煌文献25件。[②] 两册联珠，读之令人欣喜。

务本堂藏敦煌文献的价值以及一些收藏因缘，首有方广锠先生为两册分撰之《序》，次有苏海强《写经体：书法入门最佳字体——兼谈务本堂所藏敦煌写经的书法意义》附于第一册，再有邓燕《云去月现　尘拂镜明（代后记）》附于第二册。三者结合，让我们对务本堂藏品有了较为全面的了解。

务本堂藏品皆为收购流散敦煌文献，故其上多有收藏品鉴者的题跋与印鉴，刘波《敦煌西域文献题跋辑录》收录了务本005、006、007、014、016、020、027号中所见张

* 本文由中国历史研究院“兰台青年学者计划”项目资助。本文写作得到中国国家图书馆善本部刘波研究员、复旦大学郭永秉教授、中国社会科学院古代史研究所陈志远研究员的大力帮助，特致忱谢。

① 方广锠编：《务本堂藏敦煌遗书①》，桂林：广西师范大学出版社，2013年。

② 方广锠编：《务本堂藏敦煌遗书②》，桂林：广西师范大学出版社，2024年。

虹、吴宝炜、方广锠、秦裕、张伯驹、张群、杨歗谷等先生的题跋印鉴。[①]尤澳《〈务本堂藏敦煌遗书②〉中的那些题跋》，过录了务本059、079号所见林熊光、陈衡恪、曹善祥等先生的题跋印鉴。还特意提到了务本堂新藏品中不少源自滨田德海旧藏（详下）。[②]

其实，务本堂藏品中所见的藏家名人题跋印鉴远不止上述。如务本001号有“黄／宾虹”等印，为黄宾虹旧藏；务本003、045号分别有“顾／二郎”“顾鼇”印，为顾鼇旧藏[③]；务本010号有“茶陵谭／泽闿秘／笈永宝”等印，为谭泽闿旧藏；务本013号有“霍邱／王潜刚／章”等印4方，为王潜刚旧藏；务本074、075号皆有“颍上／常任／侠读”等印，为常任侠旧藏[④]；务本088号有“南海藏经”印，为康有为旧藏；还如务本026号有“德化李／氏凡将/阁珍藏”印、务本052号有“木斋审定”印，可能为李盛铎旧藏。务本032、033号有“启功／之印”，应经启功先生鉴定过。当然，笔者于题跋印鉴并无研究，以上罗列仅以供学界同仁参考。本文主要过录务本堂藏品中的写经题记，并对流散敦煌文献的拍卖与归属问题略抒己见。

一

1. 务本001《大智度论卷三一》

题记：一校。

2. 务本003《大般涅槃经卷三七》

题记：武成二年（560）凉州从事索瑜敬造。／用纸十五张。／经生令狐哲写。（图1）

按：令狐为敦煌大姓，敦煌文献中也颇多令狐氏出资或抄经的题记，但目前似未见到与令狐哲重名者。又，“武成”为北周明帝年号，仅行两年，有“武成”年号的敦煌写经题记，目前所见另有3则：中村不折049《妙法莲华经卷

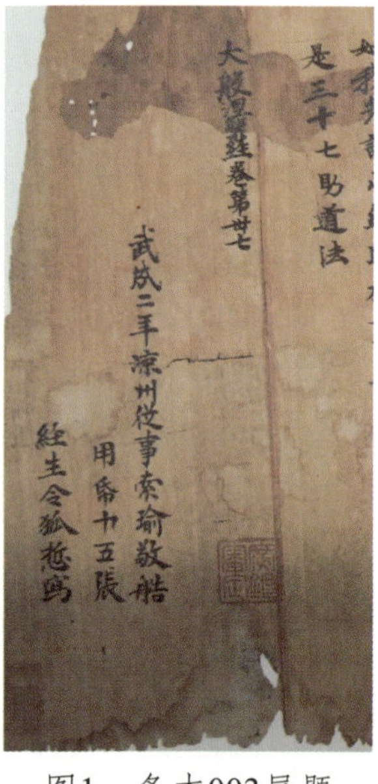

图1　务本003尾题

① 刘波辑录：《敦煌西域文献题跋辑录》，上海：上海古籍出版社，2023年，第206—211页。

② 微信公众号“尤澳自述”，2024年3月24日。

③ 有关顾鼇旧藏品的追寻，可参看余欣：《“顾二郎”与“护陇使者”：首都博物馆藏敦煌吐鲁番文献经眼录》，载《博望鸣沙：中古写本研究与现代中国学术史之会通》，上海：上海古籍出版社，2012年，第124—153页。

④ 常任侠旧藏敦煌文献在拍卖场所见者还有：北京瀚海国际拍卖公司2015年春拍之 Lot.1671《妙法莲华经》，北京保利拍卖国际有限公司2016年春拍之 Lot.0143《大般涅槃经卷十五》，西泠印社拍卖有限公司2017年春拍之 Lot.4617《妙法莲华经卷三》。

三》题记“武成元年（559）十二月廿日，高昌丁谷窟比丘道全，减割身才（财），写／法华一部，上为七世师长父母，现及己身，下为一切众生，／闻此经文者，普共成佛”。中村不折050《梵网经心地品第十下卷》题记“比丘僧观释敬写供养。／武成二年岁在庚辰三月廿三日”。羽559《杂宝藏经卷五》题记“武成二年岁在庚辰，比丘僧寿为一切众／生，敬写杂宝经，供养留（流）通”。（图2）可与务本003号题记互参考。

3. 务本013《佛名经卷二》

题记：施主尼严胜。

4. 务本015《无量寿宗要经》

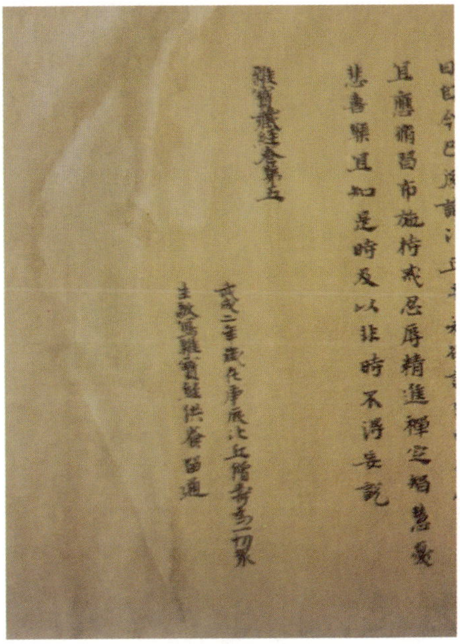

图2　羽559尾题

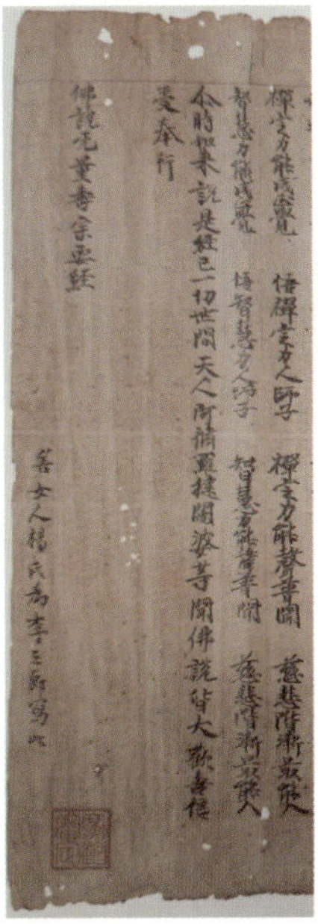

图3　务本015尾题

题记：善女人杨氏为李三郎写此。（图3）

按：敦煌写经题记中以“善女人”为女性身份界定者，似他处未见。

5. 务本024《无量寿宗要经》

题记：安国兴写。（图4）

按：安国兴还见于BD14584《大般若波罗蜜多经卷三七四》题记“安国兴写。／海晏勘”。（图5）

6. 务本026《妙法莲华经卷六》

题记：上元三年（676）二月群书手杨文泰写。／判官司农寺上林署令李德监。（图6）

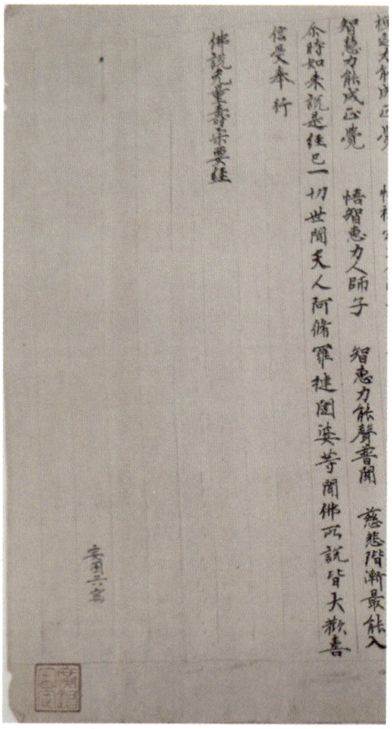

图4　务本024尾题

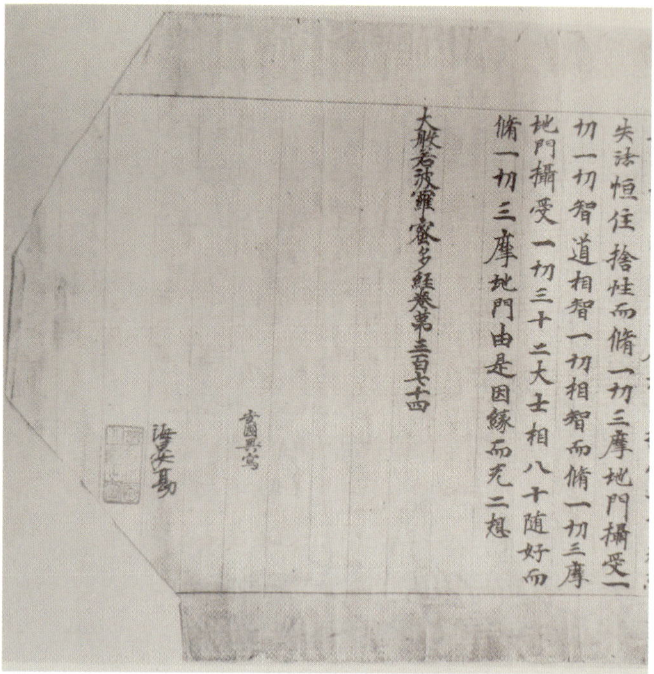

图5　BD14584尾题

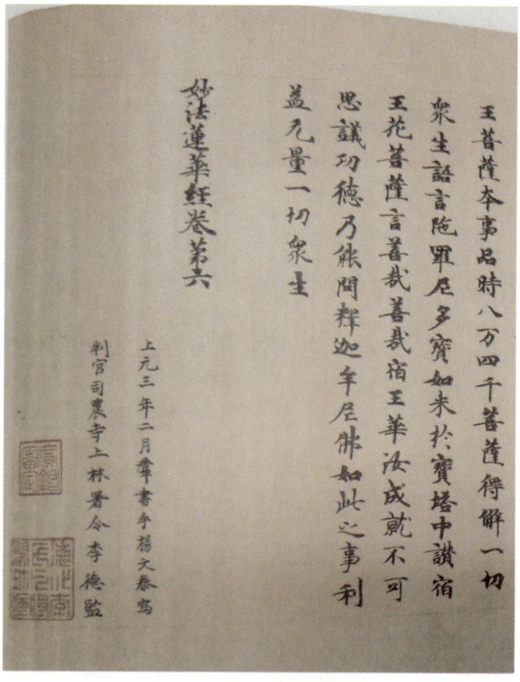

图6　务本026尾题

按：该卷尾题下有“德化李／氏凡将／阁珍藏”印一方，似显示为李盛铎旧藏品。敦煌本宫廷写经中的唐上元三年题记还见于S.3361、S.4353《妙法莲华经卷一》，S.2181《妙法莲华经卷二》，S.2637、羽46、S.4168《妙法莲华经卷三》，羽45《妙法莲华经卷四》，S.1048、BD14437《妙法莲华经卷五》，羽9《妙法莲华经卷六》，S.2956《妙法莲华经卷七》，以及S.513、P.3278《金刚般若波罗蜜经》中。以上题记的格式皆相对固定，其中如S.2181《妙法莲华经卷二》题记“上元三年四月十五日群书手杨文泰写。／用纸廿张。／装潢手解善集。／初校大德嘉尚。／详阅太原寺主慧立。／详阅太原寺上座道成。／判官司农寺上林署令李德。／使朝散大夫守尚舍奉御阎玄道监”。卷背还有校勘记，“妙法莲华经卷第二／上元三年四月十五日群书手杨文泰写”。[①]（图7-1、7-2）对比格式与笔迹，皆显示务本026号至少题记是作伪。

6. 务本031《摩诃波若波罗蜜经卷十三》

题记：用纸十八张。／六月五日经生氾充仁写讫。／一校竟。道人僧遵。（图8）

按：经生氾充仁还见于中村不折027《十诵律卅事卷第七》题记“用纸廿六张。／五月四日经生氾充仁所写讫。／一校竟”。与此卷题记可资参考。（图9）

7. 务本032《大智度论卷五七》

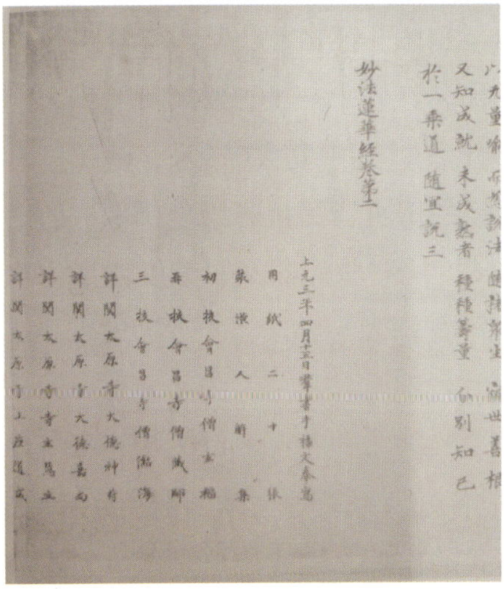

图7-1　S.2181尾题

图7-2　S.2181背勘记

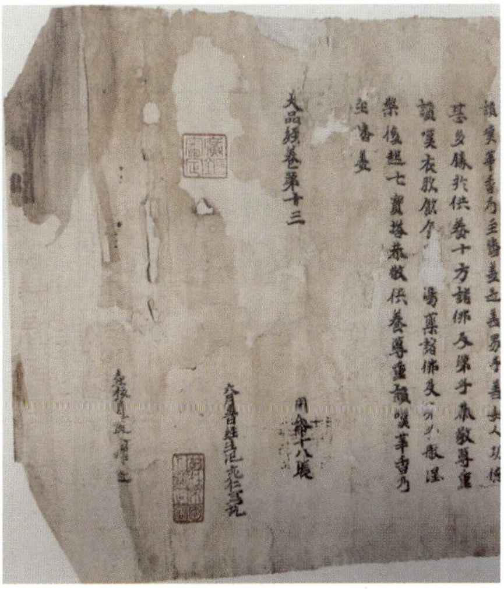

图8　务本031尾题

① 对敦煌本宫廷写经题记的整体关注研究，可参看赵和平：《唐代咸亨至仪凤中宫廷写经机构研究》，载中国人民大学国学院编《国学的传承与创新——冯其庸先生从事教学与科研六十周年庆贺学术文集》（下），上海：上海古籍出版社，2013年，第1026—1055页；《俄藏三件敦煌宫廷写经初步研究》，《敦煌研究》2013年第3期，第153—156页。

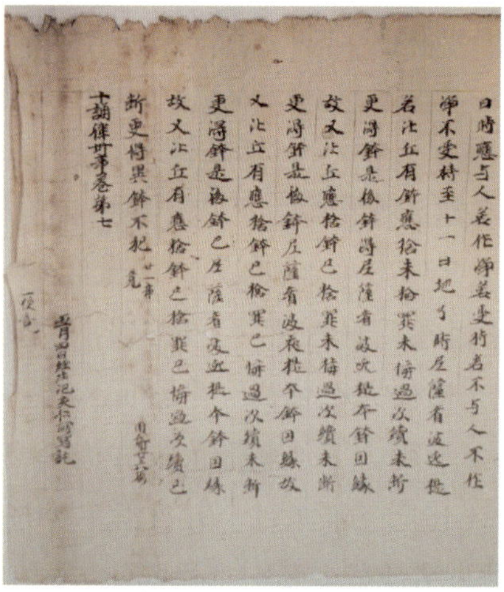

图9　中村不折027尾题

题记：一校竟。

8. 务本044《佛名经卷十一》

题记：敬写大佛名经二百八十八卷。惟 / 愿城隍安泰，百姓康宁。 / 府主尚书曹公，己躬永寿，继绍 / 长年，合宅枝罗，常然庆吉。于 / 时贞明六年（920）岁次庚辰五月十 / 五日写讫。（图10-1、10-2）

按：同一题记还见于羽485《佛名经卷三》，S.4240、羽567《佛名经卷四》，BD15077《佛名经卷八》（图11-1、11-2），P.2312《佛名经卷十三》，S.3691《佛名经卷十五》，以及北大079、BD15289《贤劫千佛名经卷上》。其中北大079号，池田温和山口正晃先生认为是赝品。[①]值得注意的是，这批佛名经的扉页皆另接彩绘坐佛像一躯，但如羽485号图像已佚，羽567号图像仅存少许华盖。又，比对敦煌归义军节度使卒立次序，贞明六年的"府主尚书曹公"当为曹议金。[②]

9. 务本057《大般涅槃经卷十七》

题记：比丘昙义。

务本堂藏敦煌写经的题记可辑录出9条[③]，能与其他各处所藏敦煌文献题记关联者有5条，当然，务本026号的题记应是仿照宫廷写经题记格式的作伪，这应该也是散藏敦煌文

①［日］池田温编：《中国古代写本识语集录》补50，东京：东京大学东洋文化研究所，1990年，第561页；［日］山口正晃：《敦煌本〈贤劫千佛名经〉について》，载高田时雄主编《敦煌写本研究年报》第3号，2009年，第79—102页。

② 荣新江：《归义军史研究——唐宋时代敦煌历史考察》第二章《归义军历任节度使的卒立世系与称号》，上海：上海古籍出版社，2015年，第95—107页。

③ 应为10条，但务本084《妙法莲华经》尾之"武德六年"题记已是学界通晓的伪题记，本文不再过录。

图10-1　务本044首部佛像

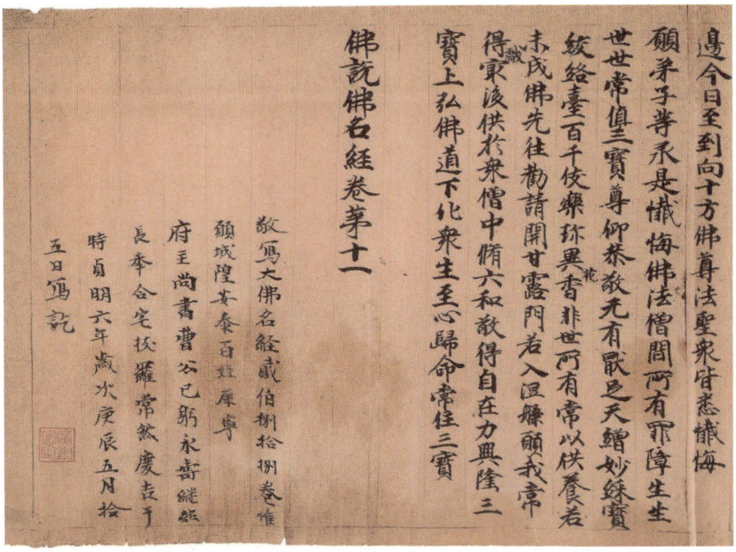

图10-2　务本044尾题

图11-1　BD15077首部佛像

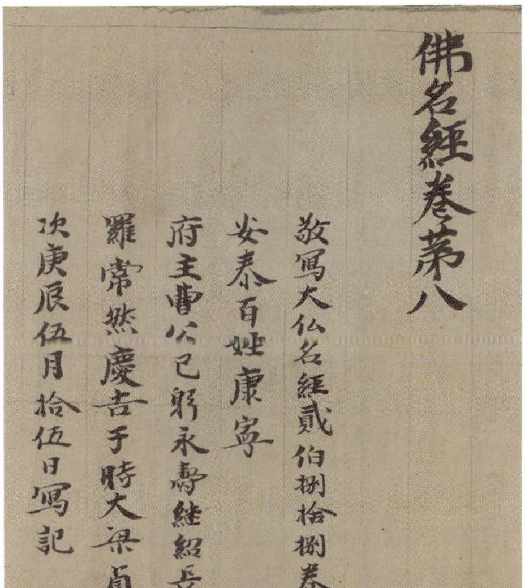

图11-2　BD15077尾题

献中最常见的作伪形式。[①]

二

务本堂藏品皆为数年收购汇集而成，拍卖场中的敦煌文献流通非常活跃，据我们不完全统计，截至2021年底，仅有过敦煌文献交易的中国拍卖公司就有50余家，涉及敦煌文献600多卷。[②]但这些敦煌文献被收购之后的信息，绝大多数就不得而知了。所以务本堂堂主的学术公德之心令人感佩，这些共享的图版除了能为敦煌学的研究增添新资料外，也让我们得以了解一些敦煌文献的流散过程和不同的归属。

务本堂藏品中有迹可循者，如务本079《维摩诘所说经卷上》，购自北京匡时国际拍卖有限公司2011年秋季艺术品拍卖会古代书画专场，编号Lot.2209；务本057《大般涅槃经卷十七》，购自北京保利国际拍卖有限公司2013年秋季拍卖会古籍文献名家翰墨专场，编号Lot.4016；务本058《大宝积经卷五四》、059《佛本行集经卷四六》，为林熊光旧藏品，购自株式会社东京中央拍卖2014年秋季拍卖会古籍善本专场，编号1061；务本084《妙法莲华经卷七》、085《释摩男经》、091《瑜伽师地论义疏》（背面为《残地契》[③]），购自北京伍伦国际拍卖有限公司2016年秋季文物艺术品拍卖会滨田德海旧藏敦煌遗书专场，编号伍伦09、18、36。乃至务本堂所收非敦煌文献中的务本055《明一切众生对根上下起行法》，也购自保利2014年春季拍卖会古籍文献名家翰墨专场，编号Lot.3465。[④]

其实，比对中国各大拍卖公司的图录介绍，我们还能找寻到更多的信息，如务本010《佛名经卷十一》、024《大乘无量寿经》，分别购自北京诚轩拍卖有限公司2008年春拍会（编号Lot.0261）、2009年秋拍会（编号Lot.0465）；务本048《妙法莲华经卷六》、050《大般若波罗蜜多经卷第三五八》，分别购自保利2010年五周年秋拍会（编号Lot.0079）、2013年八周年春拍会（编号Lot.3025）；务本013《佛名经卷二》、052《净

① 有关敦煌文献的作伪和辨伪，可参看张涌泉：《敦煌写本文献学》第十九章《敦煌文献的辨伪》，兰州：甘肃教育出版社，2013年，第645—690页。

② 陈丽萍、刘婷：《国内拍卖场所见散藏敦煌文献目录》，载郝春文主编《2022敦煌学国际联络委员会通讯》，上海：上海古籍出版社，2022年，第232—274页。

③ 陈丽萍：《四件散见敦煌契约文书》，《敦煌研究》2018年第3期，第101—106页。

④ 本文所有敦煌文献拍卖的信息据方广锠《务本堂藏敦煌遗书》之“条记目录”部分，刘波《敦煌西域文献题跋辑录》，陈丽萍、刘婷《国内拍卖场所见散藏敦煌文献目录》，尤澳《〈务本堂藏敦煌遗书②〉中的那些题跋》等综合而成，不再一一出注。

名经关中疏卷上》、031《摩诃般若波罗蜜卷十三》、032《大智度论卷五七》、044《佛名经卷十一》，分别购自中国嘉德国际拍卖有限公司2009年春拍会（编号Lot.2921）、2010年春拍会（编号Lot.8248）、2012年春拍会（编号Lot.136、Lot.137）、2012年秋拍会（编号Lot.5700）；务本072《胜天王般若波罗蜜经卷六》、077《杂宝藏经卷第五》，分别购自保利2014年秋拍会（编号Lot.2176）、2015年春拍会（编号Lot.2725）；务本083《妙法莲华经卷六》、086《观世音经》、089《比丘羯磨》、087《维摩诘所说经卷一》、088《黄仕强传》等[①]、090《和菩萨戒文》等，同样购自伍伦2016年滨田德海旧藏专场，编号伍伦04、25、30、29、27、31，且前三卷为李盛铎旧藏品。[②]

务本堂所收其他非敦煌文献，诸如务本051号，购自保利2013年八周年春拍会；务本061—071号，购自保利2014年秋拍会；务本076、078号，购自保利2015年春拍会；务本080、081号，购自北京匡时2015年秋拍会，等等。

经过笔者粗略的追踪，务本堂藏敦煌文献有一半的购买来源大致可查至拍卖场，这些文献上有收藏题跋印鉴者，也多已见录于刘波《敦煌西域文献题跋辑录》，只是有部分文献因没有追踪其拍卖后的归属，仍未归于“务本堂”名下。

敦煌藏经洞自1900年开启后，在1907年英国斯坦因第一次大规模劫掠之前，经王道士或周边人等流散出去的敦煌文献已难以计数，大概形成了廷栋、叶昌炽、端方、苏子培、陆季良等较大规模的私人收藏品，其中廷栋藏品因为1917年廷栋被杀，而又陆续落入了张广建、许承尧、周炳南[③]、杨炳荣等人手中。这些私家藏品又经过赠送、买卖、交换等形式，再次分多批次流散于世，有些被如敦煌研究院、安徽省博物馆、北京大学图书馆、上海图书馆、日本天理大学图书馆等数十家机构收藏。有些也在日后的拍卖会中出现了身影，如中国嘉德国际拍卖有限公司1999春季拍卖古籍善本专场中的Lot.0468《大般若波罗蜜多经卷五二》，为端方、谢绪璠旧藏品；北京荣宝拍卖公司2020年秋季拍卖会“一念莲花开·佛教典籍及古籍善本”专场中现身了编号Lot.1064《大般若波罗蜜多经卷第五百一十三》的张广建、许承尧收藏品；等等。

在1908年法国伯希和劫掠、1910年清朝学部勒令将剩余部分押送至京师图书馆（中国国家图书馆前身）后，何彦昇、李盛铎、刘廷琛、方尔谦等借职务、亲属、同乡关系之便，大肆中饱私囊，形成了另一个较大规模的私人藏品群，他们的藏品之后同样陆续

① 窦怀永：《敦煌小说〈黄仕强传〉新见写本研究》，《敦煌学辑刊》2018年第1期，第14—22页。

② 商务印书馆编：《敦煌遗书总目索引》之《李木斋旧藏敦煌名迹目录》（第二部分）第0630，北京：商务印书馆，1962年，第326、321、322页。

③ 周炳南旧藏品238件现藏于敦煌研究院，彩色图版近期已出版。具体参看敦煌研究院编：《甘肃藏敦煌文献》，兰州：甘肃教育出版社，2023年。

再次分散世界各地。同样地，因为王道士的私藏，1911年日本大谷探险队、1914年俄国奥登堡在敦煌仍然能够劫掠上万件文献，满载而归。直至1931年王道士去世，敦煌文献一直在不断经其手流散于天下，甚至有些文献还毁于不同灾害之中。因此，若要完全复原藏经洞的原貌可能永远无法实现了，但在我们所能追寻到的信息之下，尽量倒推一些当下所见敦煌文献的来源，做到“知来处、明去处”，这或许也是务本堂藏品所带给我们的最大启示。

〔作者陈丽萍，中国社会科学院古代史研究所暨敦煌学研究中心。北京，100101〕

S.5600《维摩手记》考*

严世伟

摘　要：S.5600内容庞杂，段落之间缺少衔接，长期被当作类书、杂抄。通过与多种敦煌本《维摩诘所说经》注疏对勘，并与传世文献互证，可以发现S.5600整体均与《维摩诘所说经》有关，很可能是僧人为讲经而准备的讲义，或者是人们听讲而做的笔记，故将其拟名为《维摩手记》。它还与智周《大乘入道次第》和道液《净名经集解关中疏》《净名经关中释抄》关系密切，表明唯识学和道液的著作在敦煌具有强大影响力。

关键词：S.5600；《维摩诘所说经》；手记；敦煌佛典注疏

一、引言

S.5600为册子本，字体较为拙劣，所抄内容之间没有衔接，独立成段，且多为短句，较为散乱，难以建立彼此之间的关联。翟林奈（Lionel Giles）将其编作“佛教术语的解释”①，《英藏敦煌文献（汉文佛经以外部分）》定作“佛教类书”②。《敦煌遗书总目索引新编》分作4条，分别为“八万四千法门、八相解释”“张僧繇为志弘和尚画像

* 本文系全国高等院校古籍整理研究工作委员会项目“法藏敦煌文献重新整理研究与编目”阶段性成果。感谢荣师新江、史睿老师、陈瑞翾老师以及宛盈、袁勇等“法国国家图书馆藏敦煌文献”整理小组成员的指导，朱玉麒老师、陆扬老师、刘屹老师、林世田老师、雷闻老师也对本文提出宝贵意见，谨致谢忱。还要感谢北京大学大成国学基金对本研究的资助。

① Lionel Giles, *Descriptive Catalogue of the Chinese Manuscripts from Tunhuang in the British Museum* (London: The Trustees of the British Museum, 1957), p. 190.

② 中国社会科学院历史研究所等编：《英藏敦煌文献（汉文佛经以外部分）》第8卷，成都：四川人民出版社，1992年，第123—127页。

事”“悉达太子成道俗文”“优波离出家事”。[①]

专门讨论S.5600的文章几乎没有，多是在采用其中的某些材料时提及。早在1957年，刘铭恕就已经关注到S.5600中耶输陀罗怀孕6年的因缘故事。[②]1989年，梅维恒（Victor H. Mair）在《唐代变文》的脚注中提及S.5600是解释佛教名词“变”“化”“处”的小册子。[③]1992年，杜爱英在讨论敦煌文献中俗体字的类型时提及此件。[④]S.5600有关于悉达太子成道的内容，2016年，王孟在整理敦煌佛教疑伪经时将此卷收录于《太子成道经》中。[⑤]

S.5600中记载有一个张僧繇为志弘画像的传说，学界对S.5600的讨论也集中于此传说之上。2004年，何剑平发表《张僧繇为宝志作画事迹之考释》，认为此故事的出现是唐代密教传入之后的产物，具体当在景云二年（711）之后，惠沼完成《十一面神咒心经义疏》之前。[⑥]何剑平依据的主要是宋代志磐《佛祖统纪》、元代念常《佛祖历代通载》等传世史料，敦煌文献则只提及S.1624。2006年，李静利用S.5600对张僧繇与宝志的故事提出新解，她认为何氏关于故事产生时间的论证存在疏漏，并将此故事分为3个要素，即“十一面观音说”“张僧繇作画不成说”“剺面说”，这三者并非同时出现，而是最后糅合形成S.5600的文本。[⑦]2018年，杨明璋又从中日佛教文化交流的视角再论宝志的神异传说，他认为敦煌文献中与宝志有关的写本、壁画有两种类型：一是S.1624、P.3727、S.5600三写本中叙述宝志剺面示现观音相的故事，二是S.3177、P.3641及莫高窟第395窟甬道南壁宝志像，均书写有《梁武帝问志公和尚如何修道》。而十二面观音一开始或附属于十一面观音，发展到10世纪，它应已有独立的信仰体系，且刻意与宝志剺面化现的故事相结合。[⑧]在此文中，杨明璋已经意识到S.5600所抄内容颇为复杂，《敦煌遗书总目索引新编》所列的4条题名并不能完整地包含所有内容。他将全册分为“八万四千法

① 敦煌研究院编：《敦煌遗书总目索引新编》，北京：中华书局，2000年，第174页。

② 刘铭恕：《再记英国伦敦所藏的敦煌经卷》，《中国科学院图书馆通讯》1957年第7期；此据冯志文、杨继平主编：《中国敦煌学百年文库·综述卷2》，兰州：甘肃文化出版社，1999年，第135页。

③ Victor H. Mair, *T'ang Transformation Texts: A Study of the Buddhist Contribution to the Rise of Vernacular Fiction and Drama in China*（Cambridge: Harvard University Press，1989），p. 198；梅维恒：《唐代变文：佛教对中国白话小说及戏曲产生的贡献之研究》，杨继东、陈引驰译，上海：中西书局，2011年，第94页。

④ 杜爱英：《敦煌遗书中俗体字的诸种类型》，《敦煌研究》1992年第3期，第192页。

⑤ 王孟：《敦煌佛教疑伪经综录》，博士学位论文，上海师范大学，2016年，第249页。

⑥ 何剑平：《张僧繇为宝志作画事迹之考释》，载《华林》编辑委员会编《华林》第3卷，北京：中华书局，2004年；此据项楚等：《唐代白话诗派研究》，成都：巴蜀书社，2005年，第21—43页。

⑦ 李静：《宝志十一面观音信仰与相关故事产生时间新议》，载四川大学中国俗文化研究所《新国学》编辑委员会编《新国学》第6卷，成都：巴蜀书社，2006年，第89—107页。

⑧ 杨明璋：《唐宋志公神异传说与中日十一面、十二面观音信仰》，载《汉学研究》编辑委员会编《汉学研究》第36卷第1期，台北：汉学研究中心，2018年，第67—100页。

门”“世尊八相成道八相者”等27条，并指出其中第5条出自《阿毗达磨俱舍论》，第4条又见于P.2049《维摩经疏》[①]，第15条又见于智顗《妙法莲华经文句》、窥基《阿弥陀经疏》等文献。因此，他将S.5600拟题为《佛教人事杂抄》。此文后收入作者专著《神异感通　化利有情：敦煌高僧传赞文献研究》[②]，何剑平在书评中进一步指出，“S.5600编号4阿难偈云，6魔女偈云，7佛有偈云，10罗睺罗者，11又耶输陀罗六年胎孕者，13优波离者，14神龟攒卦能定吉凶、加（迦）叶智明、能知三世，15目连者，26堣（瞿）师罗长者等，与国家图书馆藏BD950号《维摩经解（拟）》所疏鸠摩罗什译《维摩诘所说经》之《弟子品第三》中之‘阿难’‘罗睺罗’及其母‘耶输陀罗六年胎孕’事及‘优波离’等圣弟子内容大同”，何剑平怀疑它们或有共同之祖本，然并未深究。[③]何剑平曾校录过BD950v全文[④]，后又撰文分析BD950v的特点及其创作时间。他认为BD950v“维摩经解（拟）”撰作于中唐时期，其释经素材除了摄取前贤维摩经疏之外，还融合了大量佛教因缘故事、作家诗歌、民间传说以及民间俗信仰等多种因素，显示了维摩经疏向民间通俗讲唱的过渡。该文还提示了BD950v某些文句出自《注维摩诘经》和《净名经集解关中疏》，并引用了慧远的《维摩义记》以及吉藏的《法华义疏》。[⑤]

至此，目录、图录与相关研究论文在定名上均模糊处理S.5600，我们对S.5600整册的性质与作用仍不清楚。然而仅从笔迹与行款来看，S.5600虽然书法不佳，但颇为整齐，不似敦煌文献中常见的杂抄那样混乱，也就是说，它们很可能是书手出于某种特定的目的而将这些资料裒辑成册，以备不时之需。本文即尝试从整体的角度分析S.5600的性质与功用。为便于讨论，在杨明璋所分条目的基础上，笔者将S.5600重新划分为以下诸条（表1）：[⑥]

① P.2049即神楷撰《维摩经疏》，参富世平：《敦煌遗书P.2049等写卷〈维摩经疏〉研究》，《文史》2021年第4辑，第125—144页。

② 杨明璋：《神异感通　化利有情：敦煌高僧传赞文献研究》，台北：政治大学出版社，2020年，第23—56页。

③ 何剑平：《书评：〈神异感通　化利有情：敦煌高僧传赞文献研究〉》，载郝春文主编《敦煌吐鲁番研究》第21卷，上海：上海古籍出版社，2022年，第445—446页。按，何剑平所指的《维摩经解（拟）》现已编作BD950v。

④ 何剑平：《〈维摩经解（拟）〉校录研究》，载颜廷亮主编《转型期的敦煌语言文学——纪念周绍良先生仙逝三周年学术研讨会论文集》，兰州：甘肃人民出版社，2010年，第314—332页。

⑤ 何剑平：《北1321v（昃050）〈维摩经解（拟）〉考——兼论其俗信仰特色》，《敦煌学辑刊》2011年第4期，第21—31页。关于BD950v的性质，笔者与何氏的观点略有不同。

⑥ S.5600尚无整理本，国际敦煌项目（International Dunhuang Project，IDP）有彩图，笔者据以录出。

表1　S.5600条目

序号	条目	序号	条目
1	八万四千法门	17	有者、生者
2	八相成道	18	三二七杂染
3	阿难偈（名标起愿之初）	19	经苦离难而不改其节曰行
4	声闻执见山癰云云	20	沙门
5	《俱舍论》云（污母无学尼）	21	雷亭（霆）振地
6	魔女偈（莲华台上没来由）	22	劫初刹利王
7	佛偈（女人甚可厌）	23	梵语
8	张僧繇为志弘画像传说	24	十八界三界
9	受胎	25	化者
10	罗睺罗	26	欲界有廿生处
11	贤劫	27	四州
12	优波离	28	无烦天
13	神龟攒卦	29	阎浮坛金
14	目连	30	堣师罗长者
15	颂云（如今此贤劫）	31	无云天减三劫
16	无明障真见者		

二、S.5600中的佛陀弟子

阿难、罗睺罗等人均为佛陀的弟子，我们先来讨论这几段文字的情况。杨明璋与何剑平已经分别指出S.5600第3条“阿难偈”见于P.2049神楷《维摩经疏》卷三和BD950v《维摩手记》，其实此段话还见于P.2335v《维摩手记》（表2）：

表2

S.5600	BD950v	P.2049	P.2335v
阿难偈云：**“名标起愿之初，身居得道之夜，面如满月，目类青莲，能令见者悦神，父王睹之欢喜。”**故云欢喜也。	阿难陀者，此云欢喜，有三意，如赞云：“阿难是佛堂弟，**名标起愿之初，生居得道之夜，面如满月，目类清莲，能令见者悦神，父王闻之欢喜。”**有此三意，故云欢喜。	既值欢喜时生，为立其名，名之欢喜也。第三，人见得名者，由阿难世世已来，慈忍行成，报得相好端严，色像第一，见者悦神，无不爱敬，故名欢喜。故**净法师**云：“阿难者，是佛昆季，宿着因缘。**名标起愿之初，生居得道之末，面如满月，目类青莲，能令见悦神，亦使父王庆集。”**①	阿难者，是八释子之一，数更无别义。偈云：**“名标起愿之初，身居得道之夜，面如满月，目类青莲，能令见者悦神，父王睹之欢喜。”**字曰欢喜也。②

4件敦煌文献所载偈子几乎完全相同（粗体部分），除了BD950v和P.2049神楷《维摩经疏》多出阿难是佛堂弟这一信息外，神楷还明确说了此偈为“净法师云”。杨明璋认为净法师当即纪国寺慧净，此当不误，只是他依据的是唐栖复集《法华经玄赞要集》。③其实还有更为直接的证据，慧净《温室经疏》云：“阿□□□□□□□□□□□佛昆季，宿着因缘。名标起愿之初，生交（居）□□□□□□□□，目类青莲，能令见者悦神，复使父王□□。”④P.2049比S.5600、BD950v、P.2335v多出的“佛昆季，宿着因缘”与慧净《温室经疏》全同，而且P.2049最后一句“亦使父王庆集”与S.5600、BD950v、P.2335v的“父王睹（闻）之欢喜”有别，但与《温室经疏》句式一致，表明神楷确实是采摭自《温室经疏》。此偈同时出现于3件《维摩诘经》注疏中，显示它与《维摩诘经》关系十分紧密。

第10条“罗睺罗”亦与多件《维摩诘经》注疏相似，见表3。

①《中华大藏经·续编》第80册，北京：中华书局，第224—225页。

② P.2335v与S.5600重合之处颇多而又有所区别，关于P.2335v，参拙文《P.2335v〈维摩手记〉考》，载《古文献研究》第12辑，南京：凤凰出版社，2024年。P.2335v暂无整理本，此为笔者据彩图录出。

③ 杨明璋：《神异感通　化利有情：敦煌高僧传赞文献研究》，第30页。《法华经玄赞要集》卷六：“言净法师者，纪国慧净法师也。”CBETA，X34，no.638，p.308b23。杨氏还在此书中检出此偈：“言一云庆喜者，名标起愿之初，生乎得道之夜，面如满月，目类青莲，能令见者悦神，亦使大王欢喜，故名庆喜。”《法华经玄赞要集》卷七，CBETA，X34，no.638，p.327a8-10。

④ 慧净《温室经疏》早已佚失，后在敦煌文献中发现两件，即S.2497和S.3047，《大正藏》第85册据S.2497过录全文，上述引文见CBETA，T85，no.2780，p.537a5-8。

表3

	S.5600	P.2335v	BD950v	《注维摩诘经》	慧远《维摩义记》	吉藏《维摩经义疏》	神楷《维摩经疏》
1	罗睺罗者，此云覆障，是佛之子，非是一佛之子，过去恒沙诸佛之子。六年在母腹中，故云覆障。云何六年腹中？	罗睺罗者，此云覆障，是佛之子，非是一佛之子，是过去恒沙诸佛之子。六年母腹中，故云覆障。云何六年在于腹也？	罗睺罗者，是佛适（嫡）子。世尊虽无欲染，若无罗云，外道便言“佛是不男”。为息此谤，故现有子。罗睺罗者，此云覆障。于母胎中六年不生，为胎所覆，故云覆障。有何所以？有此报耶。	什曰：“阿修罗食月时名罗睺罗。罗睺罗，秦言覆障，谓障月明也。罗睺罗六年处母胎所覆障，故因以为名。明声闻法中密行第一。	次告罗睺令往问疾。对前八人明行修法，此对罗睺明其发心出家之法。罗睺佛子，此名覆障，亦云不放。在母胎中六年不出，故名覆障及不放矣。	罗睺者，此言覆障，谓六年在胎，为胎所覆障，因以为名。	佛告罗睺罗者，此云覆障，亦名不放。
2				菩萨出家之日，诸相师言：“若今夜不出家，明日七宝自至，为转轮圣王，王四天下。”王即于其夜更增伎乐以悦其心。于时菩萨欲心内发，罗睺罗实时处胎，耶输陀罗其夜有身。于时净居诸天相与悲而言曰：“萨为欲所缠，迷于女色。众生可悯，谁当度者？”实时变诸妓女，皆如死人，甚可怖畏，令菩萨心厌，即劝出家。车匿牵马，四天王接足，踰城而去。到菩提树下思惟，苦行六年已，夜成佛。		所以有罗睺者，诸相师四月八日来白净饭王言：“太子若今夜不出家，明日七宝自至，为转轮王。”父王夜增其伎乐，菩萨欲心内发，耶输陀罗其夜有身。净居天悲而言：“菩萨贪着五欲，众生谁度之？”内观出家，后成道夜始生罗睺。	

续表

	S.5600	P.2335v	BD950v	《注维摩诘经》	慧远《维摩义记》	吉藏《维摩经义疏》	神楷《维摩经疏》
3				时罗睺罗乃生，生已，佛乳母问言："悉达出家，于是六年，汝今何从有身？若六年怀妊，世所未闻。"诸释闻之相与议言："此是不祥，毁辱释门，必是私窃。"欲依法杀之。耶输曰："愿见大王，尔乃就死。"王于是隔幔与语，具以事诘，问其所由。耶输如实自陈："我非私窃，是太子之胤耳。自太子出家，我常愁毒寝卧冷地，故此儿不时成就耳。"语王言："自看此儿颜貌色相，为是孙子不？"王即抱而观之，见其色相与太子相似，王乃流泪而言曰："真是吾孙子也。"			

续表

	S.5600	P.2335v	BD950v	《注维摩诘经》	慧远《维摩义记》	吉藏《维摩经义疏》	神楷《维摩经疏》
4	过去有王，名曰天仁（人），其有二子。后王身崩，兄弟二人商量，弟绍其王位，兄数人入山修道，后采果之命，遇食毒草，迷乱取水瓶解毒，误取他瓶，忽惺（醒）觉，自责其过："我犯戒，钻（错）取他瓶。"遂下山入城，于弟边曰："我犯上罪，弟王法治之。"其弟遂囚兄入狱，弟拟出舍天下囚徒，尽放入其后苑，六日之中尽忘。第六日中，遂忆得，遂出敕，一切囚徒皆舍，兄乃得脱。其兄六日不放，于狱中少有慎（嗔）心。以是因缘，其弟后后生中六万劫中，堕于黑绳地狱，后得人身，六年胎中受其余报。	过去有王，名曰天人，其有二子。后王崩，兄弟二人商量，弟绍王位，兄与数人入山修道，山中采果□命，过食毒果，中取水瓶解毒，误取他瓶，忽然□见，自责其过："我今犯戒，错取他瓶。"□山入城，至于弟边告曰："我犯上罪，愿弟以王法治之。"其弟遂囚兄入狱，弟救天下囚徒，尽放入其后苑，六日之中，忘其兄法。第六日中，忽然亿（忆）得□□，一切囚徒尽救罪愆，兄乃得脱。其兄六日不放，于狱中出有嗔心。以是□□，其弟后之生中经六万劫，堕于黑绳地狱，后得人身，六年胎中受其□□。	过去有王，名曰天人。王有二子，一名月，二名日。王崩，当子绍位。兄乐修道行，弟绍其位。兄仙在山中修道，误食毒草，心生迷闷，即取瓶水饮之。误取他瓶水曰生。后心生悔恨，故云："父崩子绍位，第（弟）正兄出家。药草不觉知，误饮他瓶水。觉后生优（忧）悔，有罪遣王治。"即投王弟，依法治之。王收囚之，即放恩，敕天下囚徒尽舍之。贪乐入后宫，忘之，六日始放。仙人作念："故此王从此已后堕黑绳地狱，经六万劫，从此出，得人身。"故有此报。		何故处胎六年不出？以宿缘故。缘如经说：本曾为王，沙门求见六日不看，故得此报。又于往昔曾塞鼠穴，故受此报。	所以六年在胎者，《智度论》云："罗云过去为王，六日饥饿仙人，故招此报。"又余经云："由塞鼠穴，受斯果也。"	昔曾为王，沙门欲见，贪着乐故，六日不看。又塞鼠穴，六日不出，故在胎内六年方生。故就此义，名为覆障及不放也。

续表

	S.5600	P.2335v	BD950v	《注维摩诘经》	慧远《维摩义记》	吉藏《维摩经义疏》	神楷《维摩经疏》
5	又耶输陀罗六年胎孕者，昔日为其母，与女耶殊卖其浆酪自活。于一日中路行次，日将欲没，其母语女曰："急行迭（趁）城不及。"女道（遂）慎（嗔）心语母："母自擎之。"其母便擎其瓶，行于六但卢舍，都计十二里，以是因缘，其女后六年怀孕。	耶输陀罗六年胎孕者，昔日为其□，与女耶输卖其浆酪自活。于□行次，日将欲没，其母语女曰："急行趁城不及。"女遂嗔心语母："母若急者，自擎瓶行。"于六俱卢舍计十二里，以是因缘，其女后六年怀孕。	耶陀罗有何所以？六年坏（怀）身。过去时曾为贫女，母子二人孤活，价酪为业，恒在外取之，相待躭（担）之，其日逼夜趁城，其在后躭（担）酪而行，母催之急行，女嗔心与母躭（担）之，遂行十二里，不孝心故，故有此报。				
6	言〔宫〕生，悉达太子生已，渐长大，其父与妻耶输，太子得妻，都无世情，遂外道生谤，言太子是不男之子，太子故此示之。后太子踰城出家，至苦行林中，遂遣车匿将其宝冠信其父王，将于璎珞信其姨母，将其儭身衣信于妻耶输陀罗。其妻得衣，便有胎孕。 若也，若十月满生，其王不信，恐王损其母子，诸天有疑，遂	宫生者，悉达太子□渐渐长大，其父与妻耶输，太子得妻，都无世情，遂外道生谤，言太子是不男人，太子故有示之，后太子踰城出家，□苦行林中，遂遣车匿将其宝冠□其父王，将于璎珞信其姨母，将儭身之衣信于耶输陀罗。其妻得衣，便□胎孕。 若十月满生者，其王不信，恐王损其母子，诸天有疑，遂待	一释父，世尊十九踰城，入苦行林中，父王不知，心生热烦，到阿糯欧林，遣车匿将宝冠奉上于王，将璎珞与夷（姨）母，将儭身与耶输陀罗。耶输陀罗受已，便有身，便生。 怨人疑谤，待世尊得道夜坐，父王闻之不悦，遂即疑爕之。耶输陀罗在大坑上发愿。		佛将出家，父王恐畏国祠断绝，留连不听。菩萨于时手指妃腹，而语之言："却后六年，尔当生男。"即如其言，佛出家后六年方生。初生因缘，备如经说。	罗睺亦名宫生。悉达出家而生罗睺，诸释谓非佛子，欲烧杀之。耶输抱子立誓，俱投于火，而化成莲华。诸释云："真宫王也。"因以为名。①	又云宫生。太子出家之日，父王恐泯国嗣段（断）绝，留连不听。太子于时手指妃腹而语之言："却后六年，汝当生男。"即如其言，佛出家后六年方生。 国人及释种族皆疑，太子既自出家，厌舍五欲，妃宫内，何得有娠？将不犯邪？净饭王与诸亲族共相议言，谓非太子遗体。

①《维摩经义疏》卷三，CBETA，T38，no.1781，p.946a11-23。

续表

	S.5600	P.2335v	BD950v	《注维摩诘经》	慧远 《维摩义记》	吉藏 《维摩经义疏》	神楷 《维摩经疏》
6	**待世尊成道六年满**足，**始产其太子。王闻产子，嗔怒不信：“我子去来六年已上，都无信**昔**，云何有子？”其**王遂遣**加毗罗城南掘坑，深百尺，中置炭火。今耶输陀罗有子，非我种圆，辱我国境，今于大坑，母子俱烧。其耶输至坑所，手执香炉发愿云：“若我此子不是王种，**坑中取死，若是王种，愿汝知之救我。”	**世尊成道六年满，□产其子。王闻产子，嗔怒不信：“我子去来六年已上，都无信者，云何有子？”其□令加毗罗城南掘其一坑，须深□□，中置炭火。今耶输陀罗有子，非我□□，辱我国境，今于大火之中，母子俱烧**，令国人闻之。**其耶输至坑所，手□□炉发愿云：“若我此子不是王种，**是人情者，我与其子当从火化，若其实是□子遗体者，愿我母子全命无伤。”言已入火，其火自灭，变为清凉，俱无伤损，王及亲族因号宫生。					王及释种皆怀愧耻，遂生嗔心，以大火坑欲烧耶输陀罗。耶输对诸释种，自立誓云：“若非太子遗体，愿我抱儿投火而灭。若不尔者，愿示清白。”于是立誓竟，抱儿入火。于时母子俱存，火变凉池，莲花捧出。王与亲族臣寮方信是太子儿，故号宫生。
7	发愿次，佛正在恒河①	当日之时，佛在恒河岸侧化三加叶次，其时香烟□至佛所，佛见香以知彼妻意，即变五俱伦及三加叶一千二	佛在恒河岸为三迦叶说之次，故化千人，皆为金色，收耶输陀罗云忍劝（欢）喜丸。因此父知不虚。	佛欲证明，化作梵志来入王宫，见儿问言：“汝名何等？”答言：“我名罗睺罗。”梵志赞言：“善哉！汝	佛成道已，还宫之时，罗睺始年五六岁计。如来将至，变千比丘悉如己形，罗睺直尔往至佛所，佛手摩顶将还		佛成道已，还宫之时，罗睺始年五六岁。如来将至寺，变千比丘悉如佛形，罗睺直尔往至佛边。佛以手摩头，

①“河”下：S.5600未抄。

续表

	S.5600	P.2335v	BD950v	《注维摩诘经》	慧远《维摩义记》	吉藏《维摩经义疏》	神楷《维摩经疏》
7		百人等，皆如其佛□来入城见其父王。王及国人咸疑何者是佛，何者非佛。王言："罗睺若实我[种]，□识其父。"遂便与一欢喜及若是我种，寺蜜□父。其子即便入众，直□佛佛见欢喜，俱伦等众复其本刑，□□独胜，王见欢喜．真为佛子，□名宫生。随佛出家，舍利为和上，目连为阇梨。		以业因缘故处胎六年，所覆障故，应名此也。"王问："何业因缘？"答曰："我知业因缘，不知何业。"佛后还国，罗睺罗见佛身相庄严，敬心内发，愿欲出家。其母语言："此人出家得成圣道。""道非汝分，何用出家？"罗睺罗言："若令一人得道，我要当得。"使人剃发，发已垂尽，唯有顶上少许，复言："若发都尽，则与死人无异。决定汝心，无从后悔。"答言："国位宝珍、无量妙乐，我能弃之，况惜少发耶！"道心坚固，遂弃国出家，以舍利弗为和尚。罗睺罗因缘及出家事，以声闻法略说也。	精舍，敕舍利弗、目连度之。出家之后，喜多暴口形名他人，佛于一时以法诫约，于斯永断，打骂不瞋。佛叹其人忍辱持戒，密行第一。①		将还精舍，敕告舍利弗、目连度之。虽得出家，以恃贵族傲慢，不乐听法，兼多恶口，形名他人。佛于一时以法制约，于斯永段（断），打辱不嗔，佛叹其人忍辱持戒，密行第一。不达无利出家，故破呵也。若约行辩，修出家行，罗睺不了即相无相真实出家，不称如来无为功德，所以教修无相出家行也。

① 《维摩义记》卷二，CBETA，T38，no.1776，p.457c4-18。

续表

	S.5600	P.2335v	BD950v	《注维摩诘经》	慧远《维摩义记》	吉藏《维摩经义疏》	神楷《维摩经疏》
7				肇曰："罗睺罗，秦言覆障。六年为母胎所障，因以为名。弟子中密行第一。"①			
8		罗睺年六岁，每随和上出斋，□□斋所，和上食已，罗睺最小，不得其食，每夜泪，饥食胡麻滓，破□□。佛知，呵舍利弗，若是斋所，从今已后，令致等供乃食，至今不绝。 后佛□□令沙弥不得与大僧同房宿，舍利弗令罗睺外宿，罗睺出□无处，至□□厕中眠，厕中有毒蛇，欲伤罗睺，佛知之，即彼厕中于罗睺□□□□□里，呵其舍利弗，从今已后，与沙弥同宿者，两夜同宿，一夜令出，如沙弥□大僧应出，是以古今不绝也。					

①《注维摩诘经》卷三，CBETA，T38，no.1775，pp. 356c18-357a26。

如上表所示，S.5600、P.2335v、BD950v与《注维摩诘经》等注疏关于罗睺罗的注释可以划分为8行。从上表第2行可看出，吉藏明显参考了罗什的注，第6、7行又表明神楷借鉴了慧远的观点。除了个别字词不同外，S.5600与P.2335v几乎完全一致，其中第7行的差异是因为S.5600只抄了“发愿次，佛正在恒河”8个字，而未及抄全。因此，S.5600与P.2335v当属同源。

第4、5行值得我们注意。在第4行中，S.5600、P.2335v和BD950v讲述了同一个“日月王子”故事，文字颇为详细，这个故事正对应慧远《维摩义记》、吉藏《维摩经义疏》和神楷《维摩经疏》中“六日不看”等寥寥十余字。“日月王子”的故事当出自《佛本行集经》，该故事颇长，但情节与S.5600、P.2335v、BD950v大体一致，现节引部分内容如下：

> 时，日仙人作如是念：“此等诸人！依我出家，我今既与此辈为师，当须勤学求于道业，以胜于彼。”作是念已，因发誓言：“愿我此身，从今已后，若非他施，不得自取，乃至一物水及杨枝。”尔时仙人，至于一时忘失本念，他不施与药草根等及以诸果而自取食。又时夜渴，见他澡灌，谓言自许，遂取而饮，而自澡灌，在于一边。时彼仙人本澡灌主，见自澡灌空无有水，而问之言：“是谁取我澡灌中水？此乃是贼住居之处，本非仙人所居地也。”时彼仙人取水饮者，见自澡灌水满其中，在于一边，遂报彼言：“我不知故，取汝水饮，谓言我许。”而彼仙人，告彼饮水日仙人言：“汝若饮者，善哉快哉！”尔时，错误饮水仙人，正自思念：“我已违失昔日誓言，为不善也。此非仙法。我今云何不与不受诸药草根及果子等，而自食之？复取他水而自饮也？”以此因缘，怅快不乐，心生忧恼，蹲坐地上，思惟正念，忧愁此事。[①]

日仙人误取他瓶水饮是因为夜晚口渴。但是S.5600、P.2335v、BD950v均称日仙人是因为误食了毒草、毒果，须以瓶水解毒，所以误饮用了他人瓶中之水。药草和果子虽然也出现在《佛本行集经》中，但是完全没有毒草、毒果这一内容。日仙人所犯之戒有二：一是自己取食，而非接受施舍；二是误取他瓶，故而成贼。

在第5行中，S.5600、P.2335v与BD950v又讲述了耶输陀罗6年怀胎的因缘[②]，而这个

①《佛本行集经》卷五五，CBETA，T03，no.190，p.907a27-b15。

② 这个故事也出现在《佛本行集经》卷五五，CBETA，T03，no.190，p.908a16-b6。

故事在其他《维摩诘经》注疏中都付之阙如。相反，慧远《维摩义记》、吉藏《维摩经义疏》和神楷《维摩经疏》都提到“塞鼠穴”的因缘，这个故事S.5600、P.2335v与BD950v中又未出现。S.5600、P.2335v与BD950v情节耦合，但与《佛本行集经》部分内容存在差异，表明三者史源相近或相同。

S.5600、P.2335v等对优波离的解释见表4。

表4

	S.5600	P.2335v	BD950v	慧远《维摩义记》	吉藏《维摩经义疏》	神楷《维摩经疏》
1	优波离者，迦毗罗城剃发师子，此云上首。佛在世时有八释子，其波离是八纵者。八子投佛出家，相随而行，至于路傍，各各思惟，语波离曰：“汝将我衣服、璎珞至于王宫，与我父王。”其波离回行数里，至一树下，思惟如上：“八子舍王位投佛出家，况乃我等？”便将衣服挂在树枝，随路而去，求觅于佛，至其佛所，求佛出家见佛。波离根器淳厚，便与出家。其八子为摧人我，令波离为座首，故曰上首。	优波离者，迦毗罗城剃发师子，此云上首。本在家时，诸释子剃发之人。后□释子出家之时，波离送去，诸释子欲至佛所，所著衣服、宝冠、璎珞并□□之象，尽与波离。释子去后，波离思念：“诸释子等果报如此，尚舍出□，我住何为？若彼有得，我亦应得。”遂以所得之物置于树上，象系树□，作如是言：“诸有取者，我悉施之。”言已，行诣佛所，诸释子见，问其所意，□离具答。诸释子大喜，便即请佛：“此人先来，为我驱使，若后出家，我□□慢，彼愿佛度，我当敬事。”佛时便度，先与受戒，诸释子等因为敬事。是时，大地为之震动，空声赞言：“此诸释子骄慢山崩。”波离为上座，是称上首。	优波离者，是八释子之使人。其释子等尽出游于野外，游戏之次，忽然自悟，谓曰：“今我兄最居其长，况自舍轮王，不取五欲，得其道果，况我等诸人贪着五欲。我等投佛出家，亦合有其道分。”遂则所是车马衣服，尽舍与优婆（波）离，放良去。优波离见诸释子去后，优自思惟：“释等富乐自然，尚自能舍五欲投佛。今我轻贱，虽得财乘，亦何可乐。”遂舍财物，挂其树枝，施与一切，象马亦放之去。即逐八释子后，到世尊，具陈如上事，佛为先度之，为摧八释子之我为最上座，故云上首。出家已后，求持律仪。律有二种，有无记律、	优波离者，是天竺语，此云上首，持律中上。本在家时，是诸释子剃发之人，后诸释子出家之时，优波送去，诸释子等欲至佛所，脱所著衣冠、璎珞并所乘象与优波离。释子去后，优波思念：“诸释子等果报如此，尚舍出家，我住何为？若彼有得，我亦应然。”以所得物安着树上，象系树下，作如是言：“诸有取者，吾即施之。”后往佛所，诸释子见，问其来意。优波具答，释子大喜，即便请佛：“此人先来，为我驱使，若后出家，我喜轻慢，愿佛先度，我当敬事。”佛先度之，诸释子等同为设礼。是时，大地为之振动，空声赞言：“诸释子等憍	优波离，是王舍城贱人，翻为上首，是诸释子剃毛师。后诸释种诣佛出家，而波离随逐。将到佛所，诸释脱宝衣服玩及所乘象，悉以与之。波离心念：“诸释豪贵如此，尚舍出家，我何为住？”以所得物安置树下，系象着树，作如是言：“诸有取者，吾悉施之。”遂往佛所。诸释问其来意，波离具答所由。诸释大喜，即便请佛，屈前度之。“此人本我近事。若后出家，我喜轻蔑。屈佛前度，我当敬事。”佛即前度，诸释子等同为作礼。是时，大地震动，空内声叹言：“诸释子娇慢山崩。”波离出家已后，善解毗尼，以其世世誓愿持律，是故于今	佛告优波离者，天竺正音，此云上首，持律中上。本在家时，是诸释子剃发之人。后诸释子出家之时，波离送去。诸释子等欲至佛所，脱所著衣、宝冠、璎珞并所乘象，与优波离。释子去后，波离思念：“诸释子等果报如此，尚舍出家，我住何益？若彼有得，我亦应然。”以所得物安置树上，象系树下，作如是言：“诸有取者，吾悉施之。”后往佛所，诸释子见，问其来意。波离具答，释子大喜，即便请佛：“此人先来，为我作使，若后出家，我即轻慢，愿佛先度，我当敬事。”佛先度之，即为受戒，诸释子等同为礼敬。是时，大地为之震动，空声赞言：“诸释子等我憍慢山崩。”出家已后，持律第一。

续表

	S.5600	P.2335v	BD950v	慧远《维摩义记》	吉藏《维摩经义疏》	神楷《维摩经疏》
1			有记律。有记律者，即凡夫比丘恒玩在心，不令忘犯，此是有记。心持无记者，不假心念，任运与律相应，是今尊者持无记之律，故云持律第一。	**慢山崩。”**出家之后，持律第一。[①]	持律第一。[②]	以其不能观空灭罪，所以致呵。就行之义，已如前释。众共同遵，故须命也。
2	**波离昔曾与壁（辟）支佛剃发，及乃乞愿：“愿我后世得值佛法，获罗汉果。”以昔因缘，今得出家，**声闻弟子中持律第一。	**波离昔曾与壁（辟）支佛剃发，及乞愿：“愿我后世得值佛闻法，获罗汉果。”以昔因缘，今得出家，**得大圣果，精持戒律，诸圣众中，持律称最。				

表4所列5种《维摩诘经》注释对优波离的解释大体一致，第1行粗体部分，P.2335v、神楷《维摩经疏》与慧远《维摩义记》字句几乎全同，说明P.2335v和神楷当参考过慧远的著作。相比之下，BD950v文字与其他4件注疏差别较大，当另有所本。第2行优波离与辟支佛剃发的故事仅见于S.5600和P.2335v，且相似度很高，只有最后一句略有差异。S.5600和P.2335v当由不同的史源糅合而成现在的文本状态。

S.5600的第13条“神龟”实际是指迦叶而言，见表5：

表5

S.5600	P.2335v	BD950v
神龟攒卦，能定吉凶，加（迦）叶智明，能知三世。	加（迦）叶者，姓也，名龟也，亦云阴（饮）光，龟身上有卦，定其吉凶，故加（迦）叶能知后世之事，取其龟为名。	迦叶者，此云龟，亦亦（云）荫光。龟者，有何所以？龟者，以攒八卦，定四时，以成其易，易穷即圣，故云“**神龟攒卦，以定吉凶，迦叶智明，能知三世**”。

①《维摩义记》卷二，CBETA，T38，no.1776，p.456b4-17。

②《维摩经义疏》卷三，CBETA，T38，no.1781，p.944c12-24。

S.5600“神龟攒卦”条与BD950v全同（粗体部分），它们当有共同祖本，甚至S.5600可能就是摘抄自BD950v，用以解释“迦叶”一名的含义。[①]

S.5600第14条“目连”亦可找到多处平行文本，见表6：

表6

S.5600	P.2335v	BD950v
目连者，此言采叔（菽），采叔（菽）者，胡豆之名，其上祖好食其豆，因豆立名。亦云**罗附**，此先代好食**罗卜**，因以目连立名。	]目连[ ]□今来见□[ ]比丘来礼拜想[ ]利弗母有智惠，名舍利[ ]□眼明净，故从鸟立名。□连义同此无别。目连者，此言采叔（菽），采叔（菽）者，胡豆之名，其[ ]采叔（菽）也。亦云**罗附**，此□代食**罗卜**，因以立名目连也。	目连者，是何人？此云采菽者，是胡豆子。其先祖好食其豆，故以为名，亦云**萝卜**，余如《法花疏》明然。

P.2335v首残，故关于目犍连的内容只保留下这数行文字。上表中粗体的“罗附／罗卜”一词颇为引人瞩目。对目犍连名字意思的解释通常为“胡豆”或者“采菽”，比如慧琳的《一切经音义》[②]，S.5600、P.2335v和BD950v也都提及此意。陈允吉曾详细考证了目犍连小名“萝卜”的来源，认为该名当来自《文殊师利问经》中的“此言罗茯根，其父好噉此物，因以为名”。[③]目犍连的这个小名“萝卜”因《大目乾连冥间救母变文》而为人所熟知，敦煌文献中有数件[④]，P.2418《父母恩重经讲经文》亦有唱词云“书内曾参人尽说，经中罗卜广弘宣”[⑤]，陈文的讨论便是从这些敦煌写本出发。如今我们又可以在敦煌文献中补充几条关于目犍连小名“萝卜”的材料，这似乎也表明上述三件敦煌写本可能受到讲经文等通俗作品的影响。

阿难、罗睺罗、优波离、迦叶、目连均是佛陀成道后最先度的弟子，他们与舍利弗、须菩提、富楼那弥多罗尼子、迦旃延、阿那律并称为佛陀的十大弟子，敦煌文献中

① P.2335v与BD950v关于迦叶的注释要远比表中所引文字详细，具体对比见拙文《P.2335v〈维摩手记〉考》。

②〔唐〕慧琳《一切经音义》卷六：“采菽氏，古译梵语云大目乾连，讹略不正。正梵语云摩诃没特伽罗，唐云大采菽氏，俗云莱豆子，古仙人号也，目乾连是此仙种，亦名俱利迦，或名拘隶多，或云俱律陀，皆一人之号。”CBETA，T54，no.2128，p.340b11-12。

③ 陈允吉：《〈目连变〉故事基型的素材结构与生成时代之推考——以小名“罗卜”问题为中心》，载荣新江主编《唐研究》第2卷，北京：北京大学出版社，1996年，第215—235页；此据同作者《佛教中国文学溯论稿》，上海：上海古籍出版社，2020年，第149—173页。

④ 参项楚：《敦煌变文选注》，北京：中华书局，2006年，第842—946页。

⑤ 参项楚：《敦煌变文选注》，第1450页。

有大量赞扬十大弟子的材料。[①]《维摩诘所说经·弟子品》是十大弟子集中出现的典型场景，其内容对中国佛教影响深远，S.5600与P.2335v对十大弟子的解释又多可与其他《维摩诘所说经》注疏勘同，相互之间的渊源甚为明显。因此，S.5600与P.2335v所抄文字也就很可能是为了讲解《维摩诘所说经》。

三、S.5600与《净名经关中释抄》

S.5600的第1、11、15三条，学者过去措意无多，实皆出自道液《净名经关中释抄》，这为我们理解S.5600的性质提供了更多具有重要价值的信息。

第1条内容见表7：

表7

S.5600	《净名经关中释抄》卷下
八万四千法门者，诸说不同，《贤愚经》云："始从光耀土，至涅槃夜，其间三百五十度说法，皆说六度，成二千一百。又以此对治四大、六衰，成二万一千。又以此对治贪嗔痴等分众生，成八万四千也。"《婆沙》正议云："十种随眠，此十随眠一一皆已九随眠为方便，足成一百。此有前后分各一百，合成三百。置本一百，就前分一百。一一皆以九随眠方便，成一千，后分一百，亦以九随眠为方便。复一千，兼本一百，成二千一百，已起亦有二千一百，未起亦二千一百，足满四千二百，约多贪嗔痴着我思觉，此之五人一一有四千二百，合成一万一千，更说三毒等分四人以配，遂成八万四千也。"	**八万四千**尘劳门即**法门者，诸说乃多，**略举一文，以通经旨。**《贤愚经》云："始从光耀土，终至涅槃夜，其间三百五十度说法，皆说六度，成二千一百。又以此对治四大、六衰，成二万一千。又以此对治贪嗔痴等分众生，成八万四千也。"《婆沙[②]》正议云："十种随眠，此十随眠一一[③]皆已九随眠为方便，足成一百。此有前后分各一百，合成三百。置本一百，就前分一百。一一皆以九随眠为方便，成一千，后分一百[④]，亦以九随眠为方便。复一千，兼本一百，成二千一百，已起亦有二千一百，未起亦有[⑤]二千一百，足满四千二百，约多贪嗔痴着我思觉，此之五人一一有四千二百，合[⑥]成二万一千，更就三毒等[⑦]分四人以配，遂成八万四千也。"**此八万四千迷即是尘劳门，对治即是法门，故《俱舍》云："有言诸法蕴，量如彼论说，或随蕴等言，如实行对治。"[⑧]

S.5600"八万四千法门"条与《净名经关中释抄》全同（粗体部分），当为从后者

① 参杨明璋：《敦煌本〈十圣弟子本生缘起〉、〈十大弟子赞〉、〈十哲声闻〉考论》，载郑阿财、汪娟主编《敦煌学》第36期，嘉义：南华大学敦煌学研究中心，2020年，第413—432页。

② 婆沙：P.2154作"娑婆"，误；BD2102＋BD2300、BD14091作"婆沙"。

③ 此十随眠：P.2154、BD2102＋BD2300脱，BD14091有。一一：P.2154、BD14091有，BD2102＋BD2300脱。

④ 百：P.2154脱，BD2102＋BD2300、BD14091有。

⑤ 有：P.2154有，BD2102＋BD2300、BD14091脱。

⑥ 合：P.2154脱，BD2102＋BD2300、BD14091有。

⑦ 等：该字之下，P.2154复有"等"字，衍。

⑧《净名经关中释抄》卷下，CBETA，T85，no.2778，p.533a5-21。

摘抄而来。其中还有蛛丝马迹可以证明两者的关系。两者所引的“贤愚经”在《贤愚经》经文中难以找到对应文本，但是《贤劫经》中却有相似内容：

是诸比丘、菩萨所行，二千一百寂然度无极。菩萨大士若逮解是，皆致得一切诸法殊特玄妙、无际之行，无等无伦，怀来圣哲，无所恃仰，消一切尘，无所至凑，断诸狐疑。是二千一百，其中别一百度无极，主除四大，去六衰，令无有余，独步三界，往来周旋，遍入三世，犹如日月不畏众冥，成就万物百谷草木，仰天之茂皆因地生。菩萨如是，二千一百诸度无极，及是百度无极，其二千一百诸度无极，贪淫怒痴等分四事，各二千一百，合八千四百，八千四百各别有十事，合八万四千，以能具足度无极，便已备悉八万四千众要上业，八万四千诸总持门自然达矣，便通诸佛五百圣功品第各别，以娱乐化一切众生，晓成一切所行境界，随时发起，靡不济安，至无极慧本际法身。①

慧远《维摩义记》相应部分即引作《贤劫经》：

何者八万四千烦恼？未见说处，不可辄言。若翻八万四千度门而为八万四千烦恼，义则可知。何者八万四千度门？如《贤劫经》具广辨列。彼真菩提名曰喜王，心自思惟：“行何三昧，便速能致八万四千诸度法门、诸陀罗尼、解脱门等？”思已诸佛，佛随答之，言：“有三昧，名了法本。菩萨行之，便速遂致八万四千诸度门等。”何者是乎？彼说：佛德具有三百五十种门，一一门中皆修六度为因，便有二千一百诸度。用此诸度对治四大、六衰之患，便为二万一千诸度。言四大者，凡夫用其地水火风四大为身。圣修诸度，得净法身，舍彼四大，名为对治。言六衰者，六尘大贼衰耗善法故名六衰。圣修诸度诸入佛境，舍彼六尘，名治六衰。用此二万一千诸度治四心病，是故便有八万四千。②

《贤劫经》是竺法护于永康元年（300）译。③《贤愚经》的成书过程及其卷数问题一直聚讼纷纭，据《出三藏记集》，《贤愚经》是凉州沙门昙学、威德等人在于阗般遮

①《贤劫经》卷二，CBETA，T14，no.425，pp.12c15-13a6。

②《维摩义记》卷四，CBETA，T38，no.1776，p.504b27-c14。按，吉藏《维摩经义疏》、窥基《说无垢称经疏》、神楷《维摩经疏》相应段落与慧远《维摩义记》大同，但吉藏、窥基引作《贤劫经》，而神楷引作《贤愚经》。

③〔南朝〕释僧祐撰：《出三藏记集》卷七《贤劫经记》，苏晋仁、萧錬子点校，北京：中华书局，1995年，第268页。

于瑟大会上随缘分听，各书所闻，后于高昌集为一部，元嘉二十二年（445）出。[①]两经不同，S.5600与《净名经关中释抄》同作“贤愚经”，所误一致，更说明两者存在传抄关系。

又，S.5600第11、15条均为对“贤劫”的解释，都见于《净名经关中释抄》（表8）：

表8

	S.5600	《净名经关中释抄》卷下
1	言贤劫者，此劫初时，有千叶莲花现于水上，诸天皆云：“善哉，此劫当有千贤出世。”故因为名也。	言贤劫者，此劫初时，有千叶莲华现于水上，诸天皆云：“善哉，此劫当有千贤出世。”故因为名也。
2	讼（颂）云：“如今此贤劫，正当第九减。即此增减中，有拘留四等。六四二万时，百岁牟尼出。减至第三十，饥馑尔时兴。二十疫十兵，子倍父八万。彼一增减中，慈氏次当兴。从斯第十减，至第十五灭。彼一增减中，九百九十四。大圣次第兴。”	诏（沼）法师颂云：“如今此贤劫，正当第九减。即此增减中，有拘留四等[②]。六四二万时，百岁牟尼出。减至第三十[③]，饥馑示时兴[④]。廿疫十兵，子倍父八万。彼一增减中，慈氏次当兴。从斯第十减，至第十五[⑤]灭。彼一增减中，九百九十四。大圣次第兴。”[⑥]

表8第1行，S.5600与《净名经关中释抄》一字不差，传抄关系明显。第2行，除了“尔”“示”形近而误，“二十”作“廿”外，S.5600与《净名经关中释抄》亦几乎完全相同。《净名经关中释抄》此处称该颂是“诏法师”所作，“诏”当为“沼”之误，《净名经关中释抄》多处引用了沼法师之颂，他处即作“沼法师劫颂云”。[⑦]此颂系依据《阿毗达磨俱舍论》而作的二次阐释。

此沼法师当即惠沼，《宋高僧传》有其传记，但十分粗疏。[⑧]李邕曾为惠沼撰《唐故白马寺主翻译惠沼神塔碑并序》（以下简称《惠沼碑》），可惜其文中土早已亡佚，但是在日本仍有传抄本存世。佐伯定胤、中野达慧据所谓日僧善珠手抄本录文，并编入《玄奘三藏法师资传丛书》，后来此《丛书》又被收入《续藏经》，流传甚广。佐伯定胤所录文本现藏京都大学藏经院文库，其所据抄本现藏奈良法隆寺。但不知何故，佐伯

①〔南朝〕释僧祐撰：《出三藏记集》卷九《贤愚经记》，第351页。

② 拘：P.2154、BD14091作“拘”；BD2102＋BD2300作“物”，误。四等：P.2154作“等四”，BD2102＋BD2300、BD14091作“四等”。

③ 三十：P.2154作“卅”，BD2102＋BD2300作“十三”，BD14091作“三十”。

④ 示：P.2154作“令”，BD2102＋BD2300、BD14091作“示”。兴：BD14091原仅写一“走”字，似是“起”未写完，后又刮去。

⑤ 十五：P.2154、BD14091作“十五”，BD2102＋BD2300作“五十”。

⑥《净名经关中释抄》卷下，CBETA，T85，no.2778，p.535a5-12。

⑦《净名经关中释抄》卷下，CBETA，T85，no.2778，p.530b15-16。

⑧〔宋〕赞宁撰：《宋高僧传》卷四《唐淄州慧沼传》，范祥雍点校，北京：中华书局，1987年，第73—74页。

录文脱落数百字，与法隆寺所藏原本差异较大。2004年，织田显祐、宫井里佳率先指出《续藏经》所收《惠沼碑》存在脱文，并过录全文，加以注释。[①]后来定源又对此塔铭重加董理，复原文本，并考证撰作时间等问题，此为目前较易获得的文本。[②]

《惠沼碑》云：

> 和上讳玄，字惠沼，俗姓刘氏，彭城人也。曾祖秦，隋青州北海县宰，因家住淄川。……年十有二，即求出俗。十有五，属睿宗降诞，有制度人，因而入道。尝读《金光明经》，只见王子救虎，尸毗代鸽，悦然有舍身之志。遂赴山岩，交亲权途，僶俛旋策。年廿，下问要言，博通经藏。寻讲《法花》《般若》《涅槃》等经，皆智发宿报，缘通前佛。……咸亨三年，服膺长安基、光二师，福智七德。其解其空也，既证我闻；其问□□也，更印汝说。慈云触石，自少阴而满空；德□□瓶，乃一瓦而容海。因号“山东一遍照”。又磋切《法花》《无垢称》《金刚般若》《上》《下》等，《瑜伽》《杂集》《唯识》《因明》《俱舍》，大小幽旨，因见道义，交激累日，述作万言，因见道章。二师叹曰：“法门后进，此一人也！何不云惠海，而云惠照耶？”
>
> 后行化诸郡，敷演群经。……又撰《能断般若》《金光明经》《盂兰盆》《温室》等经疏，《惠日论》《了义灯》等凡六十卷。所翻经、律、论等三百余轴，盛行于代。……开元二载冬首，请归河南。恩敕许，至都，即日授白马寺主，累大圣寺，仍敕讲《涅槃》。洎季月遘疾……旬有一日夜，叉手合掌累足，怡然神迁，春秋六十有五。[③]

咸亨三年（672），惠沼到长安师从基、光二师，此即玄奘的著名弟子大乘基和大乘光，后世二法师又被称作窥基、普光。惠沼继承了玄奘一系的法脉，后被尊为唯识宗三祖。惠沼注疏宏富，《惠沼碑》已经提及《能断般若》《金光明经》《盂兰盆》《温室》等经疏以及《惠日论》《了义灯》等。其中《能断般若》《盂兰盆》和《温室》经疏已佚；《金光明经疏》即《金光明最胜王经疏》，被收入《大正藏》第39册；《惠日论》即《能显中边慧日论》，被收入《大正藏》第45册；《了义灯》即《成唯识论了义灯》，被收入《大正藏》第43册。除此之外，现存的还有《十一面神咒心经义疏》《法华玄赞义决》《因明入正理论续疏》《因明义断》《因明入正理论义纂要》《大乘

---

① ［日］织田显祐、宫井里佳：《李邕撰〈唐故白马寺主翻译惠沼神塔碑并序〉について》，载《文艺论丛》第62号，2004年，第315—333页。

② 定源：《续藏经本〈唐故白马寺主翻译惠沼神塔碑〉脱文补正》，载程章灿主编《古典文献研究》第22辑下卷，南京：凤凰出版社，2020年，第177—188页。

③ 同上书，第183—185页。

法苑义林章补阙》《劝发菩提心集》等。[①]对此，汤用彤、根无一力、杨维中均有详细统计。[②]

值得注意的是，三家所辑惠沼著作均未提及《阿毗达磨俱舍论》。然《惠沼碑》已经明说惠沼“又磋切《法花》《无垢称》《金刚般若》《上》《下》等，《瑜伽》《杂集》《唯识》《因明》《俱舍》，大小幽旨，因见道义，交激累日，述作万言，因见道章”。可见惠沼当确有关于《阿毗达磨俱舍论》的著作。汤用彤在论述唐代唯识学时指出，“唯识一宗既分基、测二家，而《俱舍》之学则大者有光、宝两说”。光即普光，著有《俱舍论记》《俱舍论法宗源》。宝即法宝，亦玄奘之高足，著有《俱舍论疏》。普光、法宝之外还有神泰，撰有《俱舍论疏》。三人并称为《俱舍》三家。[③]惠沼正是三家之一普光的弟子，因此惠沼曾撰作《阿毗达磨俱舍论》的注释当无疑义。幸赖道液的《净名经关中释抄》保留下惠沼《劫颂》的佚文，我们才能对惠沼有更加全面的认识。[④]

由此背景再看S.5600第5条所抄《俱舍论》，则毫不奇怪。[⑤]总之，S.5600第1、11、15三条内容与《净名经关中释抄》的文本几乎完全重合，两者的传抄关系当无疑问，也进一步说明了S.5600与《维摩诘所说经》的关系。

四、S.5600中的“十二支”与“张僧繇为志弘画像传说”

S.5600的第18条“三二七杂染”又见于P.2335v（表9）：

① 下文还会提到《十一面神咒心经义疏》，这与张僧繇为志弘画像传说有关。

② 汤用彤：《隋唐佛教史稿》，第2版，北京：中华书局，2016年，第155—156页；[日]根无一力：《慧沼の研究——传记·著作をめぐる诸问题》，载《山崎庆辉教授定年记念论集·唯识思想の研究》，京都：百华苑，1987年，暂未寓目；杨维中：《中国唯识宗通史》，南京：凤凰出版社，2008年，第784—786页。

③ 汤用彤：《隋唐佛教史稿》，第152—153页。

④ 宗密《华严原人论》中有与《净名经关中释抄》所引“沼法师劫颂”相同的内容：“从空劫初成世界者，颂曰：空界大风起，傍广数无量，厚十六洛叉，金刚不能坏，此名持界风。光音金藏云，布及三千界，雨如车轴下，风遏不听流，深十一洛叉，始作金刚界。次第金藏云，注雨满其内，先成梵王界，乃至夜摩天，风鼓清水成。须弥、七金等，滓浊为山地，四洲及泥犁，咸海外轮围。方名器界立，时经一增减。”（宗密著，石峻、董群校释：《华严原人论校释》，北京：中华书局，2018年，第110页。）校释者认为：“这是宗密根据《俱舍论本颂》（玄奘译本）等概括而成，部分内容出自宗密的《圆觉经道场修证仪》卷十礼忏文中的述人道。此颂具体描述世界产生时的过程，详细内容见《俱舍论》。”现在看来，《华严原人论》的文本源流还有进一步检讨的必要。

⑤ P.2335v还有大量与《阿毗达磨俱舍论》有关的内容，此前目录、图录多单列为《阿毗达磨俱舍论疏》，实亦当为《维摩诘所说经》的注释，参拙文《P.2335v〈维摩手记〉考》。

表9

S.5600	P.2335v
三二七杂染，由虚忘分别有者，是三忘心也。三杂染者，初八九烦恼，二及十是业，余七唯是苦，此三名杂染，摄十二支也。二杂染者，因果已（也）。因者，无明行爱取有也。果，识等七也，此名杂染，十二支也。七杂染者，七种因也，一颠倒因无明，二牵引因行，三将导因识，四摄受因名色六处，五受用因触受，六引起因爱取有，七厌怖因生老死，皆名杂染，摄十二支也。此因中三、二二、三二随类而配。	三二七杂染，由虚妄□□有者，是妄心也。三杂染者，初八九烦恼，二□□是业，余七唯是苦，此三名□染，摄十二支也。二杂染者，因果也。因者，无明行爱取有也。果者，识□□，此名杂染，摄十二支也。七杂染者，七种因也，一颠倒因无明，二牵引因行，三将导因识，四摄受因名色六处，五受用因触受，六引起因爱取有，七厌怖因生老死，皆名杂染，摄十二支也。此因中三、二二、三二随类而配。

两者字词几乎一致，只有个别抄写错误。这段话是对“杂染”“十二支”等概念的解释，两者为佛教基本概念。“杂染”一词虽不见于《维摩诘所说经》，但是《净名经集解关中疏》在解释经文时有言：“三，质问。初问答，明日光自明，暗不能蔽，喻真身处染不染。后问答，明日光能破彼暗，喻菩萨化生杂染。”[①]

“十二支”又名“十二因缘”“十二支缘起”等，《维摩诘所说经·法供养品》云：

又于诸法如说修行，随顺十二因缘，离诸邪见，得无生忍；决定无我无有众生，而于因缘果报无违无诤，离诸我所；依于义不依语，依于智不依识，依了义经不依不了义经，依于法不依人；随顺法相，无所入，无所归；无明毕竟灭故，诸行亦毕竟灭，乃至生毕竟灭故，老死亦毕竟灭：作如是观十二因缘，无有尽相，不复起见，是名最上法之供养。[②]

“十二因缘”是《维摩诘所说经》中的重要概念之一，僧肇对此多有阐发，比如“不悟缘起故有邪见之迷、封我之惑。若如说行则得明慧，明见十二因缘根源所由，故能离诸邪见得无生忍，无复吾我、众生之想也。见缘如缘，谓之随顺，明白有无，谓之决定，皆智用之别称也”[③]。

对“十二因缘”的具体解释，诸经略有不同，《长阿含经》云：

尔时，世尊告阿难曰：“止！止！勿作此言：‘十二因缘法之光明，甚深难解！’阿难！此十二因缘难见难知，诸天、魔、梵、沙门、婆罗门、未见缘者，若欲思量观察分别其义者，则皆荒迷，无能见者。阿难！我今语汝老死有缘，若有问言：‘何

①《净名经集解关中疏》卷下，CBETA，ZW03，no.25，p.196a19-20。
②《维摩诘所说经》卷下，CBETA，T14，no.475，p.556c6-14。
③《注维摩诘经》卷一〇，CBETA，T38，no.1775，p.416c7-12。

等是老死缘？’应答彼言：‘生是老死缘！’若复问言：‘谁是生缘？’应答彼言：‘有是生缘。’若复问言：‘谁是有缘？’应答彼言：‘取是有缘。’若复问言：‘谁是取缘？’应答彼言：‘爱是取缘。’若复问言：‘谁是爱缘？’应答彼言：‘受是爱缘。’若复问言：‘谁是受缘？’应答彼言：‘触是受缘。’若复问言：‘谁为触缘？’应答彼言：‘六入是触缘。’若复问言：‘谁为六入缘？’应答彼言：‘名色是六入缘。’若复问言：‘谁为名色缘？’应答彼言：‘识是名色缘。’若复问言：‘谁为识缘？’应答彼言：‘行是识缘。’若复问言：‘谁为行缘？’应答彼言：‘痴是行缘。’阿难！如是缘痴有行，缘行有识，缘识有名色，缘名色有六入，缘六入有触，缘触有受，缘受有爱，缘爱有取，缘取有有，缘有有生，缘生有老、死、忧、悲、苦恼，大患所集，是为此大苦阴缘。”①

据此，“十二因缘”分别为“痴”“行”“识”“名色”“六入”“触”“受”“爱”“取”“有”“生”“老、死、忧、悲、苦恼”等，前者依次为后者生起之因。其中“痴”又名“无明”，S.5600第16条即是对此“十二因缘”的进一步阐释，且其文本与P.2335v亦有重合（表10）：

表10

S.5600	P.2335v
无明障真见者，障无分别智及障校（后）得智也。行者造三行，罪行、福行、不动行。不动行者，上三界中不被烦恼所倾动也。诸（识）者，第八识也，托父母二色而生也。**名色者，受相行识。色者，色质也。**六处者，内六处具足也。触者，受者，三受也。**三受者，苦受、乐受、不苦不乐受者。**爱者、取者，取生政也。**有四，一欲取，为贪前欲境故；二见取，为于欲生见取故；三戒禁取，执鸡狗等戒故；四我见取，为身见执我故，或云萨迦取（邪）见也。诸经或云四法取，一现苦当来乐取，二现乐当来苦取，三现苦当来亦苦取，四现乐当来亦乐取也。**	因缘相者，□去烦恼，名曰无明。行者，三行及过去业者，则名为行。现在世中，初始受胎，是名为识。入□分四，根未具为**名色，受想行识，色□，色质也。**具足四根，未名触时，是名六入。未别苦时，是名为触。染习由旬，是名为受。**受者三受，苦、乐、不苦不乐受也。**习近五欲，是名为爱。内□□贪求名为取，**取有四：一欲取，为贪前欲境；二见取，于欲生见取故；三戒禁取，执鸡狗等戒□；四我见取，为执身见，或云萨迦耶见也。或云四法取，一现苦当来乐取，二现乐当来苦取，三现苦当来亦苦取，四现乐当来亦乐取也。**为内外事，□身口意悉□，是名为有。②

对“十二因缘”的阐发散见于多种《维摩诘所说经》注疏，如S.5972v《维摩经疏》亦云：

十二因缘，过去二枝因，现在五枝果，现在三枝因，未来二枝果。又云：过去

①《长阿含经》卷一〇，CBETA，T01，no.1，p.60b8-29。

② P.2335v此段文字之前还有一段对“十二因缘法”的解释，亦属同一性质。

二枝因为无明及行，现在十枝果即前二为因，后十亦因亦果。或可一重因果，足表轮回，施设两重，实为无用。十因二果，圣教具明，即过去十枝因，现在二枝果，则生老死也。又可现在二枝因，即无明行未来十枝果。

又云十二支者，即《因缘论讼（颂）》云“差别十二支”等也。谓五德弟子问龙树云薄迦梵，如经说言差别十二支，能仁说缘，生于何处，所摄师便呼云子，于烦恼业苦三中俱摄尽等也。言五德弟子者，一乐闻为遮不信及无乐欲故；二者，乐听为耳根不坏；三者，能善忆持，为专主一境，所闻无忘；四者，能悟，为于所闻悉了知故；五者，能观，于出离道功德过失善观察故，亦于染净善能间择故。于此五中，前二闻惠，一思惠，后是修惠也。

言支者，十二缘起，以五支所摄也。①

值得注意的是，S.5972v引用了《因缘论颂》来解释“十二因缘”。《因缘论颂》即《因缘心论颂》，未为我国历代大藏经所收，后在敦煌文献中发现多件写本，题为龙树撰，《大正藏》第32册据S.1358和S.2462录文。敦煌文献中还有《因缘心论释》，系对《因缘心论颂》的解释，同样题为龙树撰，亦未为我国历代大藏经所收。敦煌还发现有《因缘心释论开决记》，作者不详，《大正藏》第85册收录，上山大峻认为有可能是法成的著作，只是难以定谳。②《大正藏》本录文问题较多，后来华方田又重新整理了这三种文献。③

S.5972v还大段征引了智周的《大乘入道次第》：

言乐敬养师者，即敬善知识也，故《摄大乘》《唯识》等云：要善友力，方成菩提。胜利无极，难以具言，且略举三，用表求意。一者，能为菩提近因，《涅槃经》云：佛告诸大众，一切众生为菩提近因者，莫先善友。何以故？阇王若不随耆婆语，来月七日必定命终，堕阿毗狱，是故近因莫若善友。二者，趣向有十种功德，《华严经》云：善知识者，则是趣向一切智门，令我得入真实道故。善知识者，即是趣向一切智乘，令我得至如来地故。善知识者，则是趣向一切智船，令我得至智宝洲故。善知识者，则是趣向一切智炬，令我得生十力光故。善知识者，则是趣向一切智道，令我得入涅槃城故。善知识者，则是趣向一切智灯，令我得见夷险道故。善知识者，则是趣

① 图版见于黄永武主编：《敦煌宝藏》第44册，台北：新文丰出版公司，1981年，第626—628页。IDP 有彩图。S.5972尚无整理本，此为笔者据彩图录出，下不再出注。

②［日］上山大峻：《增补敦煌佛教の研究》，京都：法藏馆，2012年，第203—209页。

③ 方广锠主编：《藏外佛教文献》第3辑，北京：宗教文化出版社，1997年，第215—258页。

向一切智桥，令我得度险恶处故。善知识者，则是趣向一切智树，令我得生大慈凉故。善知识者，则是趣向一切智眼，令我得见法性门故。善知识者，则是趣向一切智潮，令我满足大悲水故。三者能令越生死海，故《大集经》偈云：若得亲近善知识，至心听受无上法。观察内外空三昧，即能越度生死海。依《庄（华）严经》，于善知识生十种心：一同己心，令我精勤，得一切智故；二清净心，亲近供养生善根故；三生庄严心，庄严一切菩萨行故；四生成就心，诱诲于我，令修道故；五能生心，能生于我无上法故；六生出离心，令我修行普贤行愿而出离故；七生福智心，令我积集诸白法故；八生增长心，令我增长一切故；九生具善根心，令志愿得圆满故；十生大利益心，令我自在安住一切菩萨法故。

这一长段是对《维摩诘所说经·菩萨品》“乐随护道意，乐饶益众生，乐敬养师”的解释。[①]作者没有标注疏文的来源，但从“故《摄大乘》《唯识》等云”至“令我自在安住一切菩萨法故”全部出自《大乘入道次第》。[②]

随后，S.5972v又解释了上述引文中出现的“普贤行愿”：

言普贤菩萨所有行愿者，我发心时，一切众生同我发心。我修行时，同我修行。我成正觉，等成正觉。心愿既尔，智见亦然。不见一人不发心者，不行行者，不成佛者，是即名为普贤行也。

这段文字同样未注出处，实际出自昙旷的《大乘入道次第开决》，只字不差。[③]敦煌出土的《维摩诘所说经》注疏引用《大乘入道次第》以及《大乘入道次第开决》，此并非孤例，所见者又有BD6576《维摩经疏》[④]。

S.5972v《维摩经疏》有题记一条，为我们提供了更多的信息：

河西管内京城讲论临坛供奉大德赐紫都僧政香号法镜手记，前后三会，说此经、《百法》九遍。接踵学徒，敦煌释门，讲《百法论》大法师，兼释门都法律沙门法海恳切传受时。

---

①《维摩诘所说经》卷上，CBETA，T14，no.475，p.543b3-4。

②〔唐〕智周：《大乘入道次第》，CBETA，T45，no.1864，pp.454c10-455a18。

③〔唐〕昙旷：《大乘入道次第开决》，CBETA，T85，no.2823，p.1213a25-29。

④ 参拙文《节抄本还是重编本？——BD6576〈维摩经疏〉再探》，载朱玉麒主编《西域文史》，待出。

都僧政法镜即曹和尚，是三藏法师法成的高足，他曾多次讲《维摩诘经》和《百法明门论》。关于法镜讲《维摩诘经》的记载尚多，P.2079《净名经关中释抄》卷上题记：

> 壬辰年（872）正月一日，河西管内都僧政京城进论朝天赐紫大德曹和尚就开元寺，为城隍禳灾，僧讲《维摩经》。当寺弟子僧智惠弁随听，写此上批，至二月廿二日写讫。①

又，BD14093《净名经集解关中疏》卷下题记：

> 癸卯年（883）三月十日灵图寺僧苾蒭道广故记之耳。癸年三月一日曹僧政和尚说经已，至四月尽说了。②

《维摩诘经》虽然只有三卷，但从题记来看，法镜讲此经往往长达一二月之久，足见其阐释之详尽。

敦煌文献中还保留下法镜的邈真赞，P.4660（4）《曹法镜邈真赞》称其“参禅问道，寝食俱辍。寸阴靡弃，聚萤暎雪。温故知新，玄源妙绝。仰学惟明，资奚不哲。《瑜伽》《百法》，《净名》俱彻。敷演流通，倾城怿悦。后辈疑情，赖承斩决”③。法成是昙旷之后，敦煌又一举足轻重的三藏法师，以精通唯识之学而著称。他长期在敦煌讲解《瑜伽师地论》，敦煌出土的《瑜伽师地论手记》《瑜伽师地论分门记》即法成的讲经笔记，其中多有法镜押署。④援唯识之学以阐扬《维摩诘经》，正是法成、法镜师徒讲经的一大特色。这是我们理解为什么S.5600抄写“张僧繇为志弘画像传说”的重要背景。

如前所述，目前对于“张僧繇为志弘画像传说”的讨论主要取资于S.5600，其实P.2335v中亦抄有相同内容，但学界一直未予注意，现表列如下（表11）：

① ［日］池田温：《中国古代写本识语集录》，东京：东京大学东洋文化研究所，1990年，第429页。

② 同上书，第435页。

③ 姜伯勤、项楚、荣新江：《敦煌邈真赞校录并研究》，台北：新文丰出版公司，1994年，第194页。以上关于法镜的介绍参荣新江：《九、十世纪归义军时代的敦煌佛教》，载《清华汉学研究》第1辑，1994年；此据同作者《归义军史研究——唐宋时代敦煌历史考索》，上海：上海古籍出版社，2015年，第271—272页。

④ 参［日］上山大峻：《增补敦煌佛教の研究》，第219—246页。

表11

S.5600	P.2335v
唐时有功师名张僧嵤（繇），善画。有一僧名志弘，其僧嵤（繇）正画次，志弘师变为一小师，至彼画处，语僧嵤（繇）云："先生与画我身。"其僧嵤（繇）便画之。一变画时或方，一变或长，一变或斜，如是数变，画之不得。僧嵤（繇）恶发，语志弘云："今日我不及画，明日画之。"志弘报曰："汝不遮今日，明日更画，劫已来，画我不得。"僧嵤（繇）莫知所以，志弘云："汝从毗婆尸佛已来，常时好画，曾闻说十一面观世音菩萨否？"僧嵤（繇）云："不闻。""汝今看之。"其志弘以指甲当自面上获之，内有十一面观世音菩萨端然而现欢，令舍画，此菩萨因此而有也。	唐时有功师名张僧嵤（繇），善解画。于一时中有一僧名志弘，其僧嵤（繇）画次，志弘师变为一小师，至彼画所，语僧嵤（繇）云："先生与画我身。"其僧嵤（繇）便与画之。一遍画时面方，一遍画时面长，一遍或斜或角，如是数遍，画之不得。僧嵤（繇）恶发，语志弘云："今日我不及画，汝明日来与汝画。"志弘报曰："汝知之，不遮今日，明日更画，劫已来，画我不得。"僧嵤（繇）莫知所以，志弘云："汝从毗婆尸佛已来，常时好画，曾闻说十一面观世音菩萨否？"僧嵤（繇）云："不闻。""汝今看之。"其志弘师以自指甲当自面上获之，内有十一面观世音菩萨端然而现欢，令僧嵤（繇）舍其画作，此菩萨因兹而有也。

S.5600与P.2335v此段文字只有细微差别，几乎完全一致。其中的相似点颇值得我们注意，比如均将"繇"写作"嵤"，均称张僧繇为唐时人，均作"志弘"而非"宝志"。张僧嵤即张僧繇，是梁朝时期的著名画家，S.5600、P.2335v称其为唐时人则显误。志弘当为梁朝时期的神僧宝志，事迹见于《高僧传》。[①]这说明S.5600和P.2335v当有共同源头。

相同的故事还出现在S.1624，此件共抄三个故事，分别为《泗州僧伽大师实录》《唐虢州万回和尚传》《三宝感通录·宋宝志传》，第三个即出现了张僧繇为宝志画像的情节：

> 谨按《三宝感通录》曰：宋末沙门宝志者，游于杨（扬）州。擎杖每悬剪刀、尺拂（绋）。人家供敬，分形赴斋。寻隐钟山，百兽衔花，岩神献果。梁武帝遣使并宝舆，入山远迎，请入内殿道场供养。因诣贤圣者僧宝意处，见供奉张僧谣（繇）邈真，和尚曰："可与吾写真否？"僧谣（繇）下笔，和尚或（惑）其形貌，莫能得定。僧谣（繇）变容，誙（径）言："和尚！"乃以爪厘（剺）面，开示十二面观音菩萨形相。僧谣（繇）乃哀求、忏悔，却复本形，重归大内。且化缘毕，辞帝，归钟山入灭矣。[②]

①〔南朝〕释慧皎撰：《高僧传》卷一〇《梁京师释保志》，汤用彤校注，汤一玄整理，北京：中华书局，1992年，第394页。

② S.1624图版见于方广锠、［英］吴芳思主编：《英国国家图书馆藏敦煌遗书》第25册，桂林：广西师范大学出版社，2013年，第263—264页。按，方广锠指出S.1624《三宝感通录·宋宝志传》所据底本的文字共15行，系从左至右书写，抄写者未注意底本的这一书写特点，按照从右向左的惯例抄写，导致（转下页）

虽为同一故事，S.1624文本与S.5600、P.2335v差异很大，且S.5600、P.2335v均称所示现者为十一面观音，而S.1624则称是十二面观音。杨明璋认为，此故事中的十二面观音之说是从十一面观音演化而来。[①]不论是十一面还是十二面，两者均与密教紧密相关。因此，现有研究多以十一或十二面观音为线索，探讨此故事的密教渊源及其流传。比如何剑平在讨论S.1624时就指出，十二面观音的理论依据来源于惠沼的《十一面神咒心经义疏》：

> 十一面者，前三面慈相，见善众生而生慈心，大慈与乐；左三面瞋面，见恶众生而生悲心，大悲救苦；右三面白牙上出面，见净业者发希有赞，劝进佛道；最后一面暴大笑面，见善恶杂秽众生，而生怪笑，改恶向道。顶上佛面，或对习行大乘机者，而说诸法究竟佛道，故现佛面。各尔三方三面，为化三有，故现三面。若合本面应十二面，而十一面是方便面，本体常面是真实面。面离于身，而智面主面表内怀以显权实，故常面上现十一面，故曰十一面也。[②]

惠沼即前文已经提及的“沼法师”，《十一面神咒心经义疏》是对玄奘所译《十一面神咒心经》的注释，惠沼声称十一面是方便面，若合本面则为十二面。既往研究可谓抓住了此传说中“十一面观音”这一核心要素。但是，如果我们将目光移向《十一面神咒心经》的译者和《义疏》的作者，此中的唯识学色彩立马凸显，而密教背景则顿时黯然失色。[③]

现有的研究只关注到该传说文字本身，但该传说实与S.5600和P.2335v的前后文本紧密相关，互为一体。就在该传说之前，也就是S.5600的第4条内容颇值得玩味，无独有偶，相同的内容同样见于P.2335v（表12）：

（接上页）文字错乱，文意难通，见同书第15页。相关录文与研究可参郝春文：《英藏敦煌社会历史文献释录》第7卷，北京：社会科学文献出版社，2010年，第373—377页；郑阿财：《敦煌写本高僧因缘记及相关文献校注与研究》，成都：四川大学出版社，2020年，第404—408页等。

① 杨明璋：《神异感通　化利有情：敦煌高僧传赞文献研究》，第49页。

②《十一面神咒心经义疏》，CBETA，T39，no.1802，p.1004b23-c5。

③ 唯识学与十一面观世音等密教背景的联系还有很多，比如德感是窥基的弟子，也就是玄奘的再传弟子，他便曾主持过长安七宝台十一面观世音造像的建造。参孙英刚：《从五台山到七宝台：高僧德感与武周时期的政治宣传》，载荣新江主编《唐研究》第21卷，北京：北京大学出版社，2015年，第217—244页。

表12

S.5600	P.2335v
声闻执见山壅，难通大圣，排空出入，犹于坦路。	小乘执见山壅，莫通大圣，排空出入，犹于坦路。
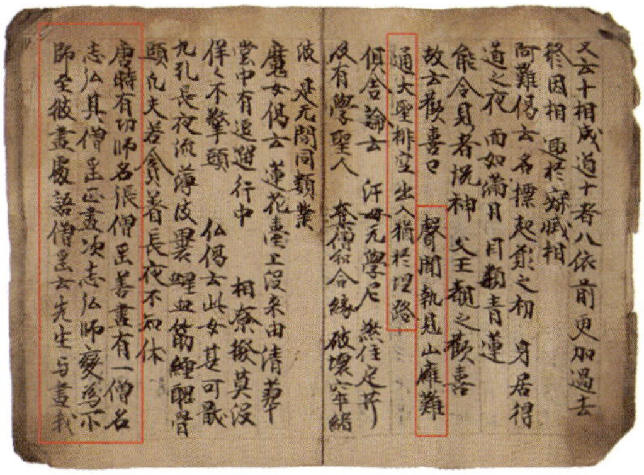	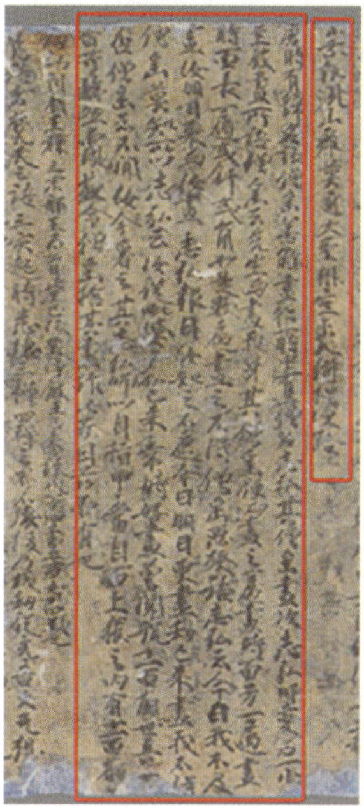

（注：两图左边方框内文字即“张僧繇为志弘画像传说”）

“声闻”即“小乘”，“难”与“莫”义同，S.5600和P.2335v再次表现出文本的高度重合。这句话并非凭空而来，智周的《大乘入道次第》云：

> 又若层峰岩石中，非游步之辙，大工威神出入，排于坦路。斯谓凡情自碍，山拥莫通，圣智融贯，石空何隔。山虽是一，通塞两殊。故转既自于心，离识明非实有。以斯言矣，存没照然。何乃临岐永怀犹豫至理言矣。万法由心，无有一物而非心也。故《华严经》云：“心如工画师，能画诸世间，五蕴悉缘生，无法而不造。”又云：“若人知心行，普造诸世间。是人则见佛，了佛真实性。”此即菩萨居暖顶位观所取也。暖顶名义，如前已辨。问：“以何等智作斯观耶？”答：“以四寻思加行之智而作此观。智体是一，对境分四，四境即前名义自性差别是也。以智推寻，此之四种假有实无，故能推智，名四寻思，故《摄论》云：‘于加行时推求行见假有实无，说名寻思。’故知寻思即观四种加行之智。”①

①《大乘入道次第》，CBETA，T45，no.1864，p.461a5-20。

“声闻执见山癱，难通大圣，排空出入，犹于坦路”当脱胎于上引“又若层峰岩石中，非游步之辙，大工威神出入，排于坦路。斯谓凡情自碍，山拥莫通；圣智融贯，石空何隔。山虽是一，通塞两殊”。其后《华严经》所说“心如工画师，能画诸世间，五蕴悉缘生，无法而不造”则与“张僧繇为志弘画像传说”主旨契合，S.5600和P.2335v将两段文字抄撮于一处当职此之故。S.5600在两段文字中间还有一段文字，这段文字又见于BD950v（详见下文），或为书手抄写时随意组合所导致。

《大乘入道次第》的作者智周正是惠沼的弟子，昙旷《大乘入道次第开决》记载：

> 大唐开元初，有朴阳大德，身号智周。我大唐三藏曾孙弟子，慈恩大师之孙弟子，河南法师之亲弟子，即是青龙大师异方同学。内穷三藏，外达九流，为学者师宗，作词场雄伯。①

大唐三藏即玄奘，慈恩大师即窥基，河南法师即惠沼，青龙大师即撰写《御注金刚般若经宣演》的道氤②，后世又将智周尊为唯识宗四祖。③昙旷曾在唐代唯识学的最高学府长安西明寺求法问道，他对长安唯识动向十分熟悉。智周的学说经昙旷、法成等僧人的再阐释而在敦煌发扬光大，采摭智周的学说以讲解《维摩诘经》自在情理之中。④

五、S.5600剩余条目

S.5600第2、17条均在说“八相”，其中第2条云：

> 世尊八相成道，八相者，一王宫但（诞）质相，二现为童子相，三舍俗出家相，四苦行难成相，五趣菩提树相，六降诸魔众相，七证大菩提相，八转正法轮相。又云十相成道，十者，八依前，更加过去修因相，趣于寂灭相。

---

①《大乘入道次第开决》，CBETA，T85，no.2823，pp.1206c29-1207a6。

② 定源（王招国）：《敦煌本〈御注金刚般若经宣演〉の文献学的研究》，东京：大东出版社，2013年，第38页。

③ 关于智周的生平及著述，可参杨维中：《中国唯识宗通史》，第791—796页。

④《高僧传·保志传》称“［保］志多去来兴皇、净名两寺”（第396页），又《出三藏记集》载有“《皇帝敕净名志上出入记》第七”（第491页）。净名即维摩诘，或许是因为宝志曾长期活动于净名寺，所以《维摩诘经》的注者才关注到这个故事。

第17条与P.2335v又有重合（表13）：

表13

S.5600	P.2335v
有者、生者，有八相故。一住胎相（母腹中），二出胎相（产时），三婴孩相（小时五岁），四童子相（十五时已来），五凶当相（卅已来），六盛年相（五十已来），七老相（七十已来），八朽相（八十已来）。老死依上也。	现在世识名未来生，生有八相，一住胎相（母腹中），二出胎相（生时），三婴孩相（五六岁时），四童子相（十五已来），五凶黄相（廿已来），六盛年相（五十已来），七老相（七十已来），八朽相（八十已来）。

八相成道是佛教常见概念，在《维摩诘所说经》中亦有体现，《维摩诘所说经·佛国品》云："始在佛树力降魔，得甘露灭觉道成，已无心意无受行，而悉摧伏诸外道。"[①]此即在说如来降魔，八相成道。P.2191v谈广《释佛国品手记》对八相成道有具体阐述：

> 如来八相成道，言八相者，降下王宫诞质相，示居童子相，纳姤逾城相，苦行难行内外相，趣菩提树相，降魔得道相，正转法轮相，示归寂灭相。八岁为童子，至于十二学诸文，及至十九学其武，后至廿九恣五欲乐。六年苦行已前，计卅五年，后成正觉，住世卌九年。从前计后八十四年，方始涅槃成道已。十二年间，都无毁犯，后有违犯，譬如纳衣有孔方补，因须提那比丘随犯就制，后于俱尸那城受魔所请，如入涅槃。[②]

谈广所言与S.5600、P.2335v有同有异，但不妨将S.5600、P.2335v视作《维摩诘所说经》的注脚。

第6、7条"魔女偈""佛偈"又见于BD950v（见表14）。虽然S.5600与BD950v中的两首偈子并非完全相同，某些句子甚至相差较大，比如S.5600的"行中□□相簝拨，莫没佯佯不擎头"，BD950v作"知君酌了相遥桃，华羊坐上满互头"。但不可否认两者当有共同的来源。还有一点值得注意，即S.5600和BD950v均连续抄写了这两首偈子，两者的功能也可能一致，即为了解释《维摩诘所说经·弟子品》中"降伏众魔"之句。[③]

① 《维摩诘所说经》卷上，CBETA，T14，no.475，p.537c17-18。

② 谈广《释佛国品手记》目前无整理本，此为笔者据彩图录出，下文不再出注。

③ 唐代栖复《法华经玄赞要集》卷一七亦引用了第7条佛偈："于时世尊坚固不动，复以慈心，答魔王曰：'此女不净聚，九孔长夜流。薄皮裹腥血，筋缠臯骨头。我观如行厕，汝见似仙游。愚夫若生爱，被缚不知休。'" CBETA，X34，no.638，p.568c16-19。但该书中不见第6条"阿难偈"。

表14

S.5600	BD950v
魔女偈云："莲华台上没来由，清翠堂中有逗遛。行中□□相寮拨[①]，莫没佯佯不擎头。" 佛偈云："此女甚可厌，九孔长夜流。薄皮裹腥血，筋缠丑骨头。凡夫若贪着，长夜不知休。"	降伏众魔，魔者，是极恶之义，有四种。一者，天魔，世尊以坐菩提树下降之，魔遣天女，天女云："莲华台上无来由，清㴬楼中有逗遛。知君酌了相遥桃，华羊坐上满互头。"佛有偈云："女人身不净，九孔长夜流。薄皮裹醒（腥）血，肵缠嗅（臭）骨头。凡夫若贪着，被缚不知休。"

S.5600第9条云：

受胎有三品，上中下之品入胎，如入厕秽，如死尸间，如棘刺中，大黑暗处。中品入胎如入众树，林间清净，河中如房舍屋宅中。上品入胎如升殿堂，在华林间，如乘马乘象，如涉高山也。

此条可视为对《维摩诘所说经·观众生品》中"如阿那含入胎"的解释。[②]

S.5600第19条云：

经苦离难而不改其节曰行也。圣者，启理通神曰圣也。

前半句可视为对六度之一"忍"的解释，BD3686v《维摩手记》云："忍，彼恶来加，名之为忍；能受彼耻，名之为辱。辱有三种，一怨害忍，谓前人呵骂，不生恚故；二安受苦忍，谓所作业经苦履难，不改其志，堪忍为性；三谛察法忍，谓审谛思察，于实理中彼我俱空，谁为忍者。"[③]后半句可视为对"八正道"，亦即"八圣道"的解释，BD6499《维摩手记》云："八正道者，契理通神，目之为正，运载游履，称之为道。"[④]

S.5600第20条云：

① "行中"下：S.5600空两格，未书字。

②《维摩诘所说经》卷中，CBETA，T14，no.475，p.547b7-8。

③ 图版见于中国国家图书馆编、任继愈主编：《国家图书馆藏敦煌遗书》第51册，北京：北京图书馆出版社，2007年，第213—216页。IDP有彩图。BD3686v暂无整理本，此为笔者据彩图录出。

④ 图版见于中国国家图书馆编、任继愈主编：《国家图书馆藏敦煌遗书》第88册，北京：北京图书馆出版社，2008年，第156—179页。IDP有彩图。此件尚无整理本，此为笔者据彩图录出。

沙门者，勤行曰沙门，勤行诸善也。又休息曰沙门，休息诸恶行。

“沙门”在《维摩诘所说经》中共出现了三次，分别为《方便品》中“虽为白衣，奉持沙门清净律行”[①]，《菩萨品》中“憍尸迦！无以此非法之物要我沙门释子，此非我宜”[②]，又《菩萨品》中“忆念我昔自于父舍设大施会，供养一切沙门、婆罗门，及诸外道、贫穷、下贱、孤独、乞人”[③]。第20条自然可作为对《维摩诘所说经》的注脚。

S.5600第25条云：

化者，无而忽有名为化。有四，一自化，二他化，三自在化，四化语。

此条可视为对《维摩诘所说经·佛国品》中“十力哀现是化变”[④]的解释。P.2344v《维摩手记》云：“化谓无而非有，然化不同，有其四种。一化自身，如维摩化作菩萨形；二化他身，如净名化作佛身等；三化境，如维摩化为高座，安置众香菩萨等；四化语，如化菩萨慰问香即如来也。”[⑤]两者基本一致。

以上我们已经讨论了S.5600中第1—20、25条的内容，剩下的第21—24、26—31条全部又见于P.2335v，第30条又见于BD950v，详见表15。

表15

S.5600编号	S.5600	P.2335v	BD950v
21	雷亭（霆）振地，聋者不闻，七曜升天，盲者不见。	雷亭（霆）振地，聋者不闻，七曜升天，盲者不见。	
22	劫初刹利王，三末那王为初，此王已后，至净饭王已来，经八万四千五百九十四王也。	劫初刹利王种，三末那王为首，此王已后，至净饭王已来，经八万四千五百九十四王也。	

①《维摩诘所说经》卷上，CBETA，T14，no.475，p.539a19-20。

②《维摩诘所说经》卷上，CBETA，T14，no.475，p.543a18-19。

③《维摩诘所说经》卷上，CBETA，T14，no.475，p.543c3-5。

④《维摩诘所说经》卷上，CBETA，T14，no.475，p.537c27。

⑤ 图版见于荣新江主编：《法国国家图书馆藏敦煌文献》第57册，上海：上海古籍出版社，2023年，第214—291页。P.2344v暂无整理本，此为笔者据彩图录出。

续表

S.5600编号	S.5600	P.2335v	BD950v
23	梵语者，梵天之语，三灾起时，悉坏三禅，梵天之界不及，后乃成劫，从光音天、无相天而下，于五天国境而受人胎，人取其语，号曰梵语。五天境是地中心。上二天者，是梵天之苗裔，此人初生，福德大故，食其地味，后乃福衰，别食林腾，渐渐薄衰，食粳米。更渐衰，食于五谷，于今不绝。	梵语者，梵天之语，三灾起时，悉坏三禅，四禅之界不坏，后乃成劫，从光音天、无想□而下，于五天国境游观，初来之时，有其神力，上下自由及后贪着下界，神力并无，不□升上。其人为福德故，初时食其地味，后乃福衰，别食林腾，渐渐福薄，食其粳米。又复衰薄，食于五谷，至今不绝。此人为初，人取其语，号曰梵语。五天之境是地之心，所以生中。上二天者，是梵天之苗裔，是以生下而为人种也。	
24	“十八界三界，何界无？” 答：“欲界具十八界，色界有十七，无其[来]境，恒食禅悦之食，无其抟食也，故而说境。” 问：“若无味境，何要味之根识？” 答：“为端严身相，故要味根识也。” 无色界中有三为四阴成身无其色质，人有其意三根境识也。 三界寻伺者，下从地狱，上至初禅二天已下，名有寻有伺。初禅大梵天已上，一（至）非相天已来，名无寻无伺也。无寻有伺者，名中间禅也。中间禅者，从初禅二人（天）至初禅三天，大梵天，此天中间名中间禅也。何则名中间禅？答：“为从下取上天梵王果故，中间名禅也。”	“十八界于三界中何界具有，何界无耶？” 答：“欲界具足十八，色界有十七，无其□□恒食禅悦之食，无其抟食也，故□说境。” 问：“若无味境，何要味之根识？” 答：“为端严身相，故要味根识也。” 无色界中有三为四阴成身无其色质，□□十八唯有意三根境识也。 三界寻伺者，下从地狱，上至初禅二天已下，名有寻有伺。初禅大梵天已[上]，至非想天已下，名无寻无伺也。无寻有伺者，中间禅是。中间禅者，[从初]禅二天至初禅三天，此二天中间名中间禅也。何则名中间禅也？答：“为从下天取[上]□梵王果故，中间加行智禅名中间禅也。”	
26	欲界有廿生处，八大地狱等活、黑绳等，傍生饿鬼、四州，六欲天也。《瑜伽》中云：有卅六处，八寒、八热、傍生、饿鬼、四州。又小八州（四州各二），六天也。	欲界有廿生处，八大地狱等活、黑绳等，傍生鬼界、四州，六欲天也。《瑜□》云：有卅六处，八寒、八热、傍生、饿鬼、四州。又小八州（四州各二），六欲天也。	

续表

S.5600编号	S.5600	P.2335v	BD950v
27	四州者，北俱卢，此云恶声，此中人临终之时现作恶声，隐没身分，入地而死。东胜身州者，此中众生身胜于三州，故也。南赡部州者，约赡树为名。西牛货州者，此中过牛，恒货其牛而活，以为名也。	四州者，北俱卢舍者，此□恶声，北洲人临命终时现大恶声，隐没身分，□地而死也。东胜身州者，此州众生身相端正，胜于三州，约此为名也。南赡部州者，约南赡部之树为名也。西牛货州者，此州之中足牛，一切人民□时货牛而活，故以为名西牛货州也。	
28	无烦天者，刀利天也，此天有密（帝），下修罗有好女，两各相诤。又赡树高刃利天，其果大如大盆，下修罗云："此树属我。"上帝释云："此树过天，属其天上。"是以上下争，故恒时斗战，有烦怨故，故曰有烦天也。此上诸天无有争竞，故名无烦天也。	有（无）烦天者，刃利天也，此天有蜜（帝），下修罗有好女，二各相诤。又赡部树高于刃利天，其果甚大，如盆，下修罗云："此树属我。"上帝释云："此树过天，属其天上。"是以□下相诤，故恒时斗战，有烦怨故，故曰有烦天也。此上诸天无有诤竞，故名无烦天也。	
29	阎浮坛（檀）金者，赡树上果熟时，落在大海中，变成其金，故曰阎浮坛（檀）金也。[1]	阎浮檀金者，赡树上果熟时，落在大海中，变成其金，故曰阎浮金也。	
30	堣师罗长者睹三尺而发心，无边身菩萨穷上界之有余。	劬师罗长者睹三尺而发心，无边身菩萨穷上界之有余。	而无不为者，如卢师家长者睹三尺而发心，五百涂灰，见灰身而证忍，随根化故。
31	无云天减三劫者，其义云何？谓从变易地[2]	无云天减三劫者，谓从下变易地入上不变易地难，故减三劫也。此天已下，诸天有其□承持为地，此天已上，无有其云承持为地，齐此天为限约，故曰无云也。	

① 阎浮檀金与南赡部洲有关，慧琳《一切经音义》云："南赡部洲（时染反，去声，梵语，此大地之总名也。古译或名谵浮，或名琰浮，或名阎浮提，皆梵语讹转也，正梵音云潛谟立世。《阿毗昙论》云：有赡部树生此洲北边，泥民陀罗河南岸，正当洲之中心，北临水上，于树下水底南岸下有赡部黄金，古名阎浮檀金树，因金而得名，洲因树而立号，故名赡部，音如谵音，之叶反，潛音蚕览反，览字取上声呼之）。"CBETA，T54，no.2128，p.314c15-17。

② 谓从变易地：S.5600至此终。

第21条，P.2335书于正面《成实论义疏》行间，系对P.2335v的补记。[①]此条内容当出自《大智度论》："譬如日出，盲者不见；雷霆振地，聋者不闻。"[②]此喻屡被征引，如晋释道恒《释驳论》云："夫日月丽天，而瞽者不睹其明；雷电振地，而聋者不闻其响。是谁之过与？"[③]吉藏在《维摩经略疏》中也说："有闻得闻，不闻应不闻，如雷霆震地，聋者不闻也。"[④]

其实，《维摩诘所说经》本身即有类似内容：

> 佛知其念，即告之言："于意云何？日月岂不净耶，而盲者不见？"对曰："不也，世尊！是盲者过，非日月咎。"[⑤]

P.2273《维摩诘义记》对此释曰："日月岂不净而盲者不见者，讥其不达。以盲者为况，此举譬以况上日月天子乘诸宫殿行照四天下，是所照之处。日月天子喻于如来，宫殿喻净土之行，所照之处喻净土果报，盲喻秽土众生。日月岂不净者，日月所照之处，岂可不净，以喻如来国土岂有不净。而盲者不见，盲人无目，不见所照处，以众生罪业，不见净国也。"[⑥]

第30条，同样书于P.2335正面《成实论义疏》行间。从所抄位置来看，P.2335此条当系对P.2335v薄俱罗长者的补记，具体考证参拙文《P.2335v〈维摩手记〉考》。

表15中剩下的第22—29、31条均可归为佛教的世界观，系对"人主""四天下""天"等概念的阐释。比如僧肇在解释《方便品》中"若在刹利，刹利中尊，教以忍辱"时说：

> 刹利，王种也，秦言田主。劫初人食地味，转食自然粳米。后人情渐伪，各有封殖，遂立有德，处平分田。此王者之始也，故相承为名焉。其尊贵自在，多强暴决意，不能忍和也。[⑦]

① 关于P.2335，参拙文《南北朝成实论学新证——P.2335〈成实论义疏〉考》，《中华文史论丛》2023年第4期，第163—179页。

②《大智度论》卷九，CBETA，T25，no.1509，p.126b18-19。

③《弘明集》卷六，CBETA，T52，no.2102，p.37a29-b2。

④《维摩经略疏》卷五，CBETA，X19，no.343，p.237a7-8。

⑤《维摩诘所说经》卷上，CBETA，T14，no.475，p.538c8-10。

⑥ 图版见于荣新江主编：《法国国家图书馆藏敦煌文献》第49册，上海：上海古籍出版社，2023年，第6—58页。Gallica有彩图。P.2273未为历代大藏经所收，且尚无整理本，此为笔者据彩图录出。

⑦《注维摩诘经》卷二，CBETA，T38，no.1775，p.340b11-15。

又，BD6499《维摩手记》云：

刹帝利，此云国主，《俱舍论》云："劫初如色天，后渐增贪味，由堕贮贼起，为防雇守田。"论云："劫初时人皆如色界者，彼时人有色意成，支体圆满，诸根无缺，形色端严，身带光明。腾空自在，饮食喜乐，长寿久住。有如是类，地味渐生，其味甘美。时有一人禀性耽味，嗅香取食，余人学之，竞取而食。初受段食，身渐坚重，光明隐没，黑暗便生。日月众星，从兹出现。地味便隐，乃有地皮饼生。竞耽食之，地饼复隐。林藤出现，耽食故林藤复隐。有〔非〕耕种，香稻自生。粗故残秽在身，为欲蠲除，便生二道，遂有男女根生。由宿习力，便相瞻视，人中欲鬼初发此时。有人懒堕（惰），取稻贮积，随所收处，无复再生。遂共分田，于己田悋，他田侵夺。众共念议，立一有德人，各以所收六分之一，雇令防护，封为田主，因兹立刹帝利名。大众钦承，恩流率土，复三末多王，自后诸王，此王为首。"

这些解释文字正与第22、23条对应。

《净名经关中释抄》在解释《维摩诘所说经·佛国品》中"大威力诸天"[①]时说：

大威力诸天者，一欲界六天……二色界有十八天……

释此诸天，五门不同。一明身量，《俱舍论颂》云："赡部洲人量，三肘半四肘（原注：肘二尺五寸）；东西北洲人，倍倍增如次。"释曰："赡部洲人身长六尺，东洲倍南，西复倍东，北复倍西也。""欲天俱卢舍，四分一一增。"释曰："俱卢舍二里，四分增一者，初天半里，乃至第六天长三里。""色天踰缮那，初四增半半，此上增倍倍，唯无云减三。"释曰："谓梵众半由旬，梵辅一由旬，大梵一由旬半，少光二由旬。此上增倍倍者，无量光四由旬等也，唯无云天于增数内减三由旬。"

二明寿量……三明初生量……

四天宫相去……又诸部宗及大乘言有色义如别也。又三趣寿量如何，畜生寿命多无定限。若寿极长，亦一中劫。鬼以人间一月为一日，乘斯成岁，寿五百年。地狱寿不定。八热地狱者等活，与四天王寿同。黑绳、众合、号叫、大号叫、炎热，此五如此，同欲五天。"极热半中劫，无间中劫全。"大乘经亦有云：八万四千劫等八寒地狱。……

①《维摩诘所说经》卷上，CBETA，T14，no.475，p.537b19。

五受生差别者，人傍生具四。地狱及诸天中有唯化生，鬼通胎化二。八寒地狱者，一頞部陀，此云疱；二尼剌部陀，此云疱裂，此二寒故胞生；三頞哳吒，四臛臛婆，五虎虎婆，此三忍寒声；六嗢钵罗，此云青莲；七钵特摩，此云红莲；八摩诃钵特摩，此云大红莲。此三寒身也。

《净名经关中释抄》这段对“大威力诸天”的解释正可与S.5600中剩余条目呼应。

六、结论

S.5600是一件颇不起眼的小册子，内容杂乱，本文对其内容逐条剖析，与多种藏内藏外文献进行对比，考证这些内容之间的内在关联，认为它们均与《维摩诘所说经》有关。从物质形态来看，S.5600作为一件册子本，携带方便，翻检便利，将31条相对独立的文字抄为一册，很可能是僧人为讲经而准备的讲义，或者是人们听讲而做的笔记。因此，笔者将其拟名为《维摩手记》。从内容来看，S.5600深受道液《净名经集解关中疏》和《净名经关中释抄》的影响。

本研究还提示我们，某些习以为常的认识很可能会误导我们探索的方向。“张僧繇为志弘画像传说”可谓是S.5600和P.2335v中最具魅力的部分，时空颠倒，移花接木，因此也是最为学界瞩目的史料。但我们却往往先入为主，以为十一面观音必属密教，而忽视了经典背后更为鲜活的人物。文本必赖人物而有生命力，其意义也是在阅读与传播中产生。因此，历史语境中人物的交往与活动是我们理解文本的重要背景，离此背景，恐难以窥见历史的本来面貌。

〔作者严世伟，南京师范大学文学院。南京，210023〕

读《御产部类记》小札*

陈睿垚

摘　要：日本史的研究史料中除古文书外，还有一种史料种类——古记录（日记）。古记录（日记）因其多样性、可靠性、连贯性及一致性备受日本史研究者重视。脱胎于古记录（日记）的部类记则是研究法制史、礼制史、仪制史、政治史时极为重要的史料，且因平安中后期国史编纂事业终结，甚至可以说古记录（由古记录整理、汇集而成的部类记）是研究该时期的不可或缺的史料种类。本稿在介绍古文书、古记录（日记）定义的基础上，对部类记与《御产部类记》进行简单解说。

关键词：古记录；部类记；御产记录

一、古文书与古记录（日记）

日本的古文书研究，大致以中世的古文书为中心，围绕其样式的变迁与功能进行检讨。[①] 文书的发出方、文书的接收方、文书的具体内容为构成古文书的三大要素，缺一不可。因此产生了一个问题，即古代律令制下依据“公式令”而制作的“律令文书”，如正仓院文书中的“户籍”、“计账”（纸背文书），中世的“图田帐”“检注帐”，近世的“乡帐”“宗门改帐”等文书，这些账簿虽然只是作为国家治理的一环而制作的文

* 本文为国家社会科学基金青年项目“中日比较视野下的日本古代时空观与王权构建研究”（项目批准号：23CSS024）、“中国博士后科学基金第75批面上资助”（资助编号：2024M753643）的阶段性研究成果。

① 关于日本的古文书研究，参照［日］佐藤进一：《新版　古文書学入門》，东京：法政大学出版局，2003年；［日］杉本一树：《日本古代文書の研究》，东京：吉川弘文馆，2001年；［日］富田正宏：《中世公家政治文書論》，东京：吉川弘文馆，2012年；［日］小岛道裕：《中世の古文書入門》，东京：河出书房新社，2016年；等等。另外，国立历史民俗博物馆于2018年末以“东亚古文书与日本古文书——形式与功能的比较”为题举办了国际学术研讨会，详参［日］小岛道裕、［日］田中大喜、［日］荒木和宪编：《古文書の様式と国際比較》，东京：勉诚社，2020年。

书，但皆是由下级官厅制作并提交上级官厅的文书，古文书的三要素皆备，也应被称作“古文书”。[①]

与古文书相对，还有一类在古代文书中占比较大的文书种类——古记录。[②]古记录为面对非特定对象而撰的古代文书，一般以天皇、贵族等公家为中心，包含男性僧侣与武家，用变体（日式）汉文所写的记录。其中记录在具注历空白处的为“历记”，如“外记日记”“内记日记”“殿上日记”等朝廷官员的公日记与《御堂关白记》《小右记》等贵族个人的私日记，也称日次记。顾名思义，日次记即是记载当日已发事件的日记。

（一）公日记

平安时代的公日记中，外记日记与殿上日记留存至今。外记为太政官所属事务官，外记将职掌下相关事务记录在册，此记录为外记日记（内记则为中务省所管）。换言之，外记所记载的事项与地下（未成为天皇近臣的外层官员）或外廷相关。至于平安时代末期，外记日记的记录慢慢废绝，外记日记的属性也由公日记转为私日记，由外记私下记录。另外，外记日记的逸文可见于《西宫记》与各种部类记中。与之相对，殿上日记是由藏人（随天皇更替而更替的天皇近臣）所记录的当值日志，记载的是殿上（被允许进入清凉殿的近臣）或内廷相关的事项，如《侍中群要》藏人式中所载宇多天皇的敕命“当番记事，无大小慎勿遗脱焉”（图1）。殿上日记与公卿、殿上人等的私日记在内容上有所重复，因此很快被淘汰，遗文较少。公、私日记在内容与性质上可以互补，是管窥平安时代朝廷内外制度的重要史料。

（二）私日记

现存最早的私日记为《正仓院文书》天平十八年（746）具注历（图2、图3）中的内容。从《宇多天皇御记》仁和三年（887）十一月十七条的“宇多天皇即位式”开始，天皇以下皇族、摄关以下公卿、官人、武家、僧侣、学者等各阶层开始写日记，记叙的内

① 丸山裕美子认为，至今为止，日本的古代古文书研究皆以公式令所规定的官方样式文书为中心进行讨论。但是不论在中国唐代还是在日本古代，公式令式文书只是公文书的一部分，此外还有依据“书仪”制成的书状式公文书。参见［日］丸山裕美子：《「表状牋啓書儀」の受容と日本の古代文書：東アジア古文書学の構築に向けて》，日本学术振兴会基盘研究（C），科研费23K00845。

② 关于日本的古记录（日记）研究，参照［日］星野恒：《歴世記録考》，《史學叢説》第1集，东京：富山房，1909年；［日］玉井幸助：《日記文学概説》，东京：国书刊行会，1945年；［日］斋木一马：《古記録の研究　上下》，东京：吉川弘文馆，1989年；［日］仓本一宏编：《日記・古記録の世界》，京都：思文阁，2015年；等等。

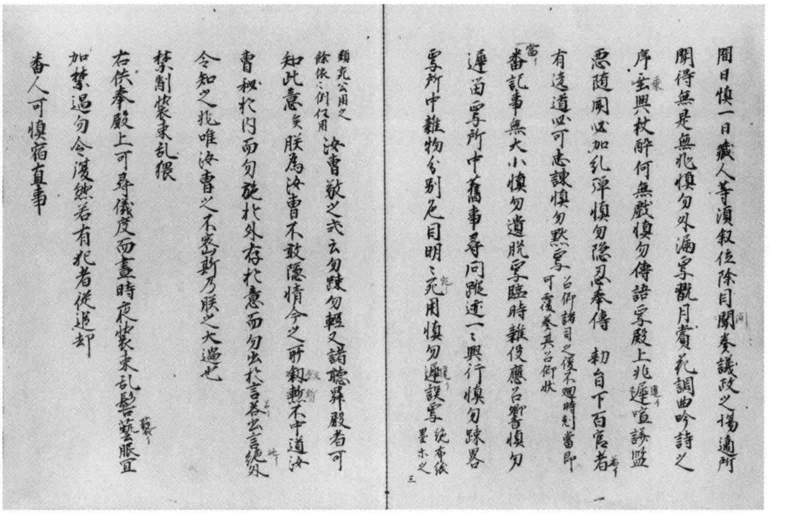

图1 《侍中群要》（宫内厅书陵部藏，江户时期写本）①

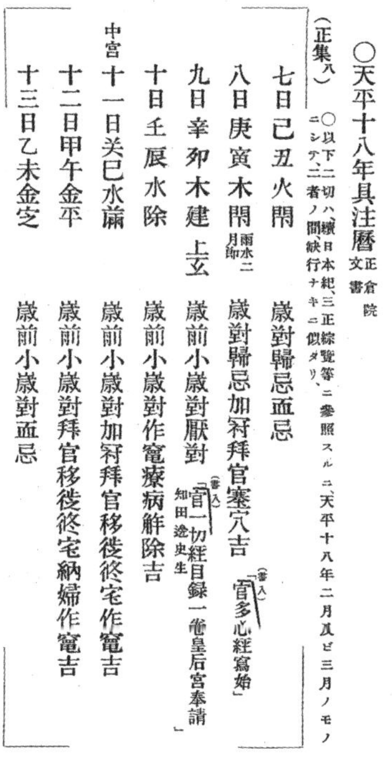

○天平十八年具注暦 正倉院文書
（正集八） ○以下二切ハ續日本紀、三正綜覧等ニ参照スルニ、天平十八年二月及ビ三月ノモノニシテ、二者ノ間缺行ナキニ似タリ、
七日己丑火閉 歳對歸忌血忌
八日庚寅木閉 雨水二月節 歳對歸忌加冠拜官塞穴吉 「（書入）官多心経寫始」
九日辛卯木建 上玄 歳前小歳對厭對 「（書入）官一切経目録一巻皇后宮奉請 知田造史生」
十日壬辰水除 歳前小歳對作竈療病解除吉
中宮 十一日癸巳水滿 歳前小歳對加冠拜官移徙修宅作竈吉
十二日甲午金平 歳前小歳對拜官移徙修宅納婦作竈吉
十三日乙未金定 歳前小歳對血忌

图2 天平十八年具注历②
（《大日本古文书》卷二，第570页）

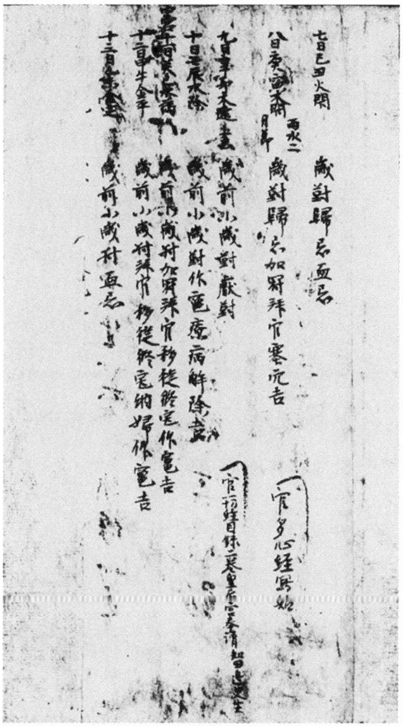

图3 天平十八年具注历③
（《正仓院文书》正集第8卷中仓15）

① 图片引自国文学研究资料馆“国書データベース”数据库，https://doi.org/10.20730/100236769。

② 图片引自东京大学史料编纂所“奈良時代古文書フルテキストデータベース”数据库，https://clioimg.hi.u-tokyo.ac.jp/viewer/view/idata/850/8500/05/0002/0570?m=all&s=0570&n=20，或参见东京大学史料编纂所编：《大日本古文書·编年文書》卷二，东京：东京大学出版会，1998年，第570页。

③ 图片引自宫内厅正仓院事务所，https://shosoin.kunaicho.go.jp/documents?id=000011068&index=7。

容也因身份、职务不同而有异。[①]

别记虽也为日记，但与日次记的属性甚异。别记甚至可以看作日记的补充，记载对于日记中需要详细记录、留待后日或后人参考的特殊事项。如《政事要略》卷二九年中行事十二月下追傩事所引延历九年（790）的“外记别日记”。

此外，部类记、纸背文书、具注历等也属于古记录。[②]

日本平安时代的日记之所以多数留存至今，原因有二：其一，与中国不同，古代日本的正史编撰仅持续到仁和三年（887），延喜元年（901）奉上《日本三代实录》之后，就再未编纂正史；其二，《内里式》《贞观仪式》等敕撰的仪式书，格与式的编纂、修订工作也再未开启。这两个要因造成公卿贵族等在行政上（政务、仪式）有疑惑之际，没有先例可参照。因此，记录日记的必要性及迫切性与日俱增。当然，也因为正史、三代格、三代仪式的存在，9世纪前的日记几乎全部散逸。

藤原氏九条流之祖藤原师辅留下的《九条殿日中行事》载：

日中行事　　九条右大臣
先起称属星名七遍微音
其七星贪狼者子年巨门者丑
亥年禄存者寅戌年文曲者卯
酉年廉贞者辰申年武曲者
未巳年破军者午年
次取镜见面　次见历知吉凶
次取杨子向西洗手
次诵佛号及可念寻常所尊
重神社　次记昨日事（事多日中可记）
次服粥　次梳头（三ヶ日一度梳日々不梳）次除手足甲（丑日）
（后略）

从此遗诫当中可知，师辅告诫后世子孙每日应行之事中就有记日记一事。关于日记中记载的内容，《九条殿日中行事》载：

① 现存最早的内记日记为《柱史抄》下野行幸事所引仁和二年（886）十二月“芹河行幸内记日记”，最早的外记日记为后文所述《政事要略》卷二九年中行事十二月下追傩事所引延历九年（790）的“外记别日记”。

② 关于古记录（日记）、具注历等的定义，参见［日］近藤好和：《“日記”という文献：その実態の多様性》，载［日］仓本一宏编《日記・古記録の世界》，第27—47页。

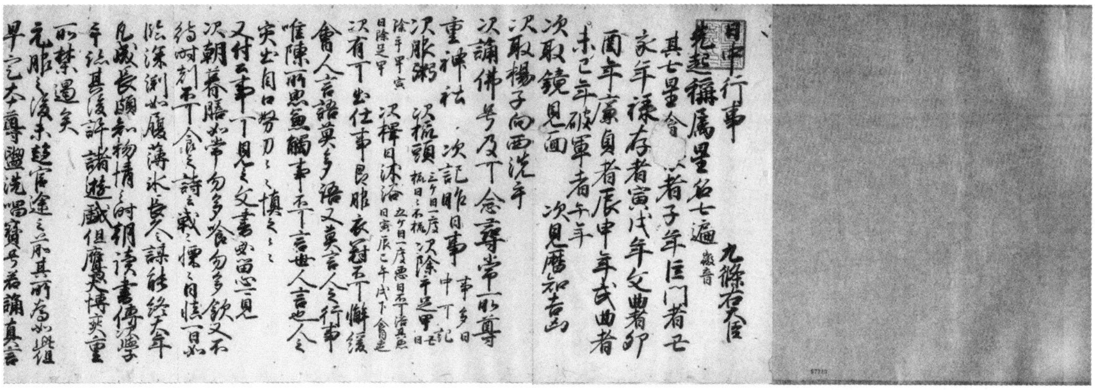

图4　《九条殿日中行事》（宫内厅书陵部藏）①

> 次见历可知日之吉凶，年中行事略注付件历，每日视之次，先知其事，兼以用意。又昨日公事若私不得心事等，为备忽忘，又聊可注付件历，但其中要枢公事，及君父所在事等，别以记之可备后鉴。②

师辅子孙也确实遵照祖先遗训，在日记中勤勤恳恳记载每日之事。此文言及之“为备忽忘，又聊可注付件历”为“历记”，“别以记之”则为“别记”。

除了本人自己写下的日记，如师辅之孙藤原道长所记《御堂关白记》等外，也有诸多日记是由本人或是后人挑选、抄写部分重要内容传世至今，如藤原定家所记《明月记》等。仓本一宏认为日本的日记并不只代表个人或者家族的秘密，还是被同时代或后世贵族社会所共享的珍宝。③

（三）日记文学

进入平安时代之后，由女性（贵族）以假名记录的“日记”文学出现。如纪行文类的《土佐日记》《十六夜日记》，回忆录类的《蜻蛉日记》《更级日记》，御产记录类的《紫式部日记》，歌日记类的《和泉式部日记》，等等。虽然上述这些文学作品都被称为“日记”，但从严格意义上来说，有些归类于日记的话稍许欠妥，《更级日记》中就有作者创作的部分。与其将此类文学作品称作日记，不如将其称作“故事”。比起《更级日记》等文学作品，样态上《枕草子》虽然没有附上日期，但内容上如实地记载每日所发生的事件，在属性上更符合日记的定义。④如后文所述，《紫式部日记》虽也被

① 图片引自国文学研究资料馆“国書データベース”数据库，https://doi.org/10.20730/100179361。
② 东京大学史料编纂所编：《大日本史料》第1编之10，东京：东京大学出版会，1971年，第719—720页。
③［日］仓本一宏：《序に代えて：日記と古記録について》，载仓本一宏编《日記・古記録の世界》，第v页。
④ 同上书，第i页。

看作文学作品，但却属于严格意义上的日记，且具有其特殊性。

二、部类记与《御产部类记》

中国古代类书是区分门类的“百科全书”和“资料汇编”的综合体。类书初现于三国时期，黄初年间（220—226）魏文帝命群儒撰修《皇览》；发展于南北朝时期，出现《华林遍略》720卷、《修文殿御览》360卷等大型类书，此等类书内容皆从各种文献中分类、摘录而出。类书的编纂非常重视经典，作为今日类书代表的宋初敕撰《太平御览》1000卷，就是以《修文殿御览》为基础扩增而成的。日本古代在隋唐文化的影响下，于平安时代初期出现首部类书——《秘府略》。[①]其后，以类聚国史等类书的编纂为背景的部类记出现，各种部类记的编修一直持续至江户时期终焉。那究竟何谓部类记？部类记的定义是：从日记等古记录中摘抄出关于特定的事项的记文并按类别编集之典籍。进入平安时期后，在上述类书的编纂背景下，随着朝廷内的仪式做法日渐繁细，为便于公卿大夫援引先例，部类记便顺势现世。[②]

桥本义彦整理平安中期至江户末期的所有部类记后将其分为4类：（Aa）单一记录中抽出的单一事项，如《左经记类聚杂例》（丧葬相关）、《山槐记除目部类》（官员任命相关）等为现存最古Aa类部类记；（Ab）单一记录中抽出的多种事项，如《延喜天历御记部类抄》、《中右记部类》（藤原宗忠将自己的日记进行编集，现存写本13卷）等；（Bc）多种记录中抽出的单一事项，如《大尝会部类记》《御产部类记》和《东宫御元服部类记》等以朝廷仪式为中心的部类记；以及（Bd）多种记录中抽出的多种事项，如《礼仪类典》《朝仪部类》等大型部类记。并指出从编纂的趋势来看是从A类向B类发展，并且是b类现世后才逐渐出现a类与c类，而d类这种引用庞大数量的记录撰成的“浩瀚型”部类记最后才出现。[③]

《御产部类记》是将各文书记录中关于天皇、皇子、皇女诞生的相关内容抽出后汇集而成的部类记。内容上围绕诞生前的着带、祈祷、产所行启，诞生后的三夜、五夜、七夜、九夜，甚至是行始、五十日仪、百日仪、鱼味始、立亲王、立太子、侍所始等。[④]

---

① 关于中国古代类书的定义参见胡道静：《中国古代的类书》，北京：中华书局，2005年，第1—19页。关于日本的类书参见［日］大隅和雄：《事典の語る日本の歴史》，东京：讲谈社，2008年。

② 关于部类记的研究参见［日］桥本义彦：《部類記について》，载《平安貴族社会の研究》，东京：吉川弘文馆，1976年，第351—376页。

③［日］桥本义彦：《部類記について》，载《平安貴族社会の研究》，第356页。

④ 关于《御产部类记》的说明皆参照宫内厅书陵部编：《图书寮丛刊　御产部类记下》解题，东京：明治书院，1982年，第261—272页。

《御产部类记》（图书寮丛刊，宫内厅书陵部）以镰仓时代写本、书陵部藏伏见宫本十九卷（伏·618）为底本，结合《伏见宫记录文书》第63—65三册（256 40）、《御产部类记》东山御文库敕56·23八册（N2231）、《九民记》东山御文库敕53·6一册（N1196）进行补充，并附上伏见宫本《后宫御着带部类记》镰仓末期写本一卷（伏·627）。收录平安初期的醍醐天皇至镰仓中期的贵子内亲王，共27位皇家后代诞生的记录。主要引用的记录包括前至《本朝世纪》后至《公相公记》共46种记录。

《御产部类记》十九卷中，卷一为目录部，卷二至卷十六为本文，卷十七至十九为附属部。从卷二开始，按时代记录从仁和元年（775）正月十八日诞生的醍醐天皇，记录至卷十九末的弘长二年（1262）六月二日诞生的后深草天皇皇女贵子内亲王，共计皇子24人、皇女2人，皇子中20人即位成功。卷十七以后的三卷为10通勘例与定文。从卷十七末尾处《代々浴殿读书役》中将后深草天皇称为“新院”、龟山天皇称为“当今”可知此书大致的成书时间。

《御产部类记》十九卷的书写时间为镰仓时期，除卷十三、十四为同一人笔迹外，其他各卷的笔迹均不相同，部分卷次为同一时期书写，但整体的书写并非于同一时期完成。除卷十一外，卷二至卷十六的内容上下方皆以墨线为界（图7文字上下方皆有清晰墨线，图6文字上下方则无）。

《御产部类记》卷二至卷十六（本体部）一般先列举诞生皇族之名、注其父母名及讳。其次，胪列所引记录名，并注兼日事、御诞生、产养、同已后仪等记载的内容，附上记文。

如前文所述，《御产部类记》中的内容皆摘自各种古记录，因所引古记录大部分为私日记，因此各人的记录在内容上，虽有着一致性（因日记主人性格不同，记叙方式上有很大差异），但也有对于同一事件记载不同的情形。图7所示《御产部类记》卷四后一条院诞生冒头部分如下：

御产部类记

后一条院〈兼日事 御诞生 御产养

同已后仪〉

最初欠记不知记者

自宽弘五年九月十一日至同年十一月十七日

权记　自宽弘五年三月十九日至同年九月十九日

不知记　四ヶ　自宽弘五年八月十一日至同年十一月十一日　墨付廿

三枚

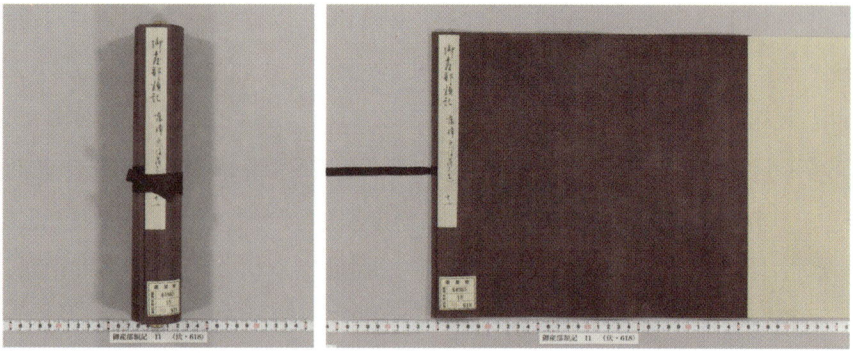

图5 《御产部类记》卷十一（伏·618）卷与表（宫内厅书陵部藏）[①]

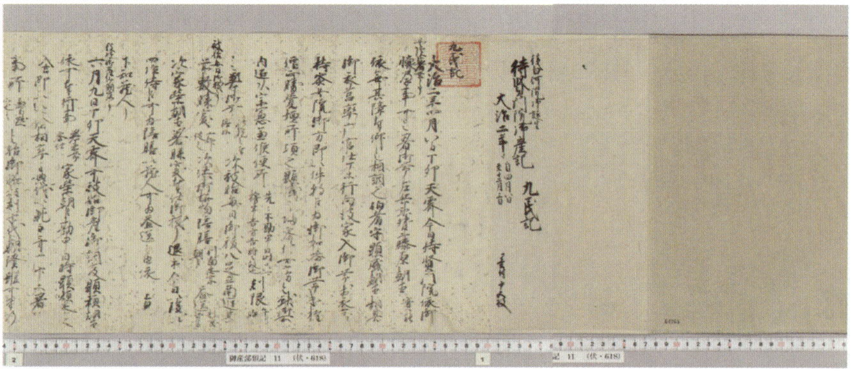

图6 《御产部类记》卷十一（伏·618）4、5（宫内厅书陵部藏）[②]

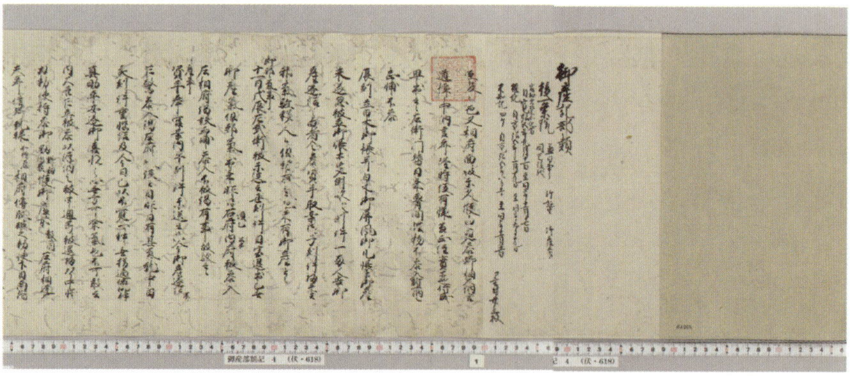

图7 《御产部类记》卷四（伏·618）4、5（宫内厅书陵部藏）[③]

① 图片引自“書陵部所蔵資料目録・画像公開システム”，https://shoryobu.kunaicho.go.jp/Toshoryo/Detail/1000649650000。

② 图片引自“書陵部所蔵資料目録・画像公開システム”，https://shoryobu.kunaicho.go.jp/Toshoryo/Detail/1000649650000。

③ 图片引自“書陵部所蔵資料目録・画像公開システム”，https://shoryobu.kunaicho.go.jp/Toshoryo/Detail/1000649650000。

□□々色又相府被示久候由见参卿相大纳言

道怀中纳言斋隆时俊有怀兼正经实等也行成

早出云々右卫门督日来腰间肿物不参入新中纳言

忠辅不参

（后略）

由上可知，《御产部类记》卷四采用了《权记》宽弘五年（1008）三月十九日至九月十九日间与一条上皇诞生相关的内容，此外还有4件不知名记录的八月十一日至同年十一月十日间的相关内容。所幸，同时期的诸多公卿贵族的记录多有所存，如参照东山御文库本《小右记》可得“□□々色”前缺为“色微”二字；据九条家本《小右记》则可得知在“色微々色”之前，还有前半部分的内容；同时证明第一个“不知记”实为从《小右记》摘出的内容；参照同时期（同时间）的诸记录还可得知当时“俊”（源俊贤）字之后或有“参”字。

此外，前文所提及的《御堂关白记》与《紫式部日记》皆为同一时期的古记录（日记）。[①]诸记录对于同一事件的关注点、叙事方式、翔实程度皆不同，甚至关于许多仪式进行时间的记忆也不尽相同。丸山裕美子将《御产部类记》《紫式部日记》《御堂关白记》中关于后一条天皇诞生之日（宽弘五年九月十一日）的各事项进行整理，结果如表1：[②]

表1 《御产部类记》《紫式部日记》《御堂关白记》
（宽弘五年九月十一日敦成亲王诞生）

事项	紫式部日记	小右记	权记	不知记①	不知记②	不知记③	外记日记	御堂关白记
调度改白	十日天明	十日辰刻	×	×	十日寅刻	×	×	×
加持祈祷	◎	○	×	×	○	×	×	○
散米	○	×	×	×	○	×	×	×
诞生	午刻	午时	午刻	午时	午刻	午时	午时	午时
勘申日时	×	○	×	×	○	×	×	×
御汤殿杂具	◎	○	×	○	○	×	×	○
乳付	◎	×	◎	×	○	○	×	○
读书博士	◎	◎	◎	◎	◎	◎	×	◎
鸣弦	○	×	×	○	◎	○	×	○
御剑敕使	◎	◎	×	◎	◎	×	×	◎

①《御堂关白记》为藤原道长之日记，道长之女彰子为一条天皇之后、后一条天皇之母。《紫式部日记》的作者为彰子女房，与彰子亲近，备受道长的重视，从其日记可见到男性公卿贵族难以见到的内廷场景。

② 表格引自［日］丸山裕美子：《清少纳言与紫式部》，东京：山川出版社，2015年。

续表

事项	紫式部日记	小右记	权记	不知记①	不知记②	不知记③	外记日记	御堂关白记
御汤殿仪	酉刻	×	×	戌刻	戌刻	酉刻	×	酉时
夕御汤殿仪	○	×	×	入夜	子刻	×	×	○

（注：○：有记述 ◎：详细记述 ×：无记述）

由上可知，作为侍奉彰子的内廷女官，除阴阳师勘申杂事日时内廷女官难以接触，或是毫无兴趣并未记录外，相较于其他男性公卿，《紫式部日记》对于各事项的记载都更加详细。而藤原实资在《小右记》中，对于各事项的详细记载与对于不符先例之处的抱怨、对道长的批评也体现出实资作为小野流嫡系，不迎合道长的气概。

三、结语

如佐藤进一所述，明确古文书作为史料的价值，将此作为一门学问进行研究、利用其成果是古文书学研究的现状。换言之，从历史学的角度来看，古文书学是历史学的补充学科。日本留存至今的大量的古文书是古代人生活的直接产物，从正确性与具体性来讲，是最有力的史料之一。古记录（日记）未经编纂者润色，忠实反映日记主本人所想、所见之经历，具有古文书所不具备的连贯性与一致性，便于研究者对史料内容的理解。[①]与古文书相比，古记录（日记）的可信度也更高。

此外，古记录（日记）不仅对研究日本古代的政治、制度极有助益，也是研究女性后妃、仪制、经济、天文与灾害的重要史料。[②]

附记：本稿在资料搜集与撰写的过程中，受到日本爱知县立大学日本文化学部丸山裕美子教授，中国社会科学院古代史研究所、敦煌学研究中心陈丽萍副研究员，国际日本文化研究中心共同研究员龚婷博士与林士谨学兄的帮助，谨致诚谢。

〔作者陈睿垚，中国政法大学法律古籍整理研究所。北京，100088〕

① [日]佐藤进一：《新版　古文書学入門》，第4—5页。

② 参见[日]仓本一宏、[日]加藤友康、[日]小仓慈司编：《『小右記』と王朝時代》，东京：吉川弘文馆，2023年。

元明多语种合璧文书书写形式的传承性*

乌云高娃

摘　要：元代文书行政普遍存在两种文字或两种以上文字合璧的文书书写形式特征。这种多语种合璧文书书写形式为明朝所继承。明初在外交文书、羁縻卫所文书、边疆地区文书的书写过程中广泛应用多语种合璧文书书写形式。元明这一多语种合璧文书书写形式的传承性影响到明朝中后期及清朝多语种合璧文书书写形式。现存西藏和青海地区的多语种合璧文书和非汉文印章，充分反映了西夏、元、明、清时期，作为国师或法王印章所用文字的梵文和八思巴字在西藏地区得以长时段应用。可见，元代多语种合璧文书加盖八思巴字或梵文印章的传统在西藏地区的影响较为久远，且对后世影响深远。

关键词：元朝；明朝；多语种合璧；文书；印章

元朝文书行政存在着以多语言文字合璧的形式书写的现象，官方颁发的牌符及辞书、碑刻等也以多种语言文字合璧的形式书写。元代这种多语文合璧书写的特点，也影响到明清时期的番汉合璧文书、碑刻及以多语文合璧形式编撰的辞书。[①]除汉文文书之外，两种文字或两种以上文字合璧的文书书写形式是元代文书的普遍特征。这种多语种合璧的文书书写形式为明朝所继承，在明初的外交文书、羁縻卫所文书、边疆地区文书书写过程中得到了广泛应用。其后形成了明朝中后期及清朝多语种合璧文书的书写形式。

明朝与唐宋时期相同，汉语为官方通用语，文书行政以汉语言文字书写为主。唐宋明朝这一文书行政体系与元朝双语合璧文书以及多语种合璧文书行政体系特征有所不

* 本文获中国社会科学院学科建设“登峰战略”资助计划“优势学科”“隋唐宋元史”资助，编号DF2023YS16。

① 乌云高娃：《元代多语文合璧书写形式及其对明清的影响》，《中国史研究动态》2018年第5期，第51页。

同。关于番汉合璧文书的起源问题，由于现存文书有限，很难确定其起始时间。从现存西藏拉萨大昭寺门前长庆三年（823）所立的唐蕃会盟碑（这是为纪念唐朝与吐蕃于长庆元年［821］双方会盟成功而立的碑）来看，盟文以汉文、藏文两种文字合璧书写、刻石。可以说，这是现存较早的汉藏合璧书写的文书典范。

元朝在全国范围内普遍实行双语合璧或多语种合璧的文书书写形式。但是，从现存的文书来看，明朝虽然继承了元朝多语种合璧文书书写形式，但是，其颁发范围与元朝有着明显的差别，明朝给中原地区的文书及东亚等国家的外交文书以汉文书写为主。从明朝多语种合璧文书颁发的范围来看，主要是给西藏等边疆地区，鞑靼、女真等羁縻卫所、奴儿干都司的文书，以及给伊朗等国家的外交文书，这些文书均继承了元朝多语种合璧文书书写形式。元明两朝在多语种合璧文书书写形式方面有着传承性，并对后世产生深刻影响。正确认识元明两朝多语种合璧文书书写形式的传承性，对了解元明鼎革时期，元朝制度、文化、文书行政书写体系对明朝的影响有所裨益，也为正确认识中华文明的统一性、传承性提供历史依据及当代启示。

一、元代多语种合璧文书及其书写特征

元朝作为统一的多民族国家，其治理模式、边疆政策、民族融合具有独特特征。元代官方通用语不仅局限于汉语，蒙古语、波斯语也是官方通用语言。成吉思汗建立大蒙古国之前，蒙古人本无自己的文字。1204年，成吉思汗西征时，获乃蛮部的掌印官塔塔统阿，并从他身上找到乃蛮部君主的金印。塔塔统阿精通畏兀儿文字，成吉思汗便命他“教太子诸王以畏兀字书国言”。①蒙古人自此开始借用畏兀儿文字母书写蒙古语，其诏书、圣旨等文书使用畏兀儿字书写，并以大蒙古国的名义使用乃蛮部的金印。②

《黑鞑事略》记载：“鞑人本无字书，然今之所用，则有三种：行于鞑人本国者，则只用小木，长三四寸，刻之四角。……此小木即古木契也。行于回回者则用回回字，镇海主之。……行于汉人、契丹、女真诸亡国者只用汉字，移剌楚材主之。”③

大蒙古国时期官方通用语言文字有蒙古语、汉语、波斯语。这一传统在忽必烈继位，将大蒙古国国号改为“大元”之后，仍然沿用。至元六年（1269），元世祖忽必烈

①《元史》卷一二四《塔塔统阿传》，北京：中华书局，1976年，第3048页。

②［法］雷纳·格鲁塞：《蒙古帝国史》，龚钺译，北京：商务印书馆，2009年，第249页。

③［南宋］彭大雅、徐霆：《黑鞑事略》，载王国维《蒙古史料校注四种》，第3页。此处“移剌楚材”即指耶律楚材。

命帝师八思巴，以藏文字母为基础，创制蒙古新字，即八思巴字，并规定了蒙古新字的使用范围。《元典章》记载："至元六年二月十三日，特命国师八思巴创为蒙古新字，译写一切文字。期于顺言达事而已。自今以往，凡有玺书颁降，并用蒙古新字，仍以其国字副之。"[①]可见，元朝创制八思巴字之后，忽必烈规定元朝往来文书以两种文字合璧的形式书写，即蒙古新字与当地通用的文字并行。也就是说，元朝规定凡以八思巴字书写的诏书，应附上接受诏书的地方和国家的通用文字。[②]

元朝有汉文、八思巴字、回鹘文、回鹘式蒙古文、藏文、西夏文、波斯文、梵文等多种语言文字合璧的文书、题记等，出现多种民族语言文字并行的"多元"格局。元代并不禁止多种文字的使用，因此在官方行政文书中，出现多种语言文字合璧的书写形式。至正八年（1348），以汉文、藏文、八思巴字、回鹘文、西夏文和梵文等六种文字合璧形式书写的敦煌莫高窟六字真言碣"唵嘛呢八咪吽"，是元代多语种合璧的代表性题记。元大都西北长城要塞居庸关云台刻有元顺帝至正五年（1345）以汉字、梵文、藏文、八思巴字蒙古文、回鹘文、西夏文等六种文字刻写的佛教经文，是元代以六种文字合璧形式书写的规模较大的石刻资料。[③]元朝给少林寺、西藏、伊利汗国、高丽等颁发的文书大多是以汉字、八思巴字、波斯文、蒙古文合璧形式书写的。可以说，元朝颁发给中国境内的诏书和海外的外交文书以多语种合璧形式较为普遍。

元朝统治者在国内外颁发文书时，除了规定以蒙古文字书写之外，还要附上以接受地区的语言文字书写的文书副本。于是，元代的文书、碑刻、牌符、辞书等出现以多种语言文字合璧形式书写的情况。如在中原汉地、女真、高丽等处颁发的文书以蒙古文、汉文合璧的形式书写，给西藏等地的文书则用汉文、蒙古文、藏文合璧的形式书写，给畏兀儿等地的文书则用蒙古文和突厥语、畏兀儿文合璧的形式书写，给中亚颁发的文书则以波斯文和蒙古文合璧的形式书写，给法兰西等欧洲国家的书信则以拉丁文、蒙古文、波斯文合璧的形式书写。[④]

现存元定宗元年（1246）贵由汗致教皇英诺森四世的文书，文书正本是以畏兀儿体蒙古文书写的，再由译官翻译成波斯文和拉丁文，文书中间和结尾加盖畏兀儿体蒙古文印章。这一文书的波斯文本中，开头的与蒙古文对应的"mungke tengri in küčün dür ,

① 《元典章》卷一，"诏令行蒙古字"条，台北故宫博物院影印元刻本。

② 乌云高娃：《元代蒙古字学对朝鲜半岛的影响》，载刘迎胜主编《元史及民族与边疆研究集刊》第19辑，上海：上海古籍出版社，2007年，第79—80页。

③ 乌云高娃：《元代多语文合璧书写形式及其对明清的影响》，《中国史研究动态》2018年第5期，第52页。

④ 乌云高娃：《13世纪元朝与高丽的外交文书》，载中国社会科学院古代史研究所隋唐五代十国史研究室、宋辽西夏金史研究室、元史研究室编《隋唐辽宋金元史论丛》第10辑，上海：上海古籍出版社，2020年，第235页。

yeke mungγul ulus un dalai yin qaγan nu jarlig”（“长生天气力里，大蒙古国四海皇帝圣旨”）部分以突厥文书写。[①]印章的内容是“mungke tengri in küčün dür， yeke mungγul ulus un dalai yin qaγan nu jarlig，il bolγan irgen tur kürbesü büsiradüküi ayutuγai”（“长生天气力里，大蒙古国四海皇帝圣旨。颁到之处臣民，敬之畏之”）。[②]这一文书是大蒙古国时期典型的以多语种文字合璧书写的文书。文书以蒙古文、波斯文、突厥文、拉丁文等文字书写。元朝翻译事业发达，翻译人才辈出，不缺乏通突厥语、契丹语、女真语、蒙古语、汉语、波斯语、藏文、梵文的译者，在翰林院、国子学、蒙古字学、会同馆均设有通蒙古语、汉语、波斯语的译官，大多由契丹人、女真人、回鹘人充当。在蒙古翰林院、会同馆等机构设立蒙古、回回“必阇赤”（“bicigeči”）和“怯里马赤”（“kelemerči”）。蒙古翰林院是负责起草蒙古文文书的行政机构，“必阇赤”是撰写或翻译文书的译使。“怯里马赤”是指口译人员，即“通事”的蒙古语名称。[③]并且有通多种语言文字的译者。例如元朝译官相威和刘敏不仅通蒙古语，还掌握了诸国语言文字。[④]可见，在大蒙古国时期和元朝不缺乏能胜任多语种文书书写的“译使”和“通事”等译官。

现存的元朝纸质文书，国内有西藏博物馆收藏的元代颁发的八思巴字、藏文、汉文圣旨和懿旨，伊朗也留存着元朝颁发的蒙古文、波斯文文书。在内蒙古自治区赤峰市翁牛特旗有以汉字、八思巴字、畏兀儿体蒙古文三种文字合璧书写的碑，即元统三年（1335）所立“张氏先茔碑”、至元二年（1336）所立“全宁张氏先德碑”、至元四年（1338）所立“元代达鲁花赤竹温台碑”，均是元代多语种合璧书写的文书典范。“张氏先茔碑”碑阳刻有汉字额题“大元敕赐故荣禄大夫辽阳等处行中书省平章政事柱国追封蓟国公张氏先茔碑”。碑阴有八思巴字额题，其内容与汉文额题相同。碑阳刻有汉字楷书三千多字，碑阴有蒙古文译文。“全宁张氏先德碑”和“张氏先茔碑”位于内蒙古自治区赤峰市翁牛特旗梧桐花乡国公府鸡冠子山东南坡张氏家族墓地。“大元敕赐故诸色人匠府达鲁花赤竹公神道碑铭”在民国年间遗失，此碑的拓片最早由日本学者田村实

① [法]伯希和：《蒙古与教廷》，冯承钧译，北京：中华书局，1994年，第25页。这一文书的开头部分冯承钧汉译为“长生天气力，大民族全体之海内汗圣旨”。印章内容汉译为“长生天气力，大蒙古民族全体之海内汗圣旨。颁到臣服的民族，敬之畏之”。因为未发现蒙古文原文书，笔者认为波斯文文本中突厥语开头的“长生天气力，大民族全体之海内汗圣旨”是蒙古文文书“mungke tengri in küčün dür，yeke mungγul ulus un dalai yin qaγan nu jarlig”（“长生天气力里，大蒙古国四海皇帝圣旨”）的翻译。

② 道布：《回鹘式蒙古文文献汇编》（蒙古文），北京：民族出版社，1983年，第15页。

③ 乌云高娃：《13世纪元朝与高丽的外交文书》，载《隋唐辽宋金元史论丛》第10辑，第250页。

④ 乌云高娃：《东亚“译语”考——兼论元明与朝鲜时代“译语”意义之演变》，载南京大学民族研究所等编《元史及民族与边疆研究集刊》第14辑，海口：南方出版社，2001年，第173—174页。

造于1937年公布，中外学者根据这一拓片研究元代达鲁花赤竹温台的事迹。2022年7月14日上午9时许，在内蒙古自治区翁牛特旗武装部家属楼排污管道施工现场发现了此蒙汉合璧石碑。这一石碑的重见天日，为元代多语种合璧文书书写形式的研究提供了新资料。河南少林寺有一块蒙汉文合璧的圣旨碑。石碑上刻有畏兀儿体蒙古文和汉文、八思巴字四道圣旨。据日本学者松川節研究，四道圣旨中的两道圣旨应该是至元六年（1269）忽必烈命八思巴创制八思巴字之前的畏兀儿体蒙古文的文书。另外，以八思巴字书写的圣旨是忽必烈命八思巴创制八思巴字之后的圣旨。[①]山东、山西、甘肃、广东、北京等地区也保存着许多元代多语种合璧圣旨碑，刻有以汉文、蒙古文和八思巴字合璧形式书写的圣旨。[②]

从现存元代文书和圣旨碑来看，元朝多语种合璧文书以“mungke tengri in küčün dür，qaγan nu jarlig”（“长生天气力里，皇帝圣旨”）为开头是显著特征之一。忽必烈即位之后元朝多语种合璧文书以“mungke tengri in küčün dür ，qaγan nu jarlig”（“长生天气力里，皇帝圣旨”）为开头成为基本定式。文书落款以皇帝年号纪年为主。这与大蒙古国时期文书落款以十二生肖为纪年法的文书书写形式有所不同。大蒙古国时期以十二生肖为纪年法的文书书写形式应该是受突厥影响。忽必烈继位之后，元朝文书明显受中原汉法影响，落款以皇帝年号纪年。

元代官方文书加盖汉文印章或八思巴字印章。元代多语种合璧文书书写形式的另一个特点是书写文书的文字和所加盖的印章的文字有所不同。例如，以波斯文书写的文书使用蒙古文印章或八思巴字印章，以藏文书写的文书使用八思巴字印章，以八思巴字和汉字书写的文书使用汉字印章，等等。

元代文书书写形式的第三个特点是多语种合璧文书的开头或结尾处，常有以不同文字书写的情况。前述1246年贵由汗致教皇英诺森四世的文书，波斯语文书开头部分以突厥文书写，落款处加盖蒙古文印章。现存元代碑刻也有碑额以汉字、八思巴字书写，碑文正文以汉文和畏兀儿体蒙古文书写的情况。有些汉文碑刻结尾处有一行或两行畏兀儿体蒙古文和八思巴字。例如山东曲阜颜庙大德十一年（1307）“保护颜庙圣旨禁约碑”，碑文为汉字内容，左边有一行八思巴字和两行畏兀儿体蒙古文。[③]也有汉字碑文的

① [日] 中村淳、松川節：《新發現の蒙漢合壁少林寺聖旨碑》，载《内陆アジア言语の研究》VIII，中央ユーラシア学研究会，1993年，第5—7页。

② 详见照那斯图：《八思巴字和蒙古语文献》I研究文集、II文献汇集，东京：东京外国语大学，1990年；蔡美彪：《八思巴字碑刻文物集释》，北京：中国社会科学出版社，2011年。

③ 北京图书馆金石组编：《北京图书馆藏中国历代石刻拓本汇编》第48册，郑州：中州古籍出版社，1989年，第193页。

结尾处书写一行八思巴字的情况。例如山东曲阜颜庙1312年“颜庙晓谕诸人通知碑”[①]，文书落款加盖四枚八思巴字印章。也有汉文文字结尾处有畏兀儿体蒙古文或叙利亚文的碑刻。也有汉文文书结尾有八思巴字签名的现象。例如镇江焦山碑林第三室内收藏的元代延祐四年（1317）所刻“镇江路儒学复田记碑”，原碑上有八思巴字刻写的人名。[②]据金世光考证，这一以八思巴字刻写的人名应该是镇江路总管兼劝农事文伯要解。[③]可见，多族群人士参与元代多语种文字合璧文书的书写或翻译是较为明显特征，这充分彰显了元朝统一多民族国家文书行政体系的特点，也是元朝大一统国家治理多民族、边疆地区的显著特点。

总之，从现存的元代文书和圣旨碑来看，该时期普遍存在多语种合璧文书书写形式，且多族群士人参与到元代多语种合璧文书书写或文书翻译过程中是元朝文书行政的明显特征。

二、明代多语种合璧文书及其颁发范围

明代文书行政的主流趋势是继承了中原唐宋以来的汉文文书书写形式和特征。但是，明朝在与边疆民族交往过程中继承了元朝双语合璧的文书书写形式。明初继承元代多语种合璧文书书写形式特点，洪武、永乐时期出现番汉合璧文书书写形式，并对明朝中后期及清朝多语种合璧文书书写形式产生影响。从现存明代多语种合璧文书来看，有蒙汉文字合璧文书、汉藏文字合璧文书和蒙藏文字合璧文书。蒙汉文字合璧文书的颁发范围包括鞑靼、女真、西番、伊朗拉尔等地区，汉藏文字合璧文书和蒙藏文字合璧文书的颁发范围包括西藏、青海等地区。

西藏博物馆藏有明朝洪武、永乐、宣德、成化、弘治年间颁发的汉藏文字合璧圣旨、敕谕、诰命文书。土耳其伊斯坦布尔托普卡帕宫博物馆收藏有明朝景泰三年（1452）明代宗朱祁钰颁发给伊朗拉尔地区的汉蒙合璧的文书。柯立夫首次对这一文书蒙汉文进行注释。[④]该文书蒙古文部分由道布进行过转写。[⑤]2020年南京城墙博物馆征集

---

① 北京图书馆金石组编：《北京图书馆藏中国历代石刻拓本汇编》第49册，第23页。

② 刘昆、杨奎、袁道俊、杨瑞彬编著：《焦山碑刻》，苏州：古吴轩出版社，1992年，第31—32页。

③ 金世光：《元代“儒学复田”事件发覆——以〈镇江路儒学复田记碑〉为中心》，《西部蒙古论坛》2021年第4期，第29页。

④ Francis Woodman Cleaves, “The Eino-Mongolian Edict of 1453 in the Topkapi Sarayi Muzesi,” *Harvard Journal of Asiatic Studies*, Vol.13, No.3/4 (Dec 1950), pp.431-446.

⑤ 道布：《回鹘式蒙古文文献汇编》（蒙古文），第467—476页。

到一件蒙汉文合璧的诰命文书，这一文书是明永乐十二年（1414）明朝为设立哈儿分卫所颁发的诰命文书。特木勒首次对这一文书蒙汉文部分进行了研究，指出这一诰命文书应该是先有汉文文书，然后翻译成蒙古文文书。其蒙古文部分的翻译者很有可能是《敕修永宁寺记碑》所记蒙古文译者阿蓝不花（arambuq-a）。[①]永乐十一年（1413）明朝在奴儿干都司立"敕修永宁寺记碑"（现藏海参崴博物馆），石碑的正面刻有汉字，记载了设立奴儿干都司和建置永宁寺的经过。石碑背面刻有蒙古文和女真文，内容与正面汉字碑刻内容相同。这些文书的翻译很有可能由明四夷馆的译官担任。

明朝专门设立四夷馆，培养通蒙古语、女真语、藏语、波斯语、梵文、泰语等语言文字的翻译人才。《大明会典》记载："凡四方番夷翻译文字，永乐五年设四夷馆，内分八馆，曰鞑靼、女直、西番、西天、回回、百夷、高昌、缅甸，选国子监生习译。……正德六年增设八百馆；万历七年增设暹罗馆。"[②]可见，明四夷馆在永乐五年（1407）初设时，分为鞑靼、女直、西番、西天、回回、百夷、高昌、缅甸等八馆，后在正德六年（1511）增设八百馆，万历七年（1579）又增设了暹罗馆，计为十馆。

现存明四夷馆各馆杂字和来文充分反映了明朝永乐时期及之后的番汉合璧文书的翻译情况。明初虽然尚未设立专门培养译官的四夷馆，但是，洪武时期明朝沿用元代翰林院的译官，并命人翻译《元朝秘史》，编撰洪武本《华夷译语》。从洪武本《华夷译语》诏谕文书、来文看，洪武时期译官的翻译水平极高，较后来四夷馆培养的译官的翻译水平要高。

明初洪武时期沿用元朝翰林院的译官；自永乐时期开始，明朝培养通诸番语言文字的译官。可见，现存明代双语合璧的文书或多语种合璧文献应该是明朝这些译官翻译的。

明朝为培养四夷馆译官而编撰的《华夷译语》各馆来文部分，虽然不是明朝番汉合璧文书的原件，但应该是当时四夷与明朝朝贡往来文书的传抄件，这充分反映了明代多语种合璧文书的书写形式和特征，也体现了元明多语种合璧文书的书写形式的传承性。

明景泰三年明朝给波斯拉尔地区的蒙汉文字合璧的文书，加盖汉字"广运之宝"印章。"广运之宝"是明初使用的印章之一。这是一份明朝与波斯拉尔地区的往来文书。从明四夷馆《华夷译语》各馆来文，能够充分了解到周边国家、地区与明朝的朝贡贸易

① 特木勒：《南京城墙博物馆藏永乐十二年蒙汉文合璧诰命初识》，载刘迎胜主编《元史及民族与边疆研究集刊》第43辑，上海：上海古籍出版社，2022年，第14页。

②《大明会典》卷二二一，"翰林院"条，扬州：江苏广陵古籍刻印社影印本，1989年，第2943页。《明史》卷七四《职官三》"太常寺附提督四夷馆条"记载："提督四夷馆，少卿一人正四品，掌译书之事。自永乐五年，外国朝贡，特设蒙古、女直、西番、西天、回回、百夷、高昌、缅甸八馆，置译字生、通事，通事初隶通政使司，通译语言文字。正德中，增设八百馆，八百国兰者哥进贡。万历中，又增设暹罗馆。"

关系，以及双方朝贡贸易贡赐的物品及其特点。但是，这些文书对丝织品的记载非常简单，大多数文书只记载明朝与鞑靼、女真、西番、西域、波斯等地区绢马贸易情况，对明朝所赐丝绸的种类较少记载。现藏土耳其伊斯坦布尔托普卡帕宫博物馆的景泰三年十一月二十九日明代宗朱祁钰颁发给波斯失剌思南部的拉尔地区头目咩力儿吉的一道敕谕详细记载了明朝所赐丝绸及其花色、匹数，是极其罕见的详细记载明朝丝织品的蒙汉合璧文书。景泰三年十一月二十九日转换成公历月份的话，是1453年1月8日。这份1453年的汉蒙合璧的文书对明朝贡赐的丝绸种类记载详细，包括丝绸的花色和匹数，其史料价值较为珍贵，为了解明朝与外藩朝贡贸易中贡赐的丝绸种类、花色、匹数提供了新资料。

文书汉文部分转写如下：

> 皇帝敕谕：剌儿地面头目咩力儿吉：尔世居西土，敬顺天道，尊事朝廷，遣人远来朝贡，忠诚可嘉，特赐尔彩幣表里，用荅尔意，尔益当永顺天心，永坚臣节，副朕眷待之恩，故谕。颁赐：纻丝，暗花骨朵云绿一匹，暗细花蓝一匹，暗细花绿一匹，暗细花红一匹，素青一匹，素红二匹，素绿一匹。彩绢：红四匹，蓝四匹。景泰三年十一月二十九日。

这一文书中出现的拉尔（剌儿）地区头目咩力儿吉的名字，蒙古文部分记载为“yang-lirki”，“咩”字在《元朝秘史》《华夷译语》等文献中均用来标记“mie”音节，未出现过标记“yang”音节的情况。文书蒙汉文部分出现不同译法，尚不清楚是译官汉语理解能力的问题，还是这一头目真实名字就是“yanglirki”。由于史料记载有限，从文书蒙汉文的名字均无法查询这一头目的确切信息。《明实录》等文献也未记载这一文书内容。因此，这一文书中拉尔地区头目的真实姓名有待于进一步考证。

从明朝颁发多语种合璧文书范围来看，与元朝相比有所缩小。元朝在中原地区也有颁发蒙汉合璧文书的情况。如河南少林寺、山东曲阜等地区留存着元代圣旨文书刻石的碑刻资料。相比之下，明朝番汉文书颁发于鞑靼、女真羁縻卫所，西藏、青海等佛教兴盛地区，还有波斯等地区。这些地区曾经与元朝关系密切，应该有不少蒙古人后裔，因此，明朝对这些地区颁发蒙汉合璧文书。对西藏地区则颁发汉藏合璧文书或蒙藏合璧文书。

明朝在与东南亚暹罗等国家的贡赐关系中，往来文书也有使用波斯语的现象。因此，明朝四夷馆回回馆有代译暹罗来文的现象。万历七年增设暹罗馆之前，回回馆代译过暹罗文书。《四夷馆考》记载：“正德十年，遣使贡方物，进金叶表，下回回馆译写。”[①]

《万历起居注》记载：“回回馆贡使频繁，文字难译，先年常令代译暹罗诸国表文。”[②]成化二十三年（1487）之前，暹罗进贡明朝的文书，时而用暹罗文（泰文），时而用回回文（波斯文）。明朝命令暹罗使臣，今后用回回字（波斯文）与明朝往来，“不得写难识番字，以绝弊端”[③]。刘迎胜师认为“由于明朝译馆为数有限，而天下之大，语言各异。难免会出现使臣贡表文字无人可识，回赐表文无法撰写的情况。于是明政府规定，在这种场合下，必须使用双方都通晓的第三种文字，‘以通华夷之情’”[④]。回回馆代译暹罗馆文书，主要原因是当时明朝缺少懂暹罗文（泰文）的翻译人才。

明朝东北女真地区自明正统九年（1444）开始，女真与明朝往来文书以蒙古语书写，因此，在明四夷馆有女真馆的情况下，出现鞑靼馆代译女真馆文书的情况。

《四译馆则》记载：“鞑靼馆除本馆职业外，又兼译女直来人进贡袭替来文，并回敕书及译写顺义王（按指俺答汗）表文，喜峰口验放来人。比之别馆繁剧数倍。”[⑤]

鞑靼馆代译女真文书，与上述回回馆代译暹罗文书的情况有所不同。当时，明四夷馆专门设有女真馆，培养通女真语言文字的翻译人员，并不缺少懂女真文字的译字官。

四夷馆初设八馆中有女真馆，明朝对东北女真各部的敕谕都用女真文字书写，而东北女真人进贡“表文”也用女真文字。元明时期，有不少女真人懂蒙古语。明代女真人受蒙古人影响，部分地区的女真人改用蒙古语为书面语，以致后来出现女真人不识女真文字的现象。自正统年间开始，部分地区的女真人与明朝交往时，往来文书改用蒙古语。[⑥]

正统九年女真部向明朝请求敕书用蒙古文字书写。《明实录》记载：“玄城卫[⑦]指挥撒升哈、脱脱木答鲁等奏‘臣等四十卫无识女真字者，乞自后敕文之类第用鞑靼字’，从之。”[⑧]鞑靼馆负责代译女真馆文书之事主要应在此之后。

总之，明朝在中原地区颁发的文书以汉文书写，对边疆地区颁发的文书及海外贡赐

① 王宗载：《四夷馆考》卷下，暹罗馆条，东京：东方学会丛书本，第20叶。

②《万历起居注》“万历六年十一月丁巳”条，北京：北京大学出版社，1988年，影印本，第696页。

③《孝宗实录》卷二，“成化二十三年九月己酉”条，台北：台湾“中央研究院”历史语言研究所，1962年，影印本。

④ 刘迎胜：《古代中原与内陆亚洲地区的语言交往》，载王元化主编《学术集林》第7卷，上海：上海远东出版社，1996年，第192页。

⑤〔明〕吕维祺：《四译馆则·增订馆则》卷十二，“万历三十一年五月题选译字生稿”条，京都：京都帝国大学文学部东洋史研究室重刊，昭和二年（1927）12月，第7叶正面。

⑥ 乌云高娃：《明四夷馆鞑靼馆及〈华夷译语〉鞑靼“来文”研究》，北京：中国社会科学出版社，2014年，第43页。

⑦ 玄城卫，女真卫所之一，今黑龙江省哈尔滨市附近，永乐十二年（1414）设立。

⑧《明英宗实录》卷一一三，“正统九年二月甲午”条。

贸易文书以番汉合璧形式书写。

三、元明多语种合璧文书及其影响

元明多语种合璧文书书写形式有着传承性，且对后世影响较深。一是元明两种或两种以上文字合璧的书写形式有着传承关系；二是元明文书冒头句“qaγan nu suu dur”有着传承和影响；三是元代文书行政所用梵文、八思巴字印章在明清长时段仍被使用，影响深远。

元朝的外交文书中，蒙古文书开头的“qaγan nu suu dur”，翻译成汉语时有不同的表现形式。有时翻译为“皇帝福荫里”，有时翻译成“皇帝洪福里”。这一翻译习惯后来影响到明代的文书翻译。四夷馆鞑靼馆来文中对蒙古文文书开头的“qaγan nu suu tu”翻译为“皇帝洪福前”。这些文书原件应该是明代鞑靼、女真诸部进京朝贡的文书凭证。[①]笔者于2006年4月15日在九州大学做题为“元代外交文书展望——以忽必烈时代诏谕日本文书为中心”的学术报告时指出：“元朝送达日本的文书保留了蒙古文书开头固定形式的特点，蒙古语中的qaγan nu suu tu在元朝给日本的文书中有两种汉文表现形式。一是‘皇帝洪福里’，二是‘皇帝福荫里’。元朝的外交文书、高丽的外交文书、明四夷馆鞑靼馆来文，均受到蒙古语命令文的冒头句影响。”与洪武本《华夷译语》鞑靼来文相比，永乐本《华夷译语》鞑靼来文以“皇帝洪福前”（“qaγan nu suu tu”）开头的文书更多，86篇来文中有76篇来文均以“皇帝洪福前”（“qaγan nu suu tu”）开头。可见，永乐本《华夷译语》鞑靼来文很大程度上保留了元代蒙古语文书开头的固定书写格式。元代文书特有的蒙古文书开头的“长生天气力里、大福荫护助里”（“mungke tengri in küčün dür， yeke suu jali yin ibegen dür”）也影响到元明文言体文书的开头格式“上天眷命，皇帝圣旨”和“奉天承运，皇帝诏曰”。[②]

元代多语种合璧文书落款加盖八思巴字印章或汉字印章；明代蒙汉合璧文书、汉藏合璧文书均加盖汉字印章，未发现明代多语种合璧文书加盖八思巴字印章的情况。但是，从现存明代官方印章来看，明朝西藏地区仍有八思巴字印章。例如色拉寺之印刻有八思巴字，噶玛巴印章刻有八思巴字。[③]西藏博物馆收藏有明万历十六年（1588）万历皇帝赐给西藏三世达赖喇嘛索南嘉措的梵文兰扎体印章，印章内容为“瓦赤啦达剌印”，

---

① 乌云高娃：《明代鞑靼、女真卫所及东北亚驿站交通网》，《江海学刊》2019年第6期，第179页。

② 乌云高娃：《13世纪元朝与高丽的外交文书》，第254页。

③《宝藏》编委会主编：《宝藏：中国西藏历史文物》下册，北京：朝华出版社，2015年，第31、33页。

也称为“朵儿只昌图记”。[①]从西藏地区现存明朝颁发给西藏的文书或西藏国师、法王颁发的文书中尚未发现使用八思巴字印章或梵文印章的情况。但是，从西藏和青海博物馆现存的清代多语种合璧文书中可发现有加盖八思巴字印章和梵文印章的情况。

清代蒙藏文字合璧文书有加盖八思巴字印章的情况。如清代“摄政诺门汗令文”以藏文或蒙藏合璧的形式书写，压题章加盖八思巴字印章或梵文印章，文书落款加盖八思巴字印章、梵文印章或藏满汉文字合璧印章。[②]也有同时加盖满文印章、汉文印章、藏文印章等三枚印章的情况。元代西藏法王颁发给西藏地区的法旨压题也有加盖八思巴字或梵文印章的情况。可见，元代多语种合璧文书加盖八思巴字或梵文印章的传统在西藏地区的影响较为久远。在明清时期，很有可能西藏地区传承和延续着元代特有的以八思巴字或梵文刻章和用章的习惯。明清王朝也继承元朝帝师制度，封赐西藏地区宗教上师帝师、法王称号，并赐文书印章。清代多语种文书有两种文字合璧或多种文字合璧文书。汉满蒙藏合璧文书较多。文书印章也有满汉合璧、汉藏合璧、满汉藏合璧、汉蒙藏合璧、汉满蒙藏合璧等多种形式，对后世影响深远。直到中华民国时期，国民政府允许西藏地区沿用清朝所赐多语种合璧印章，并于1933年为已故十三世达赖喇嘛赐汉蒙藏文合璧印章和玉册。[③]

关于梵文印章，西夏国师印章有梵文印章，梵文译写的文字有汉文、西夏文等。帝师和国师是西夏佛教僧侣的高级称号，地位较高，均由朝廷册封，可以参与国家对某些事务的决策。[④]西夏帝师制度被元朝所继承，封西藏高僧为帝师，并赐八思巴字印章。元代西藏地区应该继承西夏传统有梵文印章，又有元朝所赐八思巴字印章，两者直到清代仍然在西藏地区所使用。元明清三朝对西藏地区的政策有着传承性，尤其是对佛教的政策和态度。元朝封藏传佛教上师为帝师，并颁发八思巴字印章。明清两朝继承元朝遗产，虽然明朝取消元朝帝师制度，但继承了元朝对西藏上师封国师、法王的政策，对藏传佛教上师继续赐汉藏合璧文书和印章。

元朝时期敕封国师、法王的八思巴字印章，被明清王朝所继承，明清时期在西藏地区文书行政中的多语种合璧文书仍有使用八思巴字印章的现象。到了清代多语种文书仍然有加盖八思巴字印章或梵文印章的情况。而且，清代出现满汉合璧印章、满汉藏合

① 西藏博物馆编，何晓东主编：《历史的见证：西藏博物馆藏历代中央治藏文物集萃》，成都：四川美术出版社，2018年，第94页。

② 青海省博物馆、青海民族博物馆编著，祝君主编：《河湟藏珍·藏传佛教文物卷》，北京：文物出版社，2012年，第163—185页。

③《宝藏》编委会主编：《宝藏：中国西藏历史文物》下册，第280—281页。

④ 陈庆英、邹西成：《西夏大阿阇梨帝师官印考释》，《西北民族大学学报（哲学社会科学版）》2013年第2期，第26—27页。

壁印章、满汉蒙藏合璧印章，用于多语种文字合璧文书。其中，不乏较为罕见的八思巴字、梵文、藏文合璧印章。[①]现存元明清时期多语种合璧文书不能涵盖全国乃至与海外交往的外交文书全貌，很难全面考察元明清时期多语种合璧文书行政体系的书写整体特点，但是，现存西藏和青海地区的多语种文书和非汉文印章，充分反映了西夏、元、明、清时期，作为国师或法王印章的梵文印章和八思巴字印章在西藏地区得以长期应用的情况，这为正确认知元明清时期多语种合璧文书书写体系提供了有力佐证。清朝文书行政体系更是出现了从多语种合璧文书到加盖多语种合璧印章的独特现象。

西藏地区除了萨迦派以外，噶玛噶举派也曾在元朝宫廷影响较大。噶举派所传教法和修习仪轨在元朝，甚至在西夏王朝时期就广为流传。可以说，元朝时期藏传佛教的广泛流传，应该是受西夏影响。[②]元朝对西藏的统治及对藏传佛教政策又被明朝所继承，明永乐帝对西藏噶玛噶举派较为重视。永乐元年（1403）明成祖即位之后，派侯显奉旨迎请噶玛噶举派哈里麻（黑帽派五世活佛噶玛巴得银协巴）赴南京。永乐四年（1406）哈里麻随侯显前往南京，并于永乐五年（1407）正月到达南京，在南京灵谷寺设普度大斋为明太祖及其皇后荐福。永乐五年三月明成祖封噶玛巴为大宝法王，颁发汉藏文字合璧文书《明成祖颁发大宝法王的诏书》，并赐“如来大宝法王”印章。

梵文在佛教文献中应用较多，尤其是西夏到元朝，多语种文献及佛教文献中不乏梵文的影子。但是，明永乐五年《噶玛巴为明太祖荐福图》长卷以汉字、波斯文、泰文、藏文、蒙古文记录法事期间出现祥瑞的情况。[③]该佛教文献中出现泰文，而未出现梵文，其原因尚不清楚，有待于进一步考证。这一时期明朝初设四夷馆，并不缺乏通梵文和泰文的译官，且梵文对西藏地区的影响较深，泰文反而影响不大。很有可能在南京灵谷寺普度法会现场有通泰文的信众或僧人。

总之，元明清时期多语种文书书写形式有着传承性，且对后世影响深远。元代使用八思巴字和梵文印章这一传统也影响到明清两朝。

〔作者乌云高娃，中国社会科学院古代史研究所。北京，100101〕

①《宝藏》编委会主编：《宝藏：中国西藏历史文物》下册，第113页。

② 沈卫荣：《大元史与新清史》，上海：上海古籍出版社，2019年，第120—123页。

③《宝藏》编委会主编：《宝藏：中国西藏历史文物》下册，第13—15页。

申时行的家书与家事

陈时龙

摘　要： 新近发现的明代内阁大学士申时行写给其二叔申士毅的一封信札，虽是家书，却也隐约道出自己在京城的处境及忧患，谈论到次子申用嘉的境况，又讨论到堂弟申时化入学事宜。信札可能完成于万历十二年（1584）四月科道官集中攻击申时行后不久。申用嘉被称为“二郎”，反映了申时行复姓之后将长子留在徐姓承嗣的家族形态。申时化入学事宜的安排，则反映了晚明官员会多方运用自己的影响力来帮助自己的亲友成为儒学生员。

关键词： 申时行；内阁大学士；申用嘉

申时行（1535—1614），字汝默，号瑶泉，明苏州府长洲县人，嘉靖四十一年（1562）进士第一名（状元），万历初由张居正引入内阁，在万历十年（1582）张居正逝世后不久接替张四维担任首辅内阁大学士，时在万历十二年。从万历十二年到万历十九年（1591）致仕，申时行一直担任内阁首辅，是晚明万历中期最重要的政治人物之一。申时行的著作保留至今的有《书经讲义汇编》十二卷、《召对录》一卷、《赐闲堂集》四十卷、《纶扉简牍》十卷。经统计，申时行现存信函书牍约1839封，其中《赐闲堂集》收252封，《纶扉简牍》收1587封。《纶扉简牍》中的书牍，乃是申时行在阁中14年与诸司的往来信札。其在《纶扉简牍》序言《刻纶扉简牍跋》中说：“余以万历戊寅荷上简命参机密，洎承乏首揆，先后十有四年。诸司以故事相闻，四方万里，笺记辐辏，退食之暇，辄有裁答，口占手勒，积几盈箱，多至不可胜校。余既归田之五年，而儿辈刻之以藏于家，曰纶扉简牍。诸往来寒暄动定之语，皆削不存，所存特关政事者。”[①]可见，《纶扉简牍》中的信札，基本是与政事相关，而不及私事。《赐闲堂集》所收的信札基本上也只涉及政事，偶尔涉及苏州一带地方利弊者，背后或有为家族谋划的背景，但基本也是就公事言公事，而不及私事。可见，申时行之子申用嘉、申用懋在编定申时行文集的时候还是很讲究地不将私事阑入文集之中。之外，申时行的一些尺牍也遗存至今，如《上海图书馆藏明人尺牍》即收录申时行信札4封，均为私人之间应酬往来。近日承友人惠赐申时行信札图片，为申时行与叔父之书信，涉及其家事，兹录其文如下，加以标点，并略作考释。

侄时行百拜 启
二叔大人座下：徐采来京，备知吾
叔起居及家中事体。连岁荒歉，城中消
乏，不止一家。吾
叔举家康健无事，已是难得。如侄今年遭
此苦事，虽居官食俸，何等情绪？吾
叔将此譬喻，便不须忧虑矣。侄今夏为
忧苦致病，月余方可，即令头发半白，
乃知愁苦二字，最能损人，只得自宽解而
已。本意要图回家，为诸老所阻，待明年
再看。二郎病渐可，侄以下稍安。吾
叔不必挂念。吴县公别时，曾与说时化要
考入学。若考时，竟就吴县可也。其余
事情，忙中不能遍及。容再述耳。
九月朔日灯下书。

申时行写信的对象是他的二叔，即申士毅（1527—1588）。《嘉靖四十一年进士登科录》载：“徐时行，贯直隶苏州府吴县民籍，长洲县人。……祖干，父士章。……弟时德、时化、时杰。”[②]其《家传附》中记载：“祖干，字易卿，号东城，……配陆氏，累赠一品夫人，继配严氏，生二子，长士章，次士毅，俱陆出。东城府君少时育于外兄

① 〔明〕申时行：《刻纶扉简牍跋》，载《四库禁毁书丛刊》编纂委员会编《四库禁毁书丛刊》集部第161册，北京：北京出版社，2000年，第2页。

② 《嘉靖四十一年进士登科录》，载天一阁博物馆整理《天一阁藏明代科举录选刊·登科录》，宁波：宁波出版社，2007年，叶八。

怡竹徐翁所，遂以为子，从其姓。”[①]这是申家一时曾改姓徐的历史，至申时行贵后乃复姓。申时行的祖父申干生子二人，长子申士章即申时行的父亲，次子申士毅即这封信札所要问候的对象“二叔”。赐闲堂《申氏族谱》卷二载：“士毅，干次子，字子仁，号南川，生于嘉靖丁亥六月初三日，敕授登仕郎太医院吏目，卒于万历戊子十一月二十九日。”[②]由此可见，申时行的信札必定是完成于万历十六年（1588）前。

信中较隐讳地说：“侄今年遭此苦事，虽居官食俸，何等情绪？吾叔将此譬喻，便不须忧虑矣。侄今夏为忧苦致病，月余方可，即令头发半白，乃知愁苦二字，最能损人，只得自宽解而已。本意要图回家，为诸老所阻，待明年再看。”从中可知，当时的申时行极为苦恼，有要辞职回家的打算。申时行仕途中极为被动的第一个时段大概是在万历十年（1582）六月以后至万历十一年（1583）三月。这期间因与万历十年六月后接任张居正出任首辅的张四维存在一定的竞争而为张四维打压。《国榷》卷七十二载：“（万历十一年四月戊午）大学士张四维忧去。四维知王篆辈推申时行，意不自安。时行偶寒疾逾月。四维语时行之客曰：‘夫首相若四时之禅代，有春，行必有夏，何俟煎迫耶？’时行大恐。四维已嗾言官具草，先攻礼部尚书徐学谟。学谟斥，因攻时行。奏将上，以父丧去，重赂太监张鲸、张诚诸用事者，流言曰时行故党张居正，今复得其金宝万计，为庇之。上颇心动，徐察其无他，乃安。”[③]万历十年冬十二月至次年春申时行感染风寒[④]，极愈苦，神宗也屡遣医疗疾，至万历十一年三月痊愈并重新活跃。然而，这件事前后痕迹颇不明显，而且至四月初六日张四维接到家人报父亲张允龄于三月二十三日辞世而必须回乡丁忧守制就可以说画上了句号。四月十八日，张四维廷辞归乡，申时行顺利接任首辅。同时，万历十一年三月他与张四维都同时面临儿子会试中式遭到廷臣指摘的局面，但却是两人共进退面对的。

二是接任首辅之后面临科道官员的挑战。科道官的挑战是全方面的，既有对张居正以来阁权偏重的反抗，冀图趁皇帝厌恶张居正擅权及内阁人事变动之际改变之前的政治规则，也有对申时行个人的攻击。改变政治规则的诉求从万历十一年御史张文熙所言三事中的“戒偏重”开始，即要求朝廷以阁臣专擅自恣为戒[⑤]，但遭到申时行等人的抵制，而且阁臣也得到了皇帝的支持。到万历十二年四月，科道官再次攻击阁臣申时行。四月初，朝廷给内阁发下给事中王士性，御史江东之、李植的奏疏，内攻杨巍及申时

① 〔明〕申时行：《赐闲堂集》卷一〇《家传附》，载《四库全书存目丛书》编纂委员会编《四库全书存目丛书》集部第134册，济南：齐鲁书社，1997年，第198—199页。

② 《申氏族谱》卷二，保御房支第九世，上海图书馆藏苏州赐闲堂木活字本，叶一上。

③ 〔清〕谈迁：《国榷》卷七二，北京：中华书局，1958年，第4441页。

④ 《万历起居注》第二册，万历十年十一月二十七日辛巳，第312页。

⑤ 《万历起居注》第二册，万历十一年三月二十二日己亥，第469页。

行，而申时行立即回避并乞休。随即在四月三日，申时行上《奏为庸劣不堪重任再恳天恩放归田里以全晚节事》，四日再乞休，均不允。其四月四日奏疏《奏为庸病不堪重任三恳天恩放归田里以全晚节事》中说："连日以来，又因惶恐待罪，忧患结中，寤寐不宁，饮食失节，以致心火上炽，咯血吐痰，胃气受伤，泄泻不止，神既沮丧，精亦销乏，岂能复躬竭蹷之劳，胜剧繁之任？"[①]乞休第三疏不仅称自己"庸"，而且"病"。此事后来逐渐波及内阁许国、余有丁等，而申时行之子申用懋在万历十一年中进士有无私弊的说法也重新被翻了出来。《明实录》"万历十二年四月丁未朔"条载："先是，以杨巍言调丁此吕，给事中王士性，御史江东之、李植、杨四知等交章劾巍，语侵首辅。上乃传谕大学士余有丁、许国拟温旨令元辅尽心赞理，而放高启愚，留此吕，独未及巍。于是二臣言：'臣等恭阅前疏，乃专论杨巍，并及申时行，今时行既蒙温谕，则巍系承旨以分别诸臣人品，乃据公覆请，谓何雒文当致仕，嵇应科当调外，陆檄当别用，独高启愚出题一节，巍恐失是非之实，开告讦之门，故不直此吕，适首臣亦遵旨拟此吕调用，蒙皇上允行。今诸臣谓巍阿附首臣，庇启愚而陷此吕。巍素性刚直，褆已洁廉，家居十有余载，起用吏部，亦以人望所归，臣等保其必无阿附之意，且留此吕，恐无以安首臣及巍之心。'大学士申时行亦具疏言：'王士性、江东之等论劾吏部尚书杨巍，谓其参此吕以媚臣，在东之谓臣不欲人言科场之弊，在士性谓臣不当拟调此吕，不知凡票拟必经御览，凡处分必奉宸断，臣何敢毫发擅专。臣不擅专，部臣何所忌惮而曲为阿媚？臣二子中科，其文字可覆识而知自己无弊，何以讳言科场之弊？至票拟此吕，原奉圣谕，亦因吏部参词谓其不宜言路，遂拟调用，则臣不能上赞优容之德，下昌敢言之风，罪不得辞矣。伏望皇上复还此吕原职，以全言官之体，仍准臣休致，以为失职之戒。'报曰：'已有旨谕卿勿介浮言，何又具疏引避？卿持正奉公，朕所素信，宜遵旨亟出辅理，以慰眷怀。'"[②]上年四月十七日，申时行上《奏为请覆试以明心迹事》："近该御史江东之论劾尚书杨巍，波及于臣，谓有二子中科，不乐闻科场之弊。该臣引咎乞休，谓臣子文字可覆试而知。寻奉温谕勉留，仰蒙圣心昭然洞察，臣是以不敢再请。今御史张文熙又欲行核实以释群疑，与臣原奏之意相合。臣子长用懋，先系国子监生，该监考取第一入场，中顺天府乡试，其朱墨二卷曾蒙钦取览阅。次年会试中式，……随蒙钦赐第二甲进士，授刑部主事，因病告假，放回原籍讫。臣次子用嘉幼年聘原任礼部尚书董份孙女，因臣久在京师，不得回家，而臣子以及婚期，往为赘婿，在彼置产附籍，充湖州府学生，于浙江乡试中式，会试未中，见今随任读书。……伏望皇上时允张文熙之奏，敕下礼部，会同科道官将臣次子用嘉先行覆试，如果文理不通，即

①《万历起居注》第二册，万历十二年四月初四日庚戌，第484—485页。

②《明神宗实录》卷一四八，"万历十二年四月丁未朔"条，第2751—2752页。

行黜革，并治臣之罪，以为营私罔上之戒。其臣长子用懋见今养病在籍，合敕吏部候其病铨赴部之日，另行题请考试。”但皇帝下旨：“卿子公道中式，原无私弊，有何嫌疑，不必覆试，该部知道。”[①]但在整个事件的处理上，因为丁此吕攻击高启愚的目的是指向故辅张居正，因此最初万历皇帝是有意地宽容科道官丁此吕等人。《明史·申时行传》概述说：“御史丁此吕言侍郎高启愚以试题劝进居正，帝手疏示时行。时行曰：‘此吕以暧昧陷人大辟，恐谗言接踵至，非清明之朝所宜有。’尚书杨巍因请出此吕于外，帝从巍言。而给事、御史王士性、李植等交章劾巍阿时行意，蔽塞言路。帝寻亦悔之，命罢启愚，留此吕。时行、巍求去。有丁、国言：‘大臣国体所系，今以群言留此吕，恐无以安时行、巍心。’国尤不胜愤，专疏求去，诋诸言路。副都御史石星、侍郎陆光祖亦以为言。帝乃听巍出此吕于外，慰留时行、国，而言路群起攻国。时行请量罚言者，言者益心憾。既而李植、江东之以大峪山寿宫事撼时行不胜，贬去，阁臣与言路日相水火矣。”[②]只是在所有内阁大学士申时行、余有丁、许国以及部分大臣一致抗议的情况下，皇帝才开始纠偏。这个时间，又恰当朝廷正在查抄故辅张居正家的时间，阁臣们以去职来抗议，最终获得小胜。然而，久历宦海的申时行不能不从中看到政治上的凶险，“虽居家食俸，何等情绪”九字，就是他当时内心最真实的反应。因此，综合种种情境考虑，这一封家书最有可能作于万历十二年。

信中还提到“二郎病渐可，侄以下稍安”。二郎当即前述申时行在给皇帝的奏疏中所提到的次子申用嘉。《申氏族谱》载：“用嘉，文定公次子，字美中，号经峪，晚号念先，生于嘉靖癸亥十月二十七日，繇湖州府乌程县庠生万历壬午（1582）应浙江乡试中式第九名经魁，时年二十，己未（1619）选授江西赣州府推官，敕授文林郎，寻又摄府篆，天启甲子迁广东高州府同知。”[③]申时行自述申用嘉充湖州府学生，但族谱却说申用嘉为乌程县学生。考《万历十年壬午科浙江乡试录》，该科第二十一名申用嘉，“湖州府学生，《书》”[④]，则申时行自述无误，而族谱记录有误。申用嘉虽然在万历十年中举人，但会试却一直没能通过，最后在年近六十的时候膺吏部选出任江西赣州府推官。万历十二年，申时行长子申用懋先一年已授官刑部主事，随即以病乞假回到了吴县，而次子申用嘉可能因为万历十一年会试未中，随父亲申时行居于北京，因此申时行向二叔信中谈了“二郎”的情况。不过，值得一提的是，申时行一生其实有三个儿子。

①《万历起居注》第二册，万历十一年四月十七日癸亥，第496—498页。

②《明史》卷二一八《申时行传》，北京：中华书局，1974年，第5748页。

③《申氏族谱》卷二，文定次房第十一世，叶二二上。

④《万历十年壬午科浙江乡试录》，载天一阁博物馆整理《天一阁藏明代科举录选刊·乡试录》，宁波：宁波出版社，2010年，叶二〇。

《申氏族谱》载："申时行子，长兆□，次用懋，次用嘉。"[1]长子名不详，且早卒，但曾结婚生子。申时行有诗《哭子妇二首》，说："辛苦悲贤妇，凄凉抚幼孙。"[2]可见其长子早卒，但幼孙是否长大成人则不清楚。然而，即便幼孙未能成立，按理说像申氏这样显赫的家族，后来也应该会为其长房立后，然而到《申氏族谱》中后来干脆称申用懋为申时行长子。《申氏族谱》载："用懋，文定公长子，字敬中，号元渚，晚号闲闲居士，生于嘉靖庚申二月二十五日，繇吴庠生承父荫入北雍，万历壬午应顺天乡试，中式第六名经魁，癸未会试中式第一百十名，殿试登朱国祚榜二甲第二十一名进士，第时年二十四。……（崇祯）戊寅……十月十八日寿终，享年七十有九。"[3]这其实是完全忽略了之前名为"兆□"的长子的存在，令人费解。唯一可能的解释是申时行在复姓之后将长子及长子的幼子仍归在徐氏姓下。《哭子妇》一诗，说明他对于那留存在徐姓的一支一直是关注的，但是宗法的规定使他不得不确认自己的申姓只有申用懋和申用嘉两支，而这一认识应该就一直被族谱所默认。

信中还提及一件事情，即申时行的堂弟申时化（1551—1606）入学之事。《申氏族谱》卷二载："士毅……子五，时德，陈孺人出；时化、时杰、时俊、时征，俱周孺人出。"[4]申时化是申时行叔父申士毅之子。同卷还记载："时化，士毅次子，字汝选，号琳泉，生于嘉靖辛亥十一月二十一日，卒于万历丙午三月二十二日。配高氏。合葬吴县一隆山。"[5]虽然申时行常被称为长洲人，但长洲县、吴县都是苏州府的附廓县，且申时行家族的籍贯在吴县。申时行的父亲申士章（1516—1559），字俊明，号古愚，为长洲县学生。[6]但申时行家族中有不少人读书入学进的是吴县县学，例如其堂弟申时杰、申时俊都是吴县县学生。申时行在信中谈到"吴县公别时，曾与说时化要考入学"，是将申时化要考试入学之事在吴县知县离京前拜托了知县。明代府州县学的入学，虽然要经过县试、府试和提学官试，但相对于乡、会试等科举考试而言不是那么严格。明清人的信札中，就子弟入学请托之事屡屡可以看到。例如，明中期官至工部尚书的淳安人徐贯（1457年进士）《与江太守》一信中说："闻下车以来，仁政洋溢于六邑。……舍侄徐宪，家贫无赀，勤苦力学，欲入郡庠肄业以图进身之阶，惟阁下奖进人材，作成造就

①《申氏族谱》卷一，保御房世系图，叶一上。
②〔明〕申时行：《赐闲堂集》卷三，第53页。
③《申氏族谱》卷二，文定长房第十二世，叶一至三。
④《申氏族谱》卷二，保御房支第九世，叶一上。
⑤《申氏族谱》卷二，保御房支第十世。
⑥〔明〕申时行：《赐闲堂集》卷一〇《家传附》，第199页。

之是幸。”[①]这也是为其侄徐宪入严州府学所写的请托。信能收入文集，似乎也就说明不是什么不能说的事情。吴县令，大概是冯渠。冯渠（1553—？），字达甫，江西建昌府新城县人，万历十一年进士，与申用懋为同科进士。[②]“十二年任（吴县知县），十四年降福建运盐司知事，历官太仆寺少卿。”[③]大概在选任吴县知县后，申时行将此事与冯渠言及。不过，冯渠在吴县任职时间不长，万历十四年（1586）被贬谪，申时化似乎最终没能入学成为生员。族谱中申时化的弟弟申时杰（1556—1595）、申时俊（1566—？）“由吴县庠生援例入太学”，五弟申时征（1569—1616）亦“由庠生援例入太学”，[④]唯独申时化，在家谱传记里没有谈他入学之事，可见申时化最终未能成功入学。

〔作者陈时龙，中国社会科学院考古研究所。北京，100101〕

①〔明〕徐贯：《徐康懿公余力稿》卷五，载《四库全书存目丛书》编纂委员会编《四库全书存目丛书》集部第37册，影印北京图书馆藏明徐健刻本，济南：齐鲁书社，1997年，第244页。

②《万历十一年进士登科录》，载天一阁博物馆整理《天一阁藏明代科举录选刊》，宁波：宁波出版社，2007年，叶五十九下。

③〔清〕汤斌、孙佩：(康熙)《吴县志》卷二《职员》，扬州：江苏广陵古籍刻印社，1989年，叶二十四上。

④《申氏族谱》卷二，保御房支第十世。

清水江文书所见满汉合璧敕命解读

赖俊杰　唐闻饶

摘　要：贵州省锦屏县档案馆所展示的一道敕封凯里营千总父母的敕命，是清水江文书中的罕见种类，其汉文格式与内容符合清代的诰敕制度。然而，研读该敕命文书发现，其满文语法和字句错漏频出，故是伪作的可能性很大。

关键词：敕命；清水江文书；满文；辨伪

一、引言

敕命是清代一种特定的官文书形式，凡皇帝封赠六品以下臣工、世职应袭有次数者皆授之。[①]2023年7月16日，中国社会科学院古代史研究所一行人来到贵州省实地考察清水江文书，在锦屏县档案馆发现一份清代敕命，以图片形式向公众展示。这份文书的内容是道光八年（1828）敕封贵州凯里营千总姜化龙父母，鉴于满文出现在清水江文书的意义，以满族史研究见长的邱源媛研究员于是嘱咐学生研读，以此进一步了解清水江文书的文本特征及历史背景。

清水江文书是明清以来遗存于贵州黔东南少数民族地区的历史文献之总称，以归户性强著称，涵盖契约、碑文、族谱、账簿等民间自发形成的文书。经过多年来的努力，清水江文书的整理与研究取得了一批重要的成果。[②]总的来说，民族史和区域社会史是这一领域主要的研究范式，因而强调自下而上的研究视角。不过，已有学者呼吁要同时

① 王学深：《清代诰命与敕命封赠文书研究》，《中国国家博物馆馆刊》2013年第6期；邹爱莲：《明清时期的诰命与敕命》，《北京档案》2014年第1期；马镛：《清代封赠制度探析》，《历史档案》2015年第2期。

② 吴才茂：《近五十年来清水江文书的发现与研究》，《中国史研究动态》2014年第1期；吴才茂：《超越地域与民族：清水江文书研究再出发》，《中国史研究动态》2017年第5期。

注重地方文献和官方档案，以更全面的视角考察清代基层社会，推动相关研究进一步发展。①

目前，这份敕命存于剑河县档案馆，早年从民间征集而来。尽管它一定不是清代清水江地区唯一的敕命，但作为当地存世不多的原件，不仅丰富了清水江地区的文书种类，还因成书于内阁，有力提供了一个独特的研究视角，反映边地社会中国家的“在场”。然而，由于受封家族的相关材料相对匮乏，且笔者尚未做进一步田野考察，只能对敕命进行初步的释读，首先结合官书档案来分析文书的形制特征和汉文信息，然后对满文文本进行译注。基于现有资料，对于这份文书的真实性和历史价值做出一些探讨。

二、敕命形制与汉文内容

由于笔者未见原件，只经眼照片，无法确认这份敕命的材质和形制情况。可以知道的是，这一官文书因保存不当，多处字迹漫漶、折痕明显，不过整体上不影响正文释读。这份敕命有22列满文、20列汉文，满汉文末各自钤盖朱玺，为“敕命之宝”，满汉皆为篆体，可惜印文不清，无法以此辨识这份敕命的真伪。就书法而言，汉文并非如清代公文规范的馆阁体，笔力稍有倾斜，排版歪曲，不似正规敕命应有之字，但这有可能是拍摄技术所致，难以仓促定论。为方便读者理解这份敕命的正文内容，我们先按照原文书格式将汉文原字抄录如下：

1　　奉
2 天承運
3 　皇帝制曰：寵綏國爵，式嘉閥閱之勞；蔚
4 　　起門風，用表庭闈之訓。爾姜勝貴迺
5 　　貴州凱里營千總姜化龍之父。義方
6 　　啓後，穀似光前。積善在躬，樹良型於
7 　　弓冶。克家有子，拓令緒於韜鈐。茲以
8 　　覃恩，封爾為武畧騎尉，錫之敕命。於
9 　　戲！錫策府之徽章，洊承恩澤；荷天家
10 　　之休命，增耀門閭。

① 邱源媛：《清代宣化府旗民争水纠纷中的民间话语与官方叙述》，《区域史研究》2021年第1辑。

11　制曰：怙恃同恩，人子勤思於将母；赳桓
12　　著績，王朝錫類以荣親。爾全氏迺貴
13　　州凱里營千總姜化龍之母。七誡嫻
14　　明，三遷勤篤。令儀不忒，早流珩璜之
15　　聲；慈教有成，果見干城之器。兹以覃
16　　恩，封爾为安人。於戲！錫龍綸而焕采，
17　　用答劬劳；被象服以承休，允膺光寵。
18　　　　貴州凱里營千總
19　　道光捌年拾壹月初玖日
20　　　　姜化龍之父母

从上述内容可知，受封者是贵州凯里营千总姜化龙的父亲姜胜贵和母亲全氏，受封时间为道光八年十一月初九日。仅依汉文来看，这份敕命的内容符合清代诰敕规制。大体而言，清代由吏部或兵部开具职衔送交，五品以上授以诰命，六品以下授以敕命。在绿营武职中，正六品官初封为昭信校尉，后议定为武略骑尉。有关敕命先是“各官请封，由该衙门开具职衔，送内阁照应得诰敕，将草本填注姓氏，发中书科缮写。如有格外加恩应别撰文字者，交翰林院撰进”①。凯里营属于绿营系统，其千总位居守备之次，官秩六品，故合乎制度。此次受封应是覃恩封赠，是指朝廷在举行重大节庆时，通过恩诏封赠京内外各级官员。对照《清宣宗实录》可知，当日“恭上皇太后徽号礼成……内外文武大小各官，俱着照现在职衔给予封赠”②，姜化龙父母极有可能是因为这次庆典受封为武略骑尉和安人。

至于如何下发、是否收缴敕命文书，本文不打算专门探讨。按清制，只有特定情况才会收缴敕命回清宫大内，一是授封者死后无子嗣承袭，二是受封人犯案枉法，三是敕命夫人改嫁。或许正是姜氏家族世职承袭不断，这一文书得以在清水江地区流传至今。

从敕命的汉文内容来看，敕书为骈文文体，句式固定，不过是套语使然，无太多实际意义。然而，文中的“凯里营千总”却提供了极为重要的信息。在清代，凡要害地方，皆设官兵镇戍。贵州向来有“黔省全属苗疆”之称，凯里营作为苗疆要地，清初为

① 乾隆《钦定大清会典则例》卷二《内阁》，《影印文渊阁四库全书》第620册，北京：北京出版社，2012年，第64页。
②《清宣宗实录》卷一四六，“道光八年十一月戊子”条，《清实录》第35册，北京：中华书局，1985年，第241页。

此设都司一员、千总一员、把总二员。[①]只是当地绿营“随时度务，因革不一”，雍正七年（1729）十二月，云贵总督鄂尔泰奏称：“丹江逼近凯里营汛，山势陡峻，素为生苗盘踞，请增立一营。将凯里营都司裁去，归并丹江营管辖。”[②]于是雍正八年（1730）革凯里营都司，改设参将驻丹江。[③]直至乾隆二年（1737），复设都司，仍由丹江营参将兼辖。[④]此后，凯里营设有“都司一员，千总一员，把总三员。制兵六百名，内马战兵六十名，步战兵二百四十名，守兵三百名”，分防清平县汛、排养汛、瓮坝汛，配备相应兵力。[⑤]乾隆四十九年（1784）十一月，凯里营又归镇远镇就近专管，以提高军政效率。当时的云贵总督富纲上奏：“贵州凯里营为苗疆要地，向因该营兵丁系由丹江营分拨，并未计及道里远近，即责成丹江营将管辖。”经兵部议讨，“参将管辖都司，本与营制未符，且该镇营相距远近，凯里至镇远大路仅二百一十余里，小路止一百五十余里。若由丹江而远镇远，仍由凯里经过，徒多周折”，由此“归镇远镇总兵就近专管凯里营一切营务，必令该都司径行详报，总兵稽查办理，毋庸再由丹江营核转”。[⑥]绿营千总作为下级军官，位阶较低，但对于兵政和治边十分紧要，担负起训练兵丁、稽查汛地的责任。随着苗疆的开发治理，尽管凯里营一带“水土日渐平和”，可是因为身处“苗疆门户”，仍“必须强干熟悉风土之员，方克胜任”。[⑦]因此，清代对清水江地区实现长期稳定的治理，其实有赖于绿营基层的努力，促成了苗民的国家认同和内地化进程。如果不是千总在当地社会中具有重大实力与作用，那么也不可能存在这份敕命文书。

三、满文文本及其问题

（一）敕命的满文文本

当前，敕命中的汉文只允许我们掌握到上述程度，也没有其他资料可以判断这次受封的真实性。然而，如果分析仅仅止步于此，以为满汉的文义应大同小异，那么就大

①〔清〕伊桑阿：康熙《大清会典》卷八九《兵部九·镇戍四》，南京：凤凰出版社，2016年，第1186页。

②《清世宗实录》卷八九，“雍正七年十二月戊申”条，《清实录》第8册，第198页。

③〔清〕鄂尔泰：乾隆《贵州通志》卷十六《官制》，贵阳：贵州人民出版社，2020年，第599页。

④〔清〕鄂尔泰：乾隆《贵州通志》卷十六《官制》，第603页。

⑤〔清〕鄂尔泰：乾隆《贵州通志》卷二十二《兵备志》，第956页。

⑥〔清〕庆桂：《题覆贵州凯里营都司应归镇远镇总兵就近专管》，乾隆四十九年十月八日，载张伟仁主编《明清档案》第242册，台北：联经出版事业公司，1992年，第B136419－B136422页。

⑦〔清〕富纲：《题请苗疆武职照繁缺之例在外拣员题补》，乾隆五十七年（1792）十月十八日，载张伟仁主编《明清档案》第267册，台北：联经出版事业公司，1994年，第B150597－B150602页。

错特错了。与汉文相比，敕命中的满文暴露出更多问题，竟然与汉文无法一一对应，行文规范也多有可疑。考虑到清水江文书中罕见存在满文，这里专门分析敕命中的满文文本。为了更清楚地说明问题，我们选择不予体现满文的行文格式，而是采取转写、旁译、总译的形式来比对敕命中的满汉文句，并参照其他较为可靠的敕命[①]，对疑点和不同点进行标注。内容整理如下：

转写：abkai hesei forgon be aliha，hūwangdi hese：
旁译：天的 命的 运 将 接受 皇帝 谕
总译：奉天命气运的皇帝下谕。
汉文：奉天承运皇帝制曰。

转写：gurun i jergi be dosholome isibure be dahame，
jalan halame faššaha be saišambi.
旁译：国 的 衔 将 宠绥 给予 因为
世代 功劳 将 嘉奖
总译：因为宠绥国衔，嘉奖世代之功。
汉文：宠绥国爵，式嘉阀阅之劳。

转写：booi doro be ambula mukdembuhe be dahame，
ama i tacihiyaha be temgetulembi.
旁译：家的 道 将 大 使兴盛 因为
父亲 的 教诲 把 表扬
总译：因为大兴家风，为表彰父亲教诲。
汉文：蔚起门风，用表庭闱之训。

转写：gui jeo i kai li kūwaran i minggatu giyang hūwa lung ni
ama giyang šeng gui si，
旁译：贵州 的 凯里 营 的 千总 姜 化 龙 的
父亲 姜 胜 贵 你

① 《直隶督标易州营千总柴建基父为武信郎母为安人敕命》，乾隆二十六年（1761）十一月二十日，编号：Lot 314，北京中汉拍卖有限公司；《河南抚标左营把总段鸿宾父为武略佐骑尉母为安人敕命》，同治十一年（1872）十月初九日，载王国振主编、杨波编著《诰命敕命真迹》，北京：人民出版社，2010年，第264页。

总译：你姜胜贵，是贵州凯里营千总姜化龙之父，

汉文：尔姜胜贵，乃贵州凯里营千总姜化龙之父，

转写：jurgan giyan be amaga be tacibuha，

sain be dursuleme，nenehe be eldembuhe.

旁译：义 理 将 后来 将 教导

美好 将 效仿 从前 将 使光耀

总译：用义理教导后辈效仿善行来光耀先祖。

汉文：义方启后，穀似光前。

转写：beye de sain be isabume[1]，deribume[2] ulara wesihun durun be ilibuha.

旁译：自己 在 善 将 积累 起始 传授 可贵 榜样 将 树立

总译：积善于自身，立良型教子。

汉文：积善在躬，树良型于弓冶。

转写：（无对应内容）

汉文：克家有子，拓令绪于韬钤。

说明：此处满文缺少“克家有子，拓令绪于韬钤”一句。对照其他敕命文书可知，所缺满文内容应是 booi be mukdembure jui bifi， arga bodogonggo sain doro be badarambuha。

转写：te kesi selgiyehe，doroi simbe horon bodohonggo hafan acame

fungnefi，tacibure tungnehen buhe.

旁译：如今 恩泽 传布 多罗 将你 威武 有谋略的 骑尉 应当

封授 敕命 赐予

总译：如今广施恩泽，应当封你为武略骑尉，赐予敕命。

汉文：兹以覃恩，封尔为武略骑尉，锡之敕命。

转写：suduri yamun i wesihun kooli be isibuha be dahame

kesi fulehun be nurhūme aliha.

① isabume，其他作 isabufi。

② deribume，其他作 deribure。

旁译：翰林院 的 兴盛 典制 将 得到　顺着

恩 典 将 连续 接受

总译：赐予策府之盛典，接连授予恩泽。

汉文：锡策府之徽章，洊承恩泽。

转写：gurun booi ferguwecuke hese be bahabuha be dahame

duka uce enteheme eldembuhe.

旁译：国 家的　美好的　名号 将 得到　因此

门户 永远　　使光耀

总译：得到国家美好的名号，使门户永远光耀。

汉文：荷天家之休命，增耀门闾。

转写：hūwangdi hese ama eme i kesi adali be dahame,

[ ] uilere be hing seme gūnimbi.

旁译：皇帝 言 父亲 母亲 的 恩 相同 因为

[ ] 事亲 将 实心实意的样子 想

总译：皇帝说，因为父母之恩情相同，[ ] 实心实意地想要侍奉。

汉文：制曰，怙恃同恩，人子勤思于将母。

说明：与汉文"人子勤思于将母"相比，此处满文表述不完整，方括号处缺 jui oho niyalma eme be，整句可译为"当儿子的人实心实意地想侍奉母亲"。

转写：baturu horonggo gungge be ilibuha be dahame,

ejen i yamun ci bireme gosime niyaman be wesihulembi[①].

旁译：勇武 功 将 建立 因为

君主 的 朝廷 向 普遍 仁爱 双亲 将 尊重

总译：因为建立勇武的功绩，所以朝廷尊重其双亲。

汉文：赳桓著绩，王朝锡类以荣亲。

转写：gui jeo i kai li kūwaran i minggatu giyang hūwa lung ni

eme ciowan hala si,

① wesihulembi，其他作 wesihun acabumbi。

旁译：贵州 的 凯里 营 的 千总 姜化龙 的
母亲 全氏 你

总译：你全氏，是贵州凯里营千总姜化龙的母亲。

汉文：尔全氏，乃贵州凯里营千总姜化龙之母。

转写：nadan targacun be getukeleme taciha，ilan jergi [ ] be alhūdame tacibuha.

旁译：七 训诫 将 察明 学习 三 次 [ ] 将 效法 教育

总译：七诫明习，教育效法三 [ ]。

汉文：七诫娴明，三迁勤笃。

说明：与汉文“三迁勤笃”相比，此处满文不完整，方括号处缺满文 gurihe，即“迁移”。该句意思是效法孟母三迁来教育孩子。

转写：fujurungga （后无对应内容）

旁译：端庄的

汉文：令仪不忒，早流珩瑀之声。

说明：与汉文相比，该句满文不完整，仅有一词。对照可知，所缺满文内容应是 yabun de calabun akū ofi，ujen doronggo i algin aifini selgiyebuhe，该句可直译为“由于端庄的行为没有过失，庄重的名声早已流传”。

转写：[ ] tacihiyan be mutefi[①]，yargiyan [ ] dalikū i tetun be saha.

旁译：[ ] 教 将 完成 的确 [ ] 屏 的 器 把 照见

总译：完成了教诲，的确照见了干城之器。

汉文：慈教有成，果见干城之器。

说明：此处满文表述不全，句首缺满文 gosingga，即“仁慈的”。句中方括号处缺满文 fiyanji，即“屏障”。满文 fiyanji dalikū 为固定短语，意为“屏障”，对应汉文敕命的“干城”。

转写：te kesi selgiyehe，doroi simbe nesuken hehe fungnehe.

旁译：今 恩 传扬 多罗 将 你 安人 封

总译：现在广施恩泽，封你为安人。

① mutefi，其他作 mutebufi。

汉文：兹以覃恩，封尔为安人。

转写：[ ] si hesei bithe i eldengge be isibufi,

joboho suilaha [ ] karulaha.

旁译：[ ] 你 诏书 的 有光的 将 送

劳累 苦 [ ] 报答

总译：赐予你诏书，使你焕发光彩，以报答你的劳苦。

汉文：於戏！锡龙纶而焕采，用答劬劳。

说明：此处满文不完整，句首缺满文 ayan，即“贵重的”。此外，句中方括号处缺一与位格格助词 de，使满文句法不严谨。

转写：doroi etuku i wesihun be alifi eldembure,

dosholoro be enteheme eldembuhe.

旁译：礼服 的 贵 把 接受 光耀

荣宠 把 永 光耀

总译：接受尊贵的礼服，永远享受荣宠光耀。

汉文：被象服以承休，允膺光宠。

转写：gui jeo i kai li kūwaran i minggatu

旁译：贵州 的 凯里 营 的 千总

总译：贵州凯里营千总

汉文：贵州凯里营千总

转写：doroi eldengge i jakūci aniya omšon biyai ice uyuci

旁译：道光 的 第八 年 十一 月的 初九 日

总译：道光八年十一月初九日

汉文：道光八年十一月初九日

转写：giyang hūwa lung ni ama eme

旁译：姜 化 龙 的 父亲 母亲

总译：姜化龙的父母

汉文：姜化龙之父母

（二）满文文本的问题

从来封典诰敕之文必有词臣专掌，经过整理发现，该份敕命中的满文应是从汉文转译而来，大抵可知清代敕命先有汉文后有满文无疑。雍正朝翰林院提督沈宗敬的密折也说明了当时满文敕命的形成过程，指出“本朝初年，翻译汉文者少，难于办理，因而按品按官裁定数语”。由于当时更开翻译科取中举人进士，“伏请敕下内阁翰詹衙门，嗣后诰敕之文七品以上皆令词臣轮值撰拟，按文翻译，钦点内阁翰詹满汉堂上官一二员专司阅定其书写校对”。[①]可见，清代的敕命是由翻译科专人译成满文，又由满汉堂上官专门阅定，进行严格校对。

然而，这份满文敕命在书写上存在着诸多问题，包括语法不规范、字句有脱漏等毛病。为方便查览和比对出处，本文所列举的满文均以原文所在行列进行标记。

1. 语法不规范

① 满文第6列的isabume应为isabufi，汉意为“积累”。

② 满文第6列的deribume应为deribure，汉意为“开始”。

③ 满文第15列的mutefi应为mutebufi，汉意为“使完成”。

④ 满文第17列的suilaha后缺格助词de，汉意为“于、以”，表示动作目的。

⑤ 满文第13列的wesihulembi，其他作wesihun acabumbi，汉意为“尊重”。

①②为动词的时态问题；③为语态问题；④为格助词问题；⑤严格上说不是语法问题，或是存在不同语言习惯所致，可见满文自身在书写上也很灵活。至于语法不规范问题，也并不是通篇存在。出现这种现象，很有可能是与书写者的满文水平有限有关，或者是书写时受到口语影响。尽管此类细节上的差异并不影响文义，却体现出了书写者对于满文的掌握水平。

2. 字句有脱漏

① 满文第7列缺booi be mukdembure jui bifi， arga bodogonggo sain doro be badarambuha。对应汉文为“克家有子，拓令绪于韬钤”。

② 满文第11列分别缺jui、oho、niyalma、eme、be，汉意依次为“孩子”“成为了”“人”“母亲”，完整语句应写作ama eme i kesi adali be dahame jui oho niyalma eme be uilere be hing seme gūnimbi，即“怙恃同恩，人子勤思于将母”。

③ 满文第15列有四处缺失。jergi后缺gurihe，汉意为“迁移”，即“三迁勤笃”之迁；fujurungga 后缺 yabun de calabun akū ofi ujen doronggo i algin aifini selgiyebuhe，

① 〔清〕沈宗敬：《谨奏为遵旨密陈管见事》，载《宫中档雍正朝奏折》第26辑，台北故宫博物院，1979年，第575页。

对应汉文为“令仪不忒，早流珩瑀之声”；tacihiyan 前缺 gosingga，汉意为“仁慈”，即“慈教有成”的“慈”；dalikū 前缺 fiyanji，汉意为“屏障”，即“干城之器”的“干城”。

④ 满文第17列缺ayan，汉意为“贵重的”，形容后文名词。

此类失误与上述语法不规范问题有着本质不同。由于脱漏过于频繁，甚至干扰了最基本的句意通顺，其中既有整句的缺失，无法同汉文一一对应，又有个别字词的丢失，造成上下语句不连贯，导致句义无法理解。如果不参校他文，根本无从了解满文文本及文义。按理说，这一时期的满文经过传承与发展，具有严格的书写规范和语法法则，不可能出现如此明显的差错。因此，我们有理由质疑作者的书写态度与这份敕命的真实性。

四、结语

本文对清水江文书所见清代敕命进行文书释读，主要分析了敕命的满汉文内容，结果发现尽管这种官文书在清水江文书中较为罕见，但这一敕命为伪作的可能性较大。对于清代的敕命文书，学者一般会从书法、文体、印玺、材质、纹路等方面进行鉴别。[①]然而，仅从满文来看，这份敕命即存在多处语法不规范、字句脱落遗失的问题，这种疏忽数量之多，实在是匪夷所思。因此，我们判定，这份敕命与其说是道光八年对一位六品武官父母的覃恩封赠，不如说是一份后人的作品。

进一步来看，虽然这份清水江文书的满文错误不少，但是相比市面上其他的伪作，其受封人名、受封称号这一类要在固定文式外自行补充的信息却没有拼写错误，或许这份文书有可靠的底本作为参照。早在清代中后期，作伪敕命的行为即已存在，无论这份敕命成书于何时，都反映了撰者有一定的满文文字能力，有可能是真迹已佚，姜氏后人专门临摹复制；也有可能是当地掌握满文者所为，只是语法和书写水平有限。考虑到清水江地区直至清末仍有满人军官驻守，毕竟难以否认这种作伪的可能。

〔作者赖俊杰、唐闻饶，中国社会科学院大学历史学院。北京，102488〕

① 周庆明：《圣旨的研究与辨伪》，载周庆明主编《中国圣旨大观》，上海：上海辞书出版社，2006年，第192—202页；何庄、徐飞：《如何鉴别古文书真伪——以清代雍正六年题本辨伪为例》，载赵彦昌主编《中国档案研究（第5辑）》，沈阳：辽宁大学出版社，2018年，第71—83页。

唐代的移式与移牒

王典典

摘　要：移文自春秋战国时期就已存在，历经两汉，直到魏晋南北朝时开始脱离对其他文体的依附成为独立文体。唐时期，移成为《公式令》中规定的六种官府及官司间行用的官文书之一，其适用范围是没有直接统属关系的官司之间。长期以来学界一直认为唐移文没有留存。实际上，唐代移式的结语不是一直以来默认的“谨 / 故移”，而是“谨 / 故牒”，唐人称这种牒式结语的移文书为“移牒”，有时也称为“移”或“牒”，目前被学界判定为牒式的敦煌吐鲁番出土文书，其实是移式下的移牒。

关键词：《公式令》残卷；移式；移牒

据敦煌《公式令》残卷P.2819、《唐六典》、《唐律疏议》及日本《令集解》中残存的唐令可知，唐代官府间和官府内行用的官文书有六种，分别是符、移、解、牒、关、刺。其中，符是官府间的下达文书，解是官府间的上申文书，移是官府间的平行文书，牒是官府内的下达文书，刺是官府内的上申文书，关是官府内的平行文书。①目前，学界关于符、解、牒、关的研究已经累积了很多②，但关于移和刺的研究却几乎没有。究

①［日］吉川真司：《奈良时代の宣》，《史林》第71卷第4号，第28、34—36页。［日］赤木崇敏：《唐代前半期の地方文書行政：トルファン文書の検討を通じて》，《史学杂志》2008年第117编第11号，第76页。

② 符式由于敦煌《公式令》残卷完整保留，出土文书中的符式也与其完全吻合，专文研究反而不多。［日］中村裕一《唐代公文書研究》（东京：汲古书院，1996年，第196—207页）第五章《吐鲁番出土の公式令規定文書》的第三节对唐时期的符式有较为全面的介绍。解式相关研究可参刘安志：《唐代解文初探——以敦煌吐鲁番文书为中心》，《西域研究》2018年第4期，第51—79页；《吐鲁番出土文书所见唐代解文杂考》，《吐鲁番学研究》2018年第1期，第1—14页；《唐代解文续探——以折冲府申州解为中心》，（转下页）

其原因，是因为《公式令》残卷P.2819里没有完整记录下移和刺的书式，以及学界一直认为出土文献中没有移式文书和刺式文书。但实际上，敦煌吐鲁番文书中虽然没有直接用移和刺来书写的文书，但与移性格[①]（官府间的平行文书）和刺性格（官府内的上申文书）相对应的文书是存在的。其中，与移性格对应的是牒文，与刺性格对应的是状文。[②]关于刺，传世文献中相关的记载很少，日本《公式令》[③]又没有刺式，确实难以进行深入研究。但移则不然。唐时期传世文献中关于移的史料很多，宋代也有关于移式的记载，日本《公式令》中的移式也保留了下来，最重要的是敦煌《公式令》残卷保留了唐移式的基本内容，并且敦煌吐鲁番文书中也存在与其性格对应的文书，这些都为唐移式的研究提供了便利。因此，笔者将从上述几个方面入手，试对唐代的移式和移式下使用的文书进行探讨。

一、唐及以前移的性格

徐望之在《公牍通论》中，将移书出现的时间定在三代。[④]然夏、商、西周不可考，最早关于移书的记载见于春秋战国时期。如《韩非子·存韩》："（齐、赵）二国事毕，则韩可以移书定也。"[⑤]王兆芳在《文章释》言："移书，移本作迻，迁徙也，手书迁移于人，或召或约，或责或劝，使之从也。主于徙达严词，鼓动人意。"[⑥]"移"又通"遗"，姚鼐在《古文辞类纂》中云："春秋之世，列国士大夫或面相告语，或为书相

（接上页）《西域研究》2021年第4期，第40—45页。关式研究可参雷闻：《关文与唐代地方政府内部的行政运作——以新获吐鲁番文书为中心》，《中华文史论丛》2007年第4期，第123—154页。牒式由于书式用途多样，研究成果最多，最新成果主要集中在赤木崇敏和包晓悦的研究上。[日]赤木崇敏：《唐代前半期の地方文書行政：トルファン文書の検討を通じて》，《史学杂志》2008年第117编第11号，第75—102页；《唐代官文書体系とその変遷——帖・牒・状を中心に》，载[日]平田茂樹、遠藤隆俊编《外交史料から十～十四世紀を探る》，东京：汲古书院，2013年，第31—75页。包晓悦：《唐代使牒考》，载郝春文主编《敦煌吐鲁番研究》第20卷，上海：上海古籍出版社，2021年，第161—182页；《唐代牒式再研究》，载叶炜主编《唐研究》第27卷，北京：北京大学出版社，2022年，第299—333页。

① 本文中"性格"大体可理解为"使用范围""文书书式"。

②［日］赤木崇敏：《唐代前半期の地方文書行政：トルファン文書の検討を通じて》，第95页。

③ 日本《公式令》内容可参《令集解》卷三一至卷三六。[日]黑板胜美主编：《令集解》（新订增补国史大系第24卷），东京：吉川弘文馆，2007年，第773—913页。

④ 徐望之：《公牍通论》，上海：上海书店，1991年，第16页。

⑤〔清〕王先慎撰：《韩非子集解》，钟哲点校，北京：中华书局，1998年，第14页。

⑥ 王水照：《历代文话》，上海：复旦大学出版社，2007年，第6305页。

遗，其义一也。”[①]两人对这一时期移及移书的概括至为允当。该时期的移书数量并不少，据时英英氏统计一共有22篇。但这个时候移并没有成为独立的文体，只是依附于书的一种表达，所以移常以移书的形式出现。移也依附于记，被称为移记，如《越绝书》卷一〇中有《移记公孙圣》一文。[②]

两汉时期，移常与檄并称或混称。《东观汉记》中记载：“隗嚣，故宰相府掾吏，善为文书，每上书移檄，士大夫莫不讽诵之也。”[③]居延汉简中也有记载：“都尉事，司马丞登行丞事，谓肩水候官，写移檄到，如太守府檄书律令。”[④]这些都是移檄并称的例子。董宣的《到江夏界移书夏喜等》中有云：“朝廷以太守能禽奸贼，故辱斯任。今勒兵界首，檄到，幸思自安之宜。”[⑤]题目中称为移书，但行文中却称为檄，移、檄混称现象可见一斑。刘勰更是在《文心雕龙》中单列“檄移”条目，将移和檄并列在一起，并认为二者“意用小异，而体义大同”。可见，两汉时期，移虽然已经开始形成一种文体，但仍不独立，多与檄混在一起，难以区分。这时期的移在行文方面，也正如张振谦氏所言，行文方向、行文对象、文体功能趋于多元化和模糊化，没有严格的规范和程序。[⑥]

魏晋南北朝时期，移文开始摆脱对其他文体的依附，发展成为具有固定书写格式的独立文体。清人孙德谦有言：“六朝时梁简文有《移市教》《答穰侯求和移文》，庾子山亦有《移市教》《移齐河阳执事文》，是移文之体，成于六朝也。《文心》有《檄移》篇，所称相如之《难蜀父老》，则不名为移，惟谓‘陆机之《移百官》，言约而事显’，固后世所宗，其文虽不传，要以六朝为法。”[⑦]孙德谦指出移文作为一种独立文体，是在六朝时期形成的。该时期移文的数量虽然不少，但大部分只保留了正文内容，省略了前后的一些书式用语。北渡南人庾信的《移齐河阳执事文》则保留了移文的书式，为观察六朝时期移文的样态提供了便利。

庾信的《移齐河阳执事文》全文如下：

周天和四年四月二十七，使持节车骑大将军仪同三司大都督陕西总管府移齐河

①〔清〕姚鼐：《古文辞类纂》，上海：上海古籍出版社，1998年，第300页。

② 时英英：《先秦移文管窥》，《吕梁学院学报》2015年第1期，第22—24页。

③〔东汉〕刘珍等撰、吴树平校注：《东观汉记校注》，北京：中华书局，2008年，第905页。

④ 此处移檄的研究可参裴永亮、马智全：《汉简警备檄书与西汉昭宣时期河西边塞防御》，《敦煌学辑刊》2018年第4期，第129页。

⑤《后汉书》卷七七《酷吏列传·董宣传》，北京：中华书局，1965年，第2489页。

⑥ 张振谦：《移文流变考述——兼及〈北山移文〉在唐宋时期的文学接受》，《清华大学学报（哲学社会科学版）》2017年第3期，第90页。

⑦〔清〕孙德谦：《六朝丽指》，载王水照编《历代文话》，上海：复旦大学出版社，2007年，第8492、8427页。

阳执事。自疆埸卧鼓，边鄙收烽，义让之行，未能期月，孔城诲盗，即值芭藏。是以板载之师，须时而动，自安封域，非求拒防。虽复风尘暂接，旗鼓无侵，五将即回，双崤已静。始奉朝旨，获被移书。令受叛城，使回军实。想彼边司，已奉处分。既有此还，辄须领纳。未知何日可遣戍兵？指附行人，迟能速报，盟且不渝，邻境相善，顾瞻原野，幸甚实多。故移。①

从全文内容来看，移文开头是时间和“发件者+移+收件者”的形式来表述的行文双方，之后是正文内容，文末以“故移”作为结尾。魏晋南北朝时期移文的书式大体应该都如此。与两汉时期相比，该时期移文形成了固定书式，行文关系也变得清晰化和单一化，国与国之间以及不同国家之间的官司、官员之间的交流成为移的主要内容。②

但是，两汉魏晋南北朝时期，移檄、移文等虽然也涉及一些国家事务的处理以及国与国之间的沟通，但并不是真正意义上的公文书，更多的是一种具有独特性格的文学体裁。至隋唐，移正式进入规定国家公文书样式的公式令中，成为国家令法规定的处理日常公务使用的公文书式。

《唐律疏议》卷九《职制》“稽缓制书官文书”条记载：

诸稽缓制书者，一日笞五十，誊制、敕（之）符、移之类皆是③。一日加一等，十日徒一年。

疏议曰：制书在令无有程限，成案皆云“即日行下”。称即日者，谓百刻内也。写程：“通计符、移、关、牒，满二百纸以下给二日程。过此以外，每二百纸以下加一日程。所加多者，总不得过五日。其敕书计纸虽多，不得过三日。军务急速，皆当日并了。”成案及计纸程外仍停者，是为“稽缓”，一日笞五十。注云“誊制、敕（之）符、移之类”，谓奉正制、敕更誊已出，符、移、关、解、刺、牒皆是，故言“之类”。一日加一等，计六日杖一百，十日徒一年，即是罪止。

其官文书稽程者，一日笞十，三日加一等，罪止杖八十。

疏议曰：“官文书”，谓在曹常行，非制、敕、奏抄者。依令：“小事五日程，中事十日程，大事二十日程，徒以上狱案辩定须断者三十日程。其通判及勾经三人以下者，给一日程；经四人以上，给二日程；大事各加一日程。若有机速，不在此例。”

①〔清〕严可均：《全后周文》，北京：商务印书馆，1999年，第208页。

② 张振谦：《移文流变考述——兼及〈北山移文〉在唐宋时期的文学接受》，第90页。

③ 此处指的是誊写制、敕的移或符，原文句读有歧义，为便于理解，此处去掉了“敕”和“符”之间的顿号，补充“之”字。

机速，谓军机急速，不必要准案程。应了不了亦准稽程法，除此之外皆准事。稽程者，一日笞十，三日加一等，罪止杖八十。[①]

没有按照规定时间传送文书的行为被称为稽缓，相关人员会受到笞刑。稽缓制书晚一天的人，被笞打五十下；稽缓官文书晚一天的人，被笞打十下。誊写制敕的符、移、关、解、刺、牒如果被稽缓了，按照稽缓制书来进行处理。虽然“官文书稽程”的疏议中没有具体列举官文书有哪些种类，但结合上下文可以断定，下方律疏中所说的官文书，指的就是上方疏议中提到的符、移、关、解、刺、牒。可见，移和符、关、解、刺、牒一样，都是当时法定的官文书。且移仅位于符之后，在“稽缓制书”律文中与符一起作为官文书的代表被提及，其重要性自不言而喻。《唐律疏议》其他卷目中也多次提及移，此处不再一一列举。

但从《唐律疏议》对移的记载仅能判断出移是当时重要的官文书的一种，至于移的书式及使用范围等仍不得而知。《唐六典》关于移的记载对于理解当时移的性格有所增益。

《唐六典》卷一“尚书都省”条有载：

诸司自相质问，其义有三，曰关、刺、移（关谓关通其事，刺谓刺举之，移谓移其事于他司。移则通判之官皆联署）。[②]

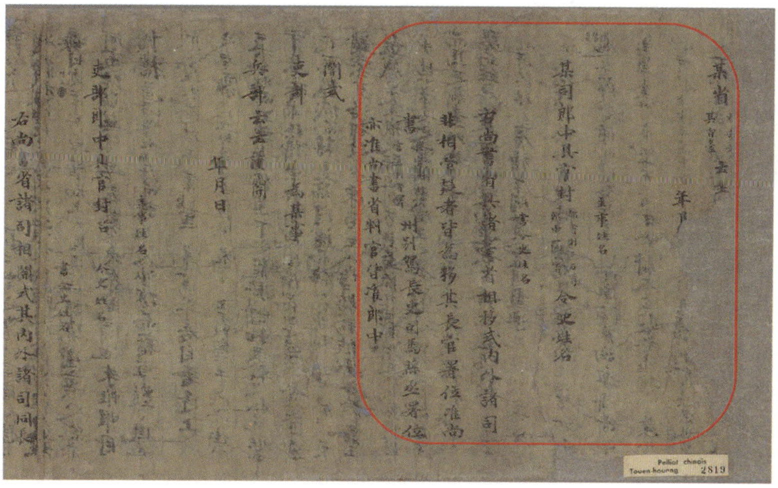

图1　P.2819（局部）

① 刘俊文撰：《唐律疏议笺解》，北京：中华书局，1996年，第771页。

②《唐六典》卷一“尚书都省”条，北京：中华书局，1992年，第11页。

据此可知，移是官司间互相质问时使用的书式，其发件单位和收件单位都是官司，官司将某事移交于另一官司时使用该书式的文书。

不过最能直接反映唐移性格的当属敦煌《公式令》残卷中关于移的记载。

敦煌P.2819号文书是开元时期（713—741）《公式令》的残卷。文书中记载了移、关、牒、符、制授告身、奏授告身六种样式的公文，其中移式的头部和奏授告身的尾部有所残缺。①即便如此，移的大概样式以及移的行用范围还是被保留了下来。仁井田陞氏根据残卷的内容和日本公式令中移式的记载对残卷中的移式进行复原，得出复原移式如下：

移式

尚书省　　为某事

某省（省台云其省台）　云主□□□

年月日

主事姓名

某司郎中具官封名都（省则左右司郎中一人署）　令史姓名

书令史姓名

右尚书省与诸台省相移式。内外诸司非相管隶者皆为移。其长官署位准尚书（长官无则次官通判者署。）州别驾、长史、司马、县丞署位亦准尚书省。判官皆准郎中。②

其中，黑色字体为残移的录文，红色字体为仁井田陞氏补充的内容。仁井田陞氏基本复原移的书式，但值得注意的是移式的结尾部分独独没有被复原。唐《公式令》残卷中关式的结尾是“谨关”，牒式的结尾“故牒”，符式的结尾是“符到奉行”。③仿照唐《公式令》编撰的日本《公式令》中移式的结尾是“故移”，符式的结尾是“符到奉行”，解式的结尾是“谨解”。④按照中日公式令文书的样式来看，仁井田陞氏完全可以将唐移式的结尾复原为“谨移”或者“故移”等，然而他没有这样做。在《唐令拾遗》以及

① 关于P.2819号文书录文和研究可参楼劲：《伯2819号残卷所载公式令对于研究唐代政制的价值》，《敦煌学辑刊》1987年第2期，第79—85页。

②［日］仁井田陞：《唐令拾遗》，东京：东京大学出版社，1964年，第552—554页。

③ 楼劲：《伯2819号残卷所载公式令对于研究唐代政制的价值》，第79—80页。

④《令集解》卷三二，第799—819页。

其他所撰著作中也并未对这一行为给出解释。仁井田陞氏的保留行为暂按下不表，回到复原的移式来看，移是内外没有直接管辖关系的官司之间使用的书式，与《唐六典》中的“移其事于他司”的解释算是互相补充。

根据赤木崇敏氏等人的研究，唐代的官文书按照行文双方的关系可以分为上行文书、下行文书和平行文书，移属于平行文书的一种。这种分类方式源远流长，不仅唐代，秦汉魏晋南北朝时期的官文书也按照此法进行分类；不仅中国，日本公文书研究领域也采用此三分法。从唐时期的史料来看，上行文书和下行文书的概念是确实存在的。如《唐六典》卷一“尚书都省”条有载，“凡上之所以逮下，其制有六，曰制、敕、册、令、教、符。……凡下之所以达上，其制亦有六，曰表、状、笺、启、牒、辞”。[①]但平行文书的概念则没有太多的史料依据，最与之相关的史料当属上文提及的“诸司自相质问，其义有三，曰关、刺、移”[②]，这也是紧随上述“上之所以逮下”“下之所以达上”之后的记载。然而仔细品味，“诸司自相质问”并不等同于平行文书，结合《公式令》中对移式使用范围的规定“内外诸司非相管隶者皆为移”来看，只要是没有直接统属关系的官司都可以使用移，行文双方的关系不一定是平行关系。移是与符和解相对应的一种补充性质的公文书。据《公式令》残卷可知，符的使用范围是“凡应为解向上者上官向下皆为符”[③]，也就是说，有统属关系的两个官司之间，上行官司向下行官司使用符式，下行官司向上行官司使用解式，如尚书省下发地方州府即用符式，地方州府上申尚书省即用解式（参下页图）。那么，没有直接统属关系的官司，则使用移。移强调的是行文双方互不统属，而不是平行。渡边宽氏在考证日本的移式时就对平行文书的概念提出了质疑。[④]中村圭尔在分析魏晋南北朝的官文书时，只是用了上行文书和下行文书的概念，对于平行文书则谨慎地没有使用。[⑤]综上可知，唐时期的移是《公式令》规定的没有统属关系的官司之间使用的官文书，行文双方之间没有必须地位平等或平行的要求。

赤木氏在吉川真司氏研究的基础上，对唐时期的文书行政流程进行总结，并绘制流程图如下（黑色文字部分）：[⑥]

---

①《唐六典》卷一“尚书都省”条，第11页。

② 同上。

③ 楼劲：《伯2819号残卷所载公式令对于研究唐代政制的价值》，第80页。

④［日］渡边宽：《「移について」——公式様文書の一考察》，《皇学馆论丛》第21卷第3号，第1—26页。

⑤［日］中村圭尔：《魏晋南北朝における公文書と文書行政の研究》（研究成果报告书），大阪：共荣印刷所，2001年。

⑥［日］赤木崇敏：《唐代前半期の地方文書行政：トルファン文書の検討を通じて》，第95页。

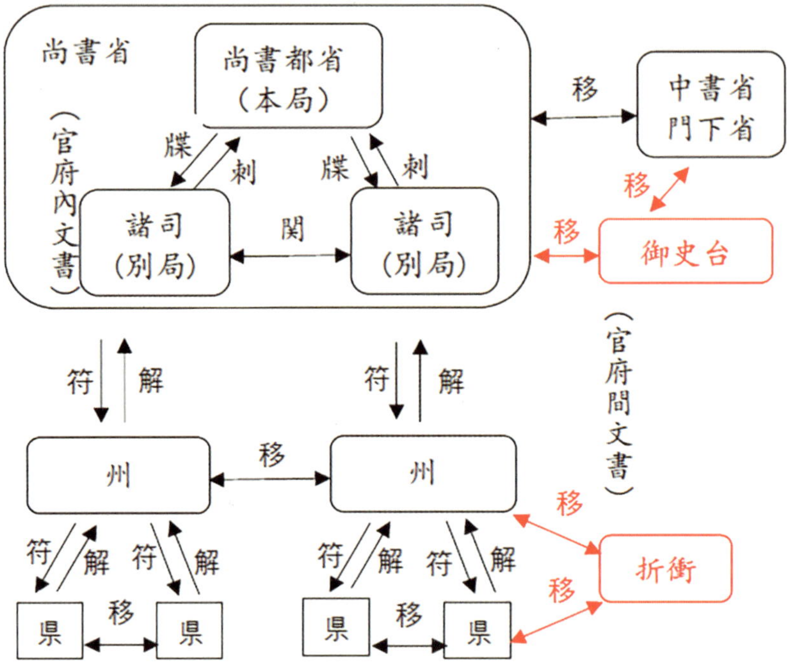

图2　唐代文书行政流程图

赤木氏受平行文书概念的影响，认为唐代的移式只存在于同等级别的县、州和中央三省之间。结合上述分析可知，移的使用范围要更加广泛。在赤木氏绘图的基础上如果加入折冲府和御史台的话，那么根据残卷“内外诸司非相管隶者皆为移”的规定，折冲府和州、县，御史台和三省之间也是可以使用移的（上图红色文字部分）。但移适用范围仍不限于上图中描述的几种。如前所述，只要是没有直接统属关系的官司，都可以使用移。

在清楚了唐《公式令》中关于移的规定后，再来看看与之相对应的具体文书。但到目前为止，学界还未发现一件移式文书。尽管有丰富的敦煌吐鲁番文书来作为唐史研究的补充资料，但移式文书却一件也没有。史学研究因为史料不足无法进行，本来是一件不足为奇的事情，但“唐时期移式文书一件没有”，则有些让人难以理解。就春秋战国、两汉、魏晋南北朝、隋唐这四个时期的史料分布而言，时间越往后史料是逐渐丰富的，魏晋南北朝时期有27件移文，两汉时期有十数件，就连史料最少的春秋战国时期都保留下了22件移书和1件移记，[①]怎么到了史料相对丰富的隋唐时期移文就突然一件都没

① 关于春秋战国至魏晋南北朝时期移文的研究可参时英英：《先秦移文管窥》，第22—24页；《两汉“移”“檄”并题、混称现象探析》，《成都大学学报（社会科学版）》2016年第4期，第67—71页。张振谦：《移文流变考述——兼及〈北山移文〉在唐宋时期的文学接受》，第89—95页。

有了呢？就唐时期的六种官文书而言，相对于其他使用范围定向的五种官文书，移的适用范围是非定向的，是最广泛的一种。按照事物的正态分布，移文即便不是被保留下来最多的那一个，也应该有相当数量的移文被留存下来才对，实际上却是一件都没有。

虽然唐代移文一直被认为没有留存下来，敦煌《公式令》残卷中移的样式又残缺，但残卷中保留了移的适用范围，按照这个适用范围的规定，寻找与其对应的文书，考察这些文书的使用情况，也不失为探究唐移式与移文的一个方法。

二、出土文献中与移性格相对应的文书

从移的“内外诸司非相管隶者皆为移”这一性格入手，敦煌吐鲁番文书中，与之对应的文书还是很多的。其中保留最清晰完整的当数法藏敦煌文书P .3899v中开元十四年（726）敦煌县征马社钱案卷中悬泉府发给敦煌县的文书。其全文内容转录如下：

（前略）□□

1. 悬泉府□□
2. 前府史翟崇明欠马社钱捌仟陆佰文、前校尉判兵曹张袁成欠马
3. 社钱叁仟肆佰伍拾文
4. 敦煌县。得折冲都尉药思庄等牒称，检案内前件人等［
5. □上件社钱、频征不纳，先已录状申州。州司判下县征［
6. □月廿日内纳了。依检，其钱至今不纳，事须处分［
7. ］者。翟崇明负府司社钱，违限不纳，准状牒炖［
8. □请垂处分者。今以状牒，牒至准状。谨牒。
9. 开元十四年四月廿三日。
10. 府
11. 折冲都尉庄□□
12. 史李崇英[1]

（后略）

① 相关录文及案卷研究可参卢向前：《马社研究——伯三八九九号背面马社文书介绍》，载北京大学中国古代史研究中心编《敦煌吐鲁番文献研究论集》第2辑，北京：北京大学出版社，1983年，第361—424页。

这件文书是P.3899v案卷中的一件文书，虽然天头地脚有所残破，但首尾完整，基本能断定其大意，这是悬泉府发往敦煌县催促敦煌县府处罚拖欠马社钱的翟崇明和张袁成的一件公文。文书正文内容首尾均有朱印，但印文模糊，难以完全辨认。包晓悦氏推断可能为“左、右某卫悬泉府之印”九字，当是。文书最后还有受付官司敦煌县勾检官的受付记录和“敦煌县之印”的印文。按照唐令的规定，军事机构悬泉府和民政机构敦煌县没有隶属关系，两者之间应该使用移式。但这件文书最后的结语却是“今以状牒，牒至准状。谨牒”，是牒式的结语。对此，赤木崇敏氏首先将这件文书判断为牒式文书，然后指出，折冲府的府兵都是来自所属县的百姓，府兵的户籍管理与各县府的司户联络密切，两者不可避免地会收到对方的指示文件，在这个过程中，县府和折冲府都选择下行文书的牒式。赤木氏更进一步将该牒式的使用范围扩展为收发双方都是律令体制下具有四等官的官府机构之间。[1]包晓悦氏在论证该牒式时也完全采用了此说。[2]

赤木氏和包氏的论断有大量的出土文书作为依据，确乎无懈可击，但这样的论断下还是有两个疑问存留的。首先，赤木氏所述牒的书式和使用范围，敦煌《公式令》残卷中清楚记载如下：

（前略）

1 牒式

2 尚书都省　　为某事。

3 某司。云云。案主姓名。故牒。

4 　　　　　年月日

5 　　　　　主事姓名

6 左右司郎中一人具官封名。令史姓名

7 　　　　　　　　　　书令史姓

8 　　右，尚书都省牒省内诸司式。其应受

9 　　刺之司，于管内行牒皆准此。判官署位

10 　　皆准左右司郎中。[3]

（后略）

从书式来看，上述悬泉府发往敦煌县的文书与该牒式确实类似，但两者并不完全一样。

① ［日］赤木崇敏：《唐代官文書体系とその変遷——帖·牒·状を中心に》，第31—75页。

② 包晓悦：《唐代牒式再研究》，第299—333页。

③ 录文参楼劲：《伯2819号残卷所载公式令对于研究唐代政制的价值》，第80页。

《公式令》残卷牒式的最后结语是“故牒”，是下行文书的用语，而上述文书的结语是“谨牒”，是下行文书绝不会使用的结语。《公式令》残卷牒式的适用范围是官府内部的下行文书，如尚书省内尚书都省下省内六部，州内州府下该州的各曹司等，而上述文书是两个互不隶属的独立官司之间使用的公文。赤木氏将上述文书判定为《公式令》残卷牒式的论断其实既不符合其书式，也不符合其适用范围。

其次，从《公式令》残卷中保留的文书可知，唐时期官文书的头部都是“某司+为某事+某司”的形式，其中第一个“某司”是发件官司，第二个某司是收件官司。[①]也就是说，但从书式来看，仅仅依靠文书的前半部分难以判定文书的种类，必须结合文书的结语和收发官司之间的关系进行判断。如前所述，受敦煌《公式令》残卷和日本《公式令》的影响，学界一直有一种潜意识的认定，那就是唐官文书的结语应该都是“谨／故+文书类型”这样的形式。但最近刘安志氏关于解文书的三篇大作打破了这一认定。刘氏通过考证敦煌吐鲁番文献中某类含有“申”字的上行文书，指出这些文书就是六种官文书之一的解文书，并在诸文书的基础上复原了县解州、折冲府解都督府的书式。[②]刘氏复原的这两种书式中里面都没有“解”字。

如果解文书中不一定有“解”字，那么移文书中就一定要有“移”字吗？

将仁井田陞氏复原的没有结语的移式与上述悬泉府发往敦煌县的文书进行比较，会发现两者其实也是出奇地吻合。日本古文书研究泰斗相田二郎早在20世纪40年代就指出，进入平安时代后，移式与牒式之间界限暧昧，许多移式文书都是通过牒式来书写的。[③]关于日本移与牒之间的暧昧关系早川庄八氏、钟江宏之氏、加藤麻子氏等对此也各有论述。[④]仁井田陞氏作为日本出身的律令研究者，想必也注意到了这一点。大概仁井田陞氏也不确定，日本移性格的文书多数用牒式书写这一点是日本自身发展的结果还是受唐风影响的结果，所以在复原唐移式时才谨慎地没有复原移式的结语。

根据移式的“内外诸司非相管隶者皆为移”这一性格，考察敦煌和吐鲁番出土文书，与其符合的文书有都护府发往都督府、都督府发往都督府、县发往县、都督府发往折冲府、县发往折冲府以及上述折冲府发往县六种情况。以下是这六种情况相关文书列表（表1）。

① 楼劲：《伯2819号残卷所载公式令对于研究唐代政制的价值》，第79—80页。

② 刘安志：《唐代解文初探——以敦煌吐鲁番文书为中心》《吐鲁番出土文书所见唐代解文杂考》《唐代解文续探——以折冲府申州解为中心》。

③［日］相田二郎：《日本の古文書》，东京：岩波书店，1949年，第195页。

④［日］早川庄八：《日本古代の文書と典籍》，东京：吉川弘文馆，1997年，第39—40页；［日］钟江宏之：《解、移、牒》，载《文字と古代日本1（支配と文字）》，东京：吉川弘文馆，2004年，第211—232页；［日］加藤麻子：《日唐の「牒」とその多様化の背景》，载《律令国家史論集》，东京：塙书房，2010年，第31—32页。

表1　敦煌吐鲁番出土移式文书表

	序号	文书番号	年代	发出主体	收件单位	文书内容及残损情况
都护府发往都督府	1	2006TZJI:104，105，106	龙朔二、三年（662—663）	燕然都护府	西州都督府	残损严重，没有结尾
都督府发往都督府	2	2006TZJI:094，098，160，133	龙朔三年（663）	西州都督府	金满洲都督府	残损严重，没有结尾
县府发往县府	3	72TAM230:95（a）	开元九年（721）前后	高昌县	柳中县	首尾残缺，正文结语为“牒至准状，谨牒”
都督府发往折冲府	4	宁乐17（2），19（3）	开元十二年（724）	西州都督府	蒲昌府	首尾破损，结语为“牒至准状……”
	5	宁乐28（2），13（2—2）	开元十二年（724）	西州都督府	蒲昌府	有首无尾
	6	宁乐14（5），22（2）	开元十二年（724）	西州都督府	蒲昌府	首尾破损，尾部缺失
	7	宁乐18（10），12（2）	开元十二年（724）	西州都督府	蒲昌府	无首，尾部结语为“牒府准、故牒”
	8	橘3号	开元十二年（724）	西州都督府	蒲昌府	不明
	9	宁乐5	开元十二年（724）	西州都督府	蒲昌府	无首有尾，结语不存。
	10	宁乐30（6），11（1）	开元十二年（724）	西州都督府	蒲昌府	首尾破损，结语为“牒至准状，故牒”
	11	宁乐34（9），23（1）	开元十二年（724）	西州都督府	蒲昌府	有首无尾
	12	宁乐31（3）	开元十二年（724）	西州都督府	蒲昌府	有首无尾
县府发往折冲府	13	宁乐28（5），21（2）	开元十二年（724）	蒲昌县	蒲昌府	有首，结语为“牒至准状……”
	14	宁乐18（2），14（2），7（3）	开元十二年（724）	蒲昌县	蒲昌府	无首有尾，结语为“牒至准状，故牒”
折冲府发往县府	15	P.3899v	开元十四年（726）四月二十三日	悬泉府	敦煌县	首尾基本完整。结语为“今以状牒，牒至准状，谨牒”

从尾部得以保留能清楚看到结语的文书中可知，无一例外，这些文书都是以“谨

牒”或“故牒”为结语的。

表1反映的是地方官府使用的与移性格对应的文书。根据敦煌《公式令》残卷中的残留书式可知，中央百司互不隶属者在有公文往来时也要使用移，残卷中列举的移式就是尚书省与其他省及御史台之间的例子。当然敦煌吐鲁番文书中也不可能出现中央官司之间往来的文书。但唐代的诏令签发要有一个中书省草拟，门下省审议，尚书省签发的过程，这个过程中会涉及三省之间文书递送时的情况。敕旨和发日敕最能清晰反映出这一点。以下各以吐鲁番出土贞观二十二年（648）的敕旨符和《表制集》中不空三藏的敕授告身为例，以观察中央三省之间文书递送的关系。

1. 敕旨。有阴及承别恩者，方沾宿卫，钩陈近侍，亲
2. □非轻，故礼孝悌，量能进叙，有劳必录，庶不遗材。
3. ］之徒，情乖奉上，假托事故，方便解免。比循
4. ］今以后，三卫犯私罪应除免官，
5. ］须解官推勘辨定［
6. ］本罪，轻［
7. □□依法征纳。所有考［
8. □起应徐年考校，比来［
9. 其远番应配西［
10. 　　贞观廿二年［
11. 　　中书侍郎臣崔仁□
12. 　　朝议郎守中书舍人臣柳□□
13. 奉
14. 敕旨如右。牒到奉行。
15. 　　贞观廿二年二［
16. 侍中　阙　守门下［
17. 太中大夫守黄门侍郎臣临
18. 朝散大夫守给事中臣茂将　主［
19. 　　二月廿六日　未［
20. 　　中大夫太子少保［①
　　（后略）

① 唐长孺主编：《吐鲁番出土文书（叁）》，北京：文物出版社，1996年，第303—304页。

以上是贞观二十二年安西都护府下发给管内交河县的一件敕旨符前半部分的敕旨的录文。从“敕旨”到“朝议郎守中书舍人臣柳奭行”是中书省奉皇帝命令拟定的敕旨内容，末尾的签名也是当时中书省的各长官。中书省拟定完成后文书要交给门下省审议，门下省审议后没有什么问题就交给尚书省去执行。“奉敕旨如右，牒到奉行”是门下省审议完成后转送给尚书省的用语。即“奉敕旨如右，牒到奉行”的发出主体是门下省，收文方是尚书省。三省之间文书往来按规定是用移的，但是这件敕旨符中门下省转送尚书省的文书却被称为牒。除了上述敕旨外，唐代其他敕旨中，门下省转送尚书省过程的用语也都是“奉敕旨如右，牒到奉行”。可见，唐时期门下省发往尚书省的文书是被称为牒的。

敕。不空三藏、连宫释种、香界道师。性表真如、学精秘藏。承绀园之妙旨，开示四依，译金口之微言，津梁六趣。身持梵匣，远涉流沙。传灯益明，甘露溥润。散慈云于火宅，扬慧日于幽涂。顷者，躬问胜因，弘示方便，永决疑网，滋予知牙。虽出尘之心，齐谢于名位，二褒崇之典式，旌于贤哲，俾应嘉命用叶朝章。可特进试鸿胪卿，仍赐号大广智不空三藏。

永泰元年十一月一日

中书令 使

银青光禄大夫中书侍郎平章事上柱国颍川郡开国公臣元载 宣

中书舍人臣杨炎 奉行

奉

敕如右。牒到奉行。

永泰元年十一月 日

检校侍中 使

特进行中书侍郎权判门下省事上柱国卫国公 杜鸿渐

银青光禄大夫给事中上柱国范阳县开国侯 卢允

十一月 日 时 都事

左司郎中

金紫光禄大夫吏部尚书上柱国博陵县开国伯 寓

正议大夫吏部侍郎上柱国陇西县开国子赐紫金鱼袋 季卿

银青光禄大夫行吏部侍郎上柱国扶风县开国男 延昌

朝议大夫守尚书右丞集贤殿学士副知院事兼修国史 绾
告特进试鸿胪寺卿大广智不空三藏。
奉
敕如右。符到奉行。
主事 海
吏部郎中 谔 令史 涓
书令史
永泰元年十一月□日下[①]

以上是永泰元年（765）朝廷签发给不空三藏的敕授告身。告身的前半部分是发日敕。如敕旨一样，发日敕也有门下省发文书给尚书省的过程。其用语是“奉敕如右，牒到奉行”，再一次印证了门下省发往尚书省的文书可以被称为牒。如果敕旨和发日敕中门下省发往尚书省的文书可以被称为牒的话，那么中央其他百司之间的文书往来也大概可以被称为牒。

综上，在出土的地方官文书中，与移性格对应的文书其结语不是一直以来默认的“谨／故移”，而是“谨／故牒”。那么是否有可能如赤木氏所说，移式文书原来可能有，只是官府内的下行文书的牒式的使用范围逐渐扩展，取代了原有的移文书呢？如果没有敕旨和发日敕中的记载，这种可能性或许也存在，但敕旨和发日敕中直接将门下省发往尚书省的文书称为牒，其实更大的可能性是移式本身的结语就是“谨／故牒”。

在考察了出土文书方面的史料后，再看看传世文献是如何记载互不隶属的官司之间的文书往来的。

三、传世文献中与移相关的记载

传世文献中唐时期互不隶属官司之间的文书往来并不少。

《旧唐书》卷一五八《郑余庆传》中记载：

近代立戟者，率有银青阶，而义方只据勋官，有司不详覆而给之，议者非之，

① 相关录文及研究可参［日］大庭修：《唐告身の古文書学的研究》，载《唐告身と日本古代の位階制》，伊势：学校法人皇学馆出版部，第101—102页。

台司将劾而未果。会余庆自东都来，发论大以为不可。由是，台司移牒诘礼部，左司郎中陆则、礼部员外崔备皆罚俸，夺元、卢之门戟。[①]

上述史料是御史台向其他官司发送文书的记载。御史台是唐代最高的监察机关，为了裁判案情，经常会与其他官司进行文书往来。《郑余庆传》中，关于门戟人员身份的问题，御史台发文诘问尚书省礼部，而签发文书的过程被称为“移牒”。这里的移牒应当不是移送牒文的意思，而是一个独立的动名词，其中，移指的是文书的类型，牒指的是文书的具体书式，如上所述，移文最后的结语是“谨／故牒”，所以移式下的具体文书才又被称为“移牒”。

除此例外，传世文献中类似的记载还有很多，可整理列表如下（表2）。

表2　传世文献中移文书相关记载表

序号	史料	出典
1	师德贬原州员外司马。师德因署**移牒**，惊曰：“官爵尽无邪！”既而曰：“亦善，亦善。”不复介意。	《资治通鉴》卷二五〇
2	初，崔湜为襄州刺史，密与谯王重福通书，重福遗之金带。重福败，湜当死，张说、刘幽求营护得免。既而湜附太平公主，与公主谋罢说政事，以左丞分司东都。及幽求流封州，湜讽广州都督周利贞，使杀之。封州，属广州都督。桂州都督王晙知其谋，留幽求不遣。晙，子峻翻。利贞屡**移牒**索之。晙不应，利贞以闻。	《资治通鉴》卷二一〇
3	光弼曰：“守之，则汜水、崿岭、龙门皆应置兵，汜水有成皋之险。崿岭在登封县。龙门则伊阙。子为兵马判官，能守之乎？”遂**移牒**留守韦陟使帅东京官属西入关，**牒**河南尹李若幽使帅吏民出城避贼，空其城。	《资治通鉴》卷二二一
4	辛巳，诏神威、神策六军将士自相讼，军司推劾；与百姓相讼，委府县推劾；小事**移牒**，大事奏取处分，军司、府县不得相侵。	《旧唐书》卷一三
5	昊天上帝、五方帝、皇地祇、神州及宗庙为大祀，社稷、日月星辰、先代帝王、岳镇海渎、帝社、先蚕、释奠为中祀，司中、司命、风伯、雨师、诸星、山林川泽之属为小祀。大祀，所司每年预定日奏下。小祀，但**移牒**所由。	《旧唐书》卷二一

① 《旧唐书》卷一五八《郑余庆传》，北京：中华书局，1975年，第4164页。

续表

序号	史料	出典
6	六年闰十二月，户部侍郎判度支卢坦奏："河中两池颗盐，敕文祇许于京畿凤翔，陕虢，河中泽潞，河南，许汝等十五州界内粜货。比来因循，兼越兴元府及洋州兴凤文成等六州。臣**移牒**勘责，得山南西道观察使报，其果阆两州盐，本土户人及巴南诸郡市粜，又供当军士马，尚有悬欠，若兼数州，自然阙绝，又得兴元府诸耆老状申诉。臣今商量，河中盐请放入六州界粜货。"从之。	《唐会要》卷八八
7	初，御史监察者，以开元礼凡有缌麻以上丧，不得飨庙，**移牒**吏部，告以差奏祭官有私丧者。	《唐会要》卷三八
8	六年八月，中书门下奏："……伏请存旧例子，六番三卫，都四千九百六十三人，纵使分番当上，配役处多，**移牒**勘会，须得详请，续商量闻奏。"敕旨依奏。	《唐会要》卷五九
9	十九年十二月，监察御史崔薳笞四十，配流崖州。初，建中元年，敕京城诸军诸使及府县，季终命御史分曹巡按系囚，省其冤滥以闻。近年以北军职在禁密，但**移牒**而已，御史未尝至。薳在官近，不谙故事，至右神策军云："奉制巡按。"军使等以为持有制命，颇惊愕。军中遽奏之，上发怒，故有此命。	《唐会要》卷六〇
10	开元五年，监察御史杜暹，往碛西覆屯，会郭虔瓘与史献等不协，更相执奏，诏暹按其事实，史献以金遗，暹固辞。左右曰，"公远使绝域，不可失蕃人情"，暹不得已，受之，埋于幕下，既去出境，乃**移牒**令收取之。	《唐会要》卷六二
11	皇朝左右监门府，置大将军中郎将等。龙朔二年，改为监门卫。旧制，凡京司应以籍入宫殿门者，皆本司具其官爵姓名，以**移牒**其门。	《唐会要》卷七一
12	应奏之事有失，勘读及省审之官不驳正者，减下从一等。疏议曰：尚书省应奏之事，须缘门下者，以状牒门下省。准式依令，先门下录事勘，给事中读，黄门侍郎省，侍中审。有乖失者，依法驳正，却**牒**省司。	《唐律疏议》卷五
13	季春吉巳，祭先蚕于公桑，皇后亲桑。并用太牢，笾、豆各九。将蚕日，内侍省预奉**移**所司所事。	《旧唐书》卷二四
14	掌冶署：令一人，正八品上。丞一人，从九品上。监作四人，从九品下。掌冶令掌镕铸铜铁器物。丞为之贰。凡天下出铜铁州府，听人私采，官收其税。若白镴，则官市之。其西北诸州，禁人无置铁冶及采铁。若器用所须，具名**移**于所由官供之。	《旧唐书》卷四四

续表

序号	史料	出典
15	开元六年正月，太常奏昭成皇太后谥号，以**牒**礼部，礼部非之。太常报曰：“‘入庙称后，义系于夫；在朝称太后，义系于子。’此载于史册，垂之不刊。今百司**移牒**及奏状，参详典故，恐不合除‘太’字；如谥册入陵，神主入庙，即当去之。”	《旧唐书》卷五二
16	十五年，征为国子祭酒，转兵部侍郎。会镇州杀田弘正，立王廷凑，令愈往镇州宣谕。愈既至，集军民，谕以逆顺，辞情切至，廷凑畏重之。改吏部侍郎。转京兆尹，兼御史大夫。以不台参，为御史中丞李绅所劾。愈不伏，言准敕仍不台参。绅、愈性皆褊僻，**移**刺往来，纷然不止，乃出绅为浙西观察使，愈亦罢尹，为兵部侍郎。及绅面辞赴镇，泣涕陈叙，穆宗怜之，乃追制以绅为兵部侍郎，愈复为吏部侍郎。	《旧唐书》卷一六〇

从表2可知，唐时期没有隶属关系的官司使用的公文有“移”“移牒”“牒”三种称呼。“移牒”的称呼上文已经叙述过，而“移”与“牒”则是“移牒”的简称。

司马光在《书仪》卷一中记载宋代的牒式如下。

> 牒式
>
> 某司牒　某司（或某官）
>
> 某事（云云）
>
> 牒（云云。）（若前列数事则云牒件如前云云。）谨牒。
>
> 年月日　牒
>
> 列位（三司首判之官一人押、枢密院则都承旨押）。
>
> 右门下、中书、尚书省以本省，枢密院以本院事相移（并谓非被受者），及内外官司非相管隶者相移，并用此式。诸司补牒亦同。惟于年月日下书书令史名，辞末云故牒。官虽统摄而无状例，及县于比州之类，皆曰牒上（寺监于御史台、秘书、殿中省，准此）。于所辖而无符帖例者，则曰牒某司，不缺字（尚书省于御史台、秘书、殿中省，及诸司于台省，台省、寺监于诸路、诸州，亦准此。其门下、中书省、枢密院于省内诸司、台省、寺监官司，辞末云故牒。尚书省于省内诸司，准此）。①

该牒式的适用范围极其广泛，但位列其首的是中书、门下、尚书省与枢密院之间以

①〔宋〕司马光：《司马氏书仪》，《丛书集成初编》本，北京：中华书局，1985年，第3—4页。

及内外不相统摄的官司之间，即唐时期的移的适用范围。也就是说，宋时期，移的书式就是上述牒式。《宋史》卷一一八中记载：

> 诸司非相统摄，皆称移牒。分路者不得笼街及占中道，依秩序以分左右。遇于驿舍，非相统摄及名位县隔，先至者居之。台省官当通官呵止者，如旧式。文武官不得假借呼称，以紊朝制。当避路者，若被宣召及有所捕逐，许横度焉。①

更是直接指出，非相统摄的官司之间使用的公文为“移牒”。宋代移牒的性格应该从唐时期继承而来，这也可以反过来证明，唐代的移式文书的结尾如出土文书中记载的那样是“谨／故牒”。

日本《令集解》卷三二“解式”条下《令释》中有云：“检《唐令》，尚书省内诸司上都省者为刺也，尚书省内吏部与兵部相报答者为关也，尚书省下省内诸司为故牒也。”②这段记载中，提到刺式或关式时都是直接称刺或关，唯有提到牒式时用的是故牒，即上述敦煌《公式令》残卷中牒式的结尾语。据此可推断，当时通行的官文书中应该还有另外一种牒，并且这种牒的结语不是“故牒”，为防止混淆，所以在论及官府内下行文书的牒式时特别用“故牒”来代指。坂上康俊氏也注意到了这点，但他认为这里用“故牒”是为了与官员个人上申使用的牒来做区分。包晓悦曾总结出《唐六典》中所说的“九品以上公文皆曰牒”的牒式如下：

> 某事
> 牒，云云。谨牒。
> 　　　　年月日具官姓名牒③

首先，《唐六典》中记载的官员个人上申使用的牒式与敦煌《公式令》残卷中的牒式是否出现在同一时期的《公式令》中，目前还难以断定。其次，即便出现在同一时期的《公式令》中，两者的使用情况也完全不一样，《唐六典》所说的牒式发件者是官员个人，属于上行文书；而敦煌《公式令》残卷记载的牒式发件者是官司，属于下行文书。《公式令》中各书式都以以尚书省为中心的中央官司为例进行说明，尚书省无论在什么情况下也不可能签发《唐六典》中所说的牒式，因此没有必要以“故牒”来进行区分，

---

①《宋史》卷一一八《礼志二一》，北京：中华书局，1985年，第2790页。

②［日］黑板胜美主编：《令集解》卷三二，第809页。

③ 包晓悦：《唐代牒式再研究》，第315页。

“故牒”要区分的应该是另外一种牒，而且这种牒有可能被尚书省（尚书都省）或省内诸司使用，所以才需要区分。唐令中规定的六种官文书中，作为上行文书的解是不会被尚书省（尚书都省）或省内诸司使用的，可能使用的只有符、移、刺、关、牒，结合前文所述移式下的用例可知，“故牒”要区分的就是同样拥有牒式结语的移。

上述出土文书中移的结语有“谨牒”和“故牒”，敦煌《公式令》残卷中同样作为互通文书的“关式”的结语是“谨关”，又要与作为下行文书的“牒式”有所区分，所以移式的结语应该是“谨牒”，而“故牒”应该是在具体的行文过程中考虑到双方地位的不同衍生出来的结语。

综上，在仁井田陞氏复原的基础上，唐代移式可进一步复原如下。

移式

尚书省　为某事

某省（省台云 其省台）　云主□□□谨牒。

年月日

主事姓名

某司郎中具官封名（都省则左右司 郎中一人署）　令史姓名

书令史姓名

四、结语

春秋战国时期，移文不是一种独立文体，只是依附于书或记存在的一种表达。两汉时期，移虽然成为一种文体，但并不独立，常与檄并称、混称。魏晋南北朝时期，移脱离对其他文体的依附开始独立发展，但这时期的移多用于两国之间官司或官员之间的沟通交流，这个时期移式的结语是“故移”。等到隋唐大一统帝国时，移进入《公式令》中，成为当时重要的六种官文书之一，移的适用范围不限于平等的县与县、州与州、省与省之间，只要是非直接统摄关系的官司之间都可以使用移。或许是鉴于魏晋南北朝时期的移式用于并列的敌对国之间，为了消解这一语境，大一统的隋唐帝国下，移式的结语改为“谨牒”。敦煌吐鲁番出土的都护府发往都督府、都督府发往都督府、县发往县、都督府发往折冲府、县发往折冲府、折冲府发往县的六种类型的15件一直被认为是敦煌《公式令》残卷中牒式的文书其实都是移式下的文书。在具体的行文过程中，考虑到收发双方身份可能有一定的悬殊，移式“谨牒”的结语又衍生出了“故牒”的形式。传世文献中的“移牒”其实指的就是移，因为其结语是牒式的，所以又被称为“移牒”，有些情况下也简称“移”或“牒”。

〔作者王典典，日本东京大学。日本，东京〕

明代敕书制度考析

梁艳萍

摘　要：作为一种古老的戒饬类文书，敕在明代开始重点向敕谕和敕书两个方向分化。敕谕和敕书都体现了敕的功能，其中敕书主要用于重要专项任务派遣官员的任命。明中叶以后，各项制度出现了松懈废弛的情况，为了解决问题必须责任到人，敕书使用的专指性越来越强。颁发敕书是一件十分严肃的事情，体现了中央与派遣官员的权力关系。明代督抚作为高级别的派遣官员，逐渐向统领地方的封疆大吏转变。不过，他们虽然已有地方大员的某些特征，但仍需要“依敕而行”。

关键词：敕；敕书；敕谕；派遣官；督抚

一、前言

明朝作为一个由汉族建立的王朝，其官制“沿汉唐之旧而损益之”[①]，诏敕制度也是如此。敕作为一种古老的文书，明初在沿袭汉唐旧制的基础上，出现了功能变通和衍生的现象。明代以“敕”为名的诏令文书主要有三种，分别是敕命、敕谕和敕书。[②]敕命因和诰命属于封赠性质的诏令文书，且与日常政务处理关系不大，所以不在本文讨论范围之内。明人对“敕”“敕谕”“敕书”的称呼有些笼统，且在很长一段时间内没有严格区分它们的概念和功能，导致目前学界对三者的称呼有些混乱。为了防止概念的混淆，本文讨论的“敕书”是指专用于人事任命的诏令文书，同时将其与敕命以外所有与敕相关的诏令文书统一称作“敕”。

① 〔清〕秦蕙田：《五礼通考》卷二一九《右元官制》，《四库全书》第140册，上海：上海古籍出版社，1987年，第536页。

② 笔者在《档案学研究》2020年第1期《明代以“敕”为名的诏令文书辨析》中对此有过论述。

作为皇帝处理政务的常用文书，敕在明代就受到官方和民间的关注，明人也多有关于敕的记载，可以说敕在加强君主专制和中央集权方面有着举足轻重的作用。现代学者在研究明代军国重事的决策运行以及差遣官员制度时，或多或少地都会涉及敕。不过对明代的敕进行专门研究，也是最近十余年才逐渐增多的，内容大致可以分为两类：一类是在纵向研究敕的源流或横向研究明代诏令文书的类型时对明代的敕进行了简单的梳理和介绍，如洪武朝是诏令文书的创制时期，加之留存史料较多，故明初的敕备受关注；洪武朝之外，还有学者对明代其他时期某一领域的敕书进行了专门的探讨。另一类是关于明代敕的总体性研究。这些研究成果增进了人们对明代敕的多方面认识：臣工有所请示，皇帝通过敕指授方略；在外臣工向皇帝奏陈施政情况，皇帝通过颁敕奖功责过；官员出巡或出镇地方，必须“奉敕行事”，这些都有大量例证。敕书、敕谕的功能、性质和体式等，学界也基本梳理和阐释清楚。

上述是明代敕的大致研究现状，具体到敕书制度，目前还有诸多问题和误区需要进一步探究和廓清。如最基础的敕书和敕谕的关系问题：前有研究中存在一种误区，认为敕书“是从明代敕谕中分化出来的，所以与敕谕并称为‘敕’，或并称‘敕书’”[①]，并且着重强调“坐名敕与传敕有更为特定的用途，从明代中叶以后就成为敕谕的另一分支，专用在人事任命工作方面，具有行政法规性质”[②]。笔者认为，应结合《明实录》和明代的诏令文书对敕书和敕谕的关系进行重新审视。另外，敕书一般情况下用于任命临时差遣的官员，可是历史文献中也有常规职官上任时使用敕书的记载，这种现象如何解释？明中叶以后，对差遣的官员什么情况下使用坐名敕，什么情况下用传敕？再如，敕书的撰制过程中皇帝、内阁、六部和请敕官员各扮演了什么样的角色？同一地区的巡抚前后两任职责权限不同，均需“依敕而行”，这于政治制度上可有依据？这些问题，前人研究均着墨不多或言之不详。本文将广泛搜集明代的诏令文书、名臣文集和历史档案，依据《诸司职掌》《明会典》等政书，对上述问题进行一一探究。

二、敕书与敕谕的关系

（一）明初敕的使用

明初百废待兴，天下尚未全部平定，各地方的军政事务颇为繁多，太祖和成祖都曾

① 裴燕生：《历史文书》，北京：中国人民大学出版社，2009年，第169页。

② 同上。

以敕指挥和控驭文臣武将，敕在军国大事的运行中发挥了重要作用。

明太祖勤政但猜忌多疑，且大权独揽，因此政务处理活动中形成了大量的诏令文书。从洪武朝遗存的诏令文书来看，当时采用的文书种类有诏、制、敕、谕、书、诰等，内容十分丰富，其中凡是指授方略、训诫官员、劝谕臣民的诏令文书基本上都属于敕的范畴，《明太祖文集》卷六、七、八的篇名为“敕”，很多以“命、赐、谕”为题名的诏令文书归在其中便是明证。另外，《皇明诏令》《云南机务钞黄》等文集中洪武时期的敕类诏令文书也比较常见。明成祖也是一位勤政的皇帝，他在位期间亲征蒙古，收复安南，巩固南北边防，多次派郑和下西洋，还命人编修了《永乐大典》。因此，永乐时期戒饬褒奖官员的诏令文书也比较多。

从明初诏令文书相关文集所收录的敕来看，敕的内容包罗广泛，对其进行简单的梳理和归纳后，按照用途不同大致将其分为以下几类：一是处理日常政务类，如明太祖的《谕征虏将军曹国公李文忠副将军济宁侯顾时及诸侯等》；二是慰劳文臣武将类，如明太祖的《赐诚意伯刘基还乡》；三是任命临时差遣官员类，如明太祖的《命曹国公李文忠提调都督府事敕》；四是褒奖责让官员类，如明成祖的《谕天下武臣敕》；五是赏赐少数民族和宗教首领类，如明成祖的《永乐帝命土官军民人等听从喇嘛失家摄聂从便修行敕谕》；六是开展外交类，如明太祖的《谕安南使臣阮士谔》《谕辽东都司发回高丽百姓敕》。总之，敕在明初的使用非常广泛。

（二）敕的功能的分化

明初，为了保证政局稳定和社会经济的恢复与发展，太祖和成祖采取多种措施加强中央集权和君主专制。由于当时典章制度还不完备，他们常以敕劝谕各方面官员恪守职责；加之这一时期军队征战在外，他们又经常以敕向重点地区军政长官下达指令和任务，或以敕临时派遣官员外出执行专项事务。因此，敕的功能开始重点向敕谕和敕书两个方向分化。

1. 敕谕的形成

洪武时期是明朝文书制度的开创时期，皇帝的诏令文书在继承历代的基础上又有创新，主要有诏、敕、制、诰、谕、册、书、符、令、檄等。由于明王朝没有像汉唐时期那样严格区分各文种的概念和用途，出现了敕和谕或者制、谕、敕几种文体混合运用的情况。如皇帝在一定时间一定范围内就某一事项对官员、有司衙门进行训诫和谕告，常常“以敕谕之”，这也就为戒敕与谕告功能相结合的新文体——敕谕的产生打下了基础。永乐时期，也产生了大量训诫警饬官员的诏令文书，并且内容非常丰富，这一时期敕谕逐渐形成且其文书体式开始由洪武朝的草创逐渐走向规范。仁宣时期，明王朝进入空前繁荣的时期，文书制度基本成熟，作为皇帝处理日常政务的重要诏令文书——敕谕，开始零星地以文种名称出现。正统、景泰时期，敕谕以文种名称出现的次数增多。天顺之后，敕谕作为一种文种名称出现得十分频繁且使用成熟，敕谕越来越多地承担了训诫官员恪守职责，褒奖慰劳有为之臣，封赏宗教、少数民族首领以及开展外交的功能。

2. 敕书的形成

洪武十三年（1380）以后，从中央到地方的基本政治制度确立，在中央，六部直接向皇帝负责；在地方，三司遍及全国。从整体上来看全国各级官吏纪律严明，太祖往往以群敕的形式就能解决带有普遍性的问题。当然，以太祖的勤政，针对个人颁敕的事例也比较常见，如《命曹国公李文忠提调都督府事敕》："大都督府掌天下兵马，其迁选调遣，辩强弱、知险易……今府佥事已任左右都督同知，都督未职。特以尔曹国公李文忠专行提调府事，都府一应迁选调遣务从尔议，然后一同来奏。若府官及大小军职少有不如律者，即便究治，若有功并如律者，奏毋他隐。奉敕往治。钦哉。"[①]在此例中，太祖首先强调了大都督府的重要性，目的是要李文忠引起足够的重视，接着就交代提调府事的职责。由此可以看出，敕除了戒饬官员以外，也逐渐用于强调官员的职责，而这一功能也使得之后临时派遣官员的职责的规定需要以敕书来明确。

永乐时期，洪武朝已成型的基本制度发生了较大的改变，如明军的编制开始由卫所制向卫所制与营兵制并存的方向发展。以京营为例："国初设京营隶大元帅府，后改五军都督府，以训练在京官军。永乐间迁都，又于中都、大宁、山东、河南附近卫所摘拨官军，轮班上操，以内卫京师、外备征伐，名曰三大营。"[②]其中参与轮班的都司卫所，各派武官统领旗军于春秋两期轮番赴京操练，称为"班军"。仁宣时期，班军制度形成，各都司领班武官需按照相关要求统领所辖旗军赴京师或边镇操守，领班武官均需持敕书作为上班凭证。又如中央对地方的监察。明初建立省级都、布、按三司之后，很快就暴露出它的严重缺陷：一省之内，三司鼎立，互不统属，当地方上遇到紧急事务，由于没有统一的领导往往酿成严重的后果。永乐十九年（1421），明廷派遣蹇义等二十六人分巡天下，安抚军民。宣德以前，巡抚只是个别派出，属于临时差遣，巡行结束以后即刻还朝，不是常设之官，没有专抚之地。这些临时差遣的巡抚因是使职差遣，不是职官，所以需要"奉敕行事"，即在皇帝规定的权限范围内便宜行事。从宣德五年（1430）于谦、周忱等六人分别巡抚南北直隶等六处后，分省专设巡抚逐渐成为定制。

①《明太祖文集》卷八《敕》，《四库全书》第1223册，上海：上海古籍出版社，1987年，第90页。
②《明会典》卷一三四《营操》，扬州：广陵书社，2007年，第1889页。

正统时期，英宗以幼冲嗣位，国家的政治制度发生了重大变化，仍以中央对地方的监察为例，当时“或变生于腹里，或衅起于边陲”①，内地民变频起，边境屡受蒙古诸部挑衅。面对如此情况，各地巡抚对跨省警情只是隔岸观火，不能联合行动共同抵抗，唯求保全所辖之境。鉴于此，朝廷认为必须设总督辖制诸巡抚、总兵等才能形成合力一举平乱。于是，明廷在巡抚专设的基础上又设总督，总督的职责也是“依敕而行”。

明代中期以后，巡抚、总督虽然已具有某些地方官员的特征，但在制度和形式上，他们仍然是中央官员，是一种差遣。督抚皆带宪衔，《明史•职官志》和《明会典》均把督抚列入中央都察院系统之内。在官员考察中，督抚参加的是京察，而不是朝觐考察。督抚只有中央官出差的关防，而没有地方官的印信，他们出巡或出镇仍需要“奉敕行事”。

从上述领班武官凭敕书上班和督抚出巡“依敕而行”的例子来看，由于典章制度的滞后性，当社会出现新情况、新问题时，原有的制度无法满足形势的需要。为了加强中央集权，中央临时派遣官员外出执行原有制度之外事务的例子越来越多，敕书因为相对的灵活性，便成为解决临时派遣官员法律地位的凭证。基于此，敕书也就成为专用于派遣官员的人事任命文书。大约于正德、嘉靖时期，敕书制度趋于成熟。

3. 敕书与敕谕的区别与联系

明中期以后，敕基本上完成了功能的分化：一是皇帝以敕告谕官员要恪守职责，沿此方向发展的敕最后演变成为敕谕，敕谕除了戒饬官员以外，还用于褒奖、慰劳官员，赏赐宗教和少数民族首领以及开展外交等；二是皇帝以敕规定临时派遣官员的职责，沿此方向发展的敕演变为专用于人事任命的敕书。明前期诸帝在褒奖责让官员或派遣官员外出执行任务时，对于使用敕谕还是敕书并没有进行严格的区分，以至于直到成化时期（1465—1487），仍有以敕谕交代任务和明确职责的事例，如明中前期徽州家谱《程氏贻范集》所收录的成化十六年（1480）四月的《广东按察司副使程宏巡海敕谕》②，此时敕谕和专用于人事任命的敕书还没有完全区分开来，不过大多数情况下临时派遣官员所使用的是敕书。

《历史文书》认为：“（清代）坐名敕、传敕又称坐名敕书、流传敕书，统称敕书。它们是从明代敕谕中分化出来的，所以与敕谕并称为敕，或并称敕书。”③笔者认为这一说法不甚妥当，既然坐名敕、传敕等敕书是从敕谕分化出来的一个分支，它就不能

---

①〔清〕孙承泽：《春明梦余录》卷四八《都察院》，扬州：江苏广陵古籍刻印社，1990年，第280页。

② 刘金金、祝虻：《明中前期徽州家谱所收敕命、敕谕举隅》，载卞宪群主编《中国区域文化研究》第3辑，北京：中国社会科学出版社，2021年，第223—256页。

③ 裴燕生：《历史文书》，第169页。

和敕谕“并称”，其上位概念只能是敕谕，而不是和敕谕“并称为敕，或并称敕书”。其实，大约在明中叶以前，敕书和敕谕应该都体现了敕的功能，敕书不能说成是敕谕的分支，而应该是敕的分支，同样敕谕也应该是敕的分支，敕书和敕谕应该并称为敕。敕书、敕谕功能的分化，不是朝廷规章制度有了变化，而应该是实际运作的结果。

三、敕书的颁授对象

一般来说，按照学界的观点，“敕书是皇帝颁发给外任高级文武官员，明确其职能范围及任职要求、注意事项的职权证明书、责任委托书”①。由此看来，敕书的颁授对象似乎非常明确，不过细究起来依然存在模糊不清的问题，比如“外任高级文武官员”，这些官员是派遣官员还是一般的职官？②另外，明代的巡茶马御史、巡关御史等出行也需要携敕前往，他们在品级上并不属于高级官员，这又做何解释？又比如“明确职能范围”，敕书是颁发给一部分官员明确各自分工要求还是颁发给个人明确其职责？再者，哪些事务需要坐名敕书，哪些事务仅需要流传敕书？下面就对以上问题一一进行剖析。

（一）遣官与职官

明中期以后，临时派遣官员出任某项专门职务的情况比较常见，如廷臣出任巡抚或总督，监察御史巡茶马、巡关和盘粮等，出发前皇帝会以敕书专门明确其职责权限，作为遣官他们必须奉敕往治。

成化九年（1473），兵部请简命大臣巡抚江西，宪宗认为不必添设巡抚官，继而起用原杰抚治江西，其职权应与巡抚相当，不过需要事宁而还。在给原杰的敕书中，规定了其职权：“今特命尔驰驿巡视江西，提督都、布、按三司并所在军卫有司，抚安良善，缉捕盗贼。尔至彼，询察民隐，振举庶务，自三司佐贰官以下有隐匿贼情、违慢误事者，听尔执治。老疾贪酷无为者，量加退黜，事干方面正官，具奏究治。凡有益于军民者，悉听便宜处置……”③这就赋予了原杰节制三司之权，并有权惩治都、布、按以下所有不称职的地方官。原杰虽无巡抚之名，实行巡抚之权，是外放派遣的高级官员。

---

① 裴燕生：《历史文书》，第169页。

② 职官主要指在国家机构中担任一定职务的官吏，其内容包括职官的名称、职权范围、品级地位等，一般有制度上的规定。遣官因是临时派遣，国家制度中没有相关规定。

③《明宪宗实录》卷一二一，“成化九年十月癸酉”条，北京：中国书店，1983年，第2340页。

监察御史在明代虽为七品之官，但其出巡是代天子巡狩，是皇帝的代表和化身，也是皇帝权力的延伸，《明会典》规定御史巡关、盘粮和巡茶马必须请敕而去："宣德七年，令居庸关直抵龙泉关一带，山海关直抵古北口一带，每年各差御史一员请敕前去，公同各该分守守备等项内外官员，巡视关口……"①"成化十三年，令辽东、宣府、甘肃及湖广、两广、四川等处，每三年各差监察御史一员，同给事中一员领敕，会同巡按御史并原管粮官，将各仓库粮料、草束、银两，吊取收放卷簿……"②"（成化）十四年，复差御史一员请敕专理茶马，提督都、布、按三司并守备把隘等官，不许官豪势要及军民之家兴贩私茶、潜入番境交易。"③

都、布、按三司长官及府、州、县官等作为职官，其名称、职权范围和品级地位官方都有明文规定，上任也有专门流程，一般情况下不用敕书，如洪武初年规定："凡除授官员，皆给勘合到任。"④不过，也有例外情况。宣德五年（1430），行在吏部奏苏州等九府缺少知府，宣宗命六部、都察院推举廉能者，最后擢况钟、罗以礼、陈本深等九人分任苏州、西安、吉安等地知府。因苏州、西安等九府皆是雄剧之地，最为难治，皇帝赐况钟等九人敕书，一方面凸显皇帝之宠信，另一方面也赋予九人直接呈报奏章及将违法害民者提解赴京法办之权。《明史•陈本深传》记录了九人受敕为知府之事，可见知府等职官上任受敕比较少见。万历九年（1581）七月，户部上奏："布按二司官员分理粮储、屯盐事务，本部请给坐名敕书，责成至重……"⑤布政司、按察司官员按照制度来说也是职官，不过因其分理的事务浩繁重大，为了体现朝廷的重视，户部要为其奏请坐名敕书。

（二）官员群体与个体

将敕书的颁授对象分为官员群体和个体，主要是依据敕书颁授对象范围的大小。颁发给某一官员群体的敕书，一般称之为群敕；颁发给某一特定岗位或某位官员的敕书称之为专敕。明前期从中央到地方各项政治制度基本确立，即不论中央各部院衙门的政务处理还是地方的三司分治，都是一种固定的常态化工作，这一时期敕的功能还没有出现明显分化，对于某些衙门普遍存在的问题，明初诸帝往往以群敕的形式就可以解决。对在外征战的武将也常常使用群敕，如洪武十五年（1382）闰二月，太祖"敕总兵官征南

①《明会典》卷二一〇《巡关》，第2799页。

②《明会典》卷二一〇《杂差》，第2801页。

③《明会典》卷二一〇《巡茶马》，第2799页。

④《明会典》卷九《行移勘合》，第167页。

⑤《明神宗实录》卷一一四，"万历九年七月乙酉"条，北京：中国书店，1983年，第2171页。

将军颍川侯傅友德，副将军永昌侯蓝玉、西平侯沐英，云南之地……”[①]明中期以后，群敕明显减少，不过弘治、正德时期仍有针对官员的群敕。弘治十四年（1501），因军情紧急兵部请孝宗遣官赴西北边镇招募士兵，孝宗命大理寺左寺丞刘宪及太仆寺少卿分领其事。二人前去延绥、宁夏、甘凉等地之前，孝宗没有单独给每人颁发敕书，而是令二人共奉一道敕书行事。在敕书里皇帝对二人提出了要求：“今特命尔等前去延绥、宁夏、甘凉地方，会同彼处镇巡等官备将兵……军卫有司抗违怠慢、隐蔽不报者，轻则量情责罚，重则文官六品以下、武官五品以下就便拿送所在官司问理，其余应参奏者参奏拿问。尔等受兹简命，必须持廉秉公……”[②]此敕书以群敕颁发给相关官员，虽然界定了他们的职责，但同时也要求他们协同办理士兵招募事务。与群敕相比，专敕则更加有针对性地明确了官员个体的责任，如上文所提到的领班武官上班所持的敕书和明宪宗颁发给原杰抚治江西的敕书。

（三）特定岗位与具体某人

颁授给特定岗位和具体某人的敕书一般来说指的是专敕，专敕也因颁授对象的不同又分为流传敕书（传敕）和坐名敕书（坐名敕）。传敕是针对某一新出现的固定性日常工作或固定岗位而颁发的敕书。如《明会典》对领班、漕运都指挥等官员规定：“所领敕书，直待交代换给，不必每次题请。”[③]这一规定指的就是领班和漕运都指挥等官员上任时所使用的是不坐名敕书，即传敕。又如：“万历二年，给北新、淮安、扬州三钞关监税、员外、主事等官不坐名敕书三道，差满更替之日同原降关防传流收受。”[④]这里传流收受的三道不坐名敕书也是传敕。

坐名敕是指颁发给具体某人的敕书，按照《明会典》的记载，成化以前官员坐名请敕俱有定额。成化以后，官员坐名请敕的现象越来越多。针对这一问题，从嘉靖时期开始，官方对不坐名敕书（传敕）与坐名敕书的使用进行了规范，如嘉靖十年（1531），“兵部题准，京营提督坐营并府卫提督巡捕及临时差遣官员，在外巡抚、总兵、副、参、游击等官照旧坐名请敕……”[⑤]嘉靖二十六年（1547），“吏部题准，请敕官员，惟提督京营边关马政少卿、管理寄养马匹少卿、点闸京营科道官不坐名，余俱坐名。今管

---

①〔明〕张紞辑：《云南机务钞黄》，上海：商务印书馆，1937年，第2页。

②《明孝宗实录》卷一七九，“弘治十四年九月丁亥”条，北京：中国书店，1983年，第3302—3303页。

③《明会典》卷一一八《升除》，第1710页。

④《明会典》卷三五《钞关》，第643页。

⑤《明会典》卷二二一《翰林院》，第2939页。

理寄养马匹少卿仍坐名”[①]。

从上述敕书使用的情况来看，除了敕书用于职官是为了体现皇帝的特殊宠命之外，其余的敕书基本上都用于重要专项任务派遣官员的任命。从群敕到专敕，从传敕到坐名敕，都显示出敕书使用的专指性越来越强。之所以出现这样的情况，是由明代各项政治制度的复杂演变所决定的。大约从明中期以后，各项制度出现了松懈废弛的情况，政治统治趋于败坏，改革各项管理制度势在必行，敕书专指性不强尤其是敕书不坐名就无法明确官员的职责，难以达到解决问题的目的。

四、敕书的撰制

关于敕书的撰制，杨廷和在其《论镇守官敕书疏》中有明确记载。正德时期，宣府巡抚官敕书与大同巡抚官稍异，时任宣府巡抚的都御史宁杲欲谋求和大同巡抚一致。对于此事杨廷和上疏武宗：“看得各处镇守、巡抚等项官员，各有职掌，备载敕书，此系祖宗累朝旧制。臣等遇凡奉旨撰写，止是检抄旧稿，换新命职名。间有因事加添责任，亦必该部议奏，得旨明白，开具印信手本送到内阁，然后据其原行增入敕内，事毕随即照旧查改。未有该部无行，辄敢擅用己意撰拟，以更旧制。”[②]

嘉靖时期，江南一带连年歉收，而宦官又请求派官员督促织造。工部和给事中、御史进谏，世宗皆不听从，催促内阁撰写敕书。杨廷和等拒不奉命，并且怀疑有人假借御批来实现私欲。崇祯元年（1628）七月，皇帝命惠安伯张庆臻提督京营，在颁发给张庆臻提督京营的敕书中有“兼辖捕营”职责。按照成规，提督京营者不能兼辖巡捕军。此举遭到了巡捕提督郑其心的抗议，认为有人“擅改敕书”，调查的结果就是中书舍人田佳璧被逮捕下狱，“大学士刘鸿训至遣戍，庆臻以世臣停禄三年”。[③]

通过上述三例，我们对敕书的撰制及其容易出现的问题有了一个整体性的认识。敕书的撰制有明确的程序，即首先由六部为升补派遣之官请敕，得到皇帝旨意后六部开具印信手本送内阁撰敕。如遇到需在敕书中添加责任、职权的情况，也必须由六部再次议奏，皇帝批准后六部再具印信手本送往内阁，在原敕中加入。从敕书的撰制程序来看，

①《明会典》卷二二一《翰林院》，第2939页。

②〔明〕杨廷和：《杨文忠三录》之《题奏前录》，载《四库全书》第428册，上海：上海古籍出版社，1987年，第763页。

③〔清〕张廷玉等撰：《明史》卷三五六《外戚列传》，载《四库全书》第302册，上海：上海古籍出版社，1987年，第191页。

官员的请敕实行归口管理，如粮道请敕由户部负责，河道由工部负责，兵备道由兵部负责。《中国明朝档案总汇》中《兵部为遵旨将四川解围复城有功之许自强加副总兵衔并请写敕书等事行稿》中，兵部首先具题对四川解围复城内外有功的官员加以优叙以示激励。崇祯帝下旨，对内外文武有功官员查核确认后予以奖励，许自强加副总兵衔。兵部得旨后由职方清吏司提出处理意见，兵部堂上官画行，然后派主事张絥化赍兵部揭贴[①]赴翰林院[②]请写敕书："合具揭帖差主事张絥化赍赴内府翰林院请写敕书施行。计开：请敕官一员，副总兵职衔……"[③]这一行稿就很形象具体地诠释了敕书的撰制程序。

明代前期，敕书的撰制十分严肃、规范，文献记载中很少见到出格反常的现象；不过随着中期以后各项制度的逐渐废弛，其严肃性、规范性受到了挑战。明中叶以后，皇帝抛开六部直接发出中旨、御批的例子越来越多，如上述嘉靖初年世宗不经工部议奏、内阁票拟，直接发出中旨让内阁撰写敕书一事就说明敕书撰制的严肃性受到了冲击。不过，在当时内阁尚能坚持原则的情况下，还没有出现大的纰漏。到了晚明，情况就变得比较糟糕，上述崇祯时期的"擅改敕书"案就是明证。颁发敕书本来是一件十分严肃的事情，可居然会出现私改敕书的怪事。之所以出现如此情况，是因为明代末期大厦将倾，政治制度近于崩溃，皇帝、内阁、六部和请敕官员都偏离了他们的正常角色。

五、"依敕而行"背后中央与地方的权力关系

明初实行的都、布、按三司分立制度，虽说能有效地避免地方割据分裂的危险，但严重地影响了地方行政管理的效力，不利于中央集权的加强。为了弥补这一缺陷，中央以监察官的身份派遣巡抚和总督出巡或出镇地方，督抚制度应运而生。明中叶以后，督抚从代表中央监察地方官员的角色开始向节制地方的封疆大吏转变，明初地方三司鼎立的格局也不复存在。虽说明代督抚事实上已经掌握了地方最高的军政大权，改变了明初地方政府权力分散、事权不一等弊端，促进了地方经济、文化的发展，但是明廷最初派遣督抚的目的，并不是让他们成为总领一方的封疆大吏，还是以中央监察地方为主。明代督抚的"奉敕行事""依敕而行"说明总督和巡抚即使拥有范围广泛的综合权力，也

① 明代后期，揭帖也具有手本公文草稿、公文副本、情况说明等功能，故此处用揭贴也属正常。

② 有明一代，内阁没有对外使用的印信。万历《明会典》"内阁、翰林院称同官"，各衙门与内阁的章奏文移只称翰林院，不称内阁。

③ 中国第一历史档案馆、辽宁省档案馆编：《中国明朝档案总汇》第5卷，桂林：广西师范大学出版社，2001年，第219—223页。

只能在敕书规定的范围内综理地方事务，依然摆脱不掉派遣官的性质。

成化时期巡抚辽东右副都御史陈钺请敕之事就具有典型意义。成化十二年（1476）十二月，陈钺上奏请敕："愿如前任都御史彭谊事例赐臣敕，凡都指挥以下有应执问者，听庶奸弊可革……"[①]陈钺认为，同为辽东巡抚，自己应该得到与前任彭谊同样的权力。不过，宪宗不仅没有如陈钺所请颁下敕书，反而怪罪责问陈钺："人臣不得专擅威柄，虽有一时假以权宜者，非常法也。陈钺欲请敕自都指挥以下径行执治，是欲专擅威柄邪？"[②]嘉靖时期，王廷相在《遵宪纲考察御史疏》中就巡抚名分的问题做过评论："都御史列衔内台，奉敕巡抚一方，非在外守土之臣可比也。地方事情可以共议，而名分体统则不可越。"[③]总之，从宪宗对陈钺的责问以及王廷相关于巡抚名分的言论可知，巡抚行事必须以敕书为准，其始终是中央派遣官员，而不是正式的地方官。

总督的职责也是"依敕而行"。嘉靖六年（1527），提督两广军务[④]都御史姚镆申请致仕，世宗允准，廷臣会推王守仁接任。在给王守仁的任命敕书中，皇帝赋予其如下权力："今特命尔提督两广及江西、湖广等处地方军务，星驰前去彼处，即查前项夷情，田州因何复叛，思恩因何失守，督同姚镆等斟酌事势，将各夷叛乱未形者可抚则抚，反形已露者当剿即剿。一应主客官军从宜调遣，主辅将官及三司等官悉听节制，公同计议，应设土官、流官何者经久利便，并先今抚镇等官有功有过，分别大小轻重明白奏闻区处，事体十分重大者，具奏定夺……"[⑤]从上述敕书来看，相比于被允准致仕的提督两广军务的姚镆来说，接任者王守仁提督军务的范围是两广及江西、湖广等处地方军务，管辖的地区范围较姚镆扩大了许多，且所有主客官军都要服从调遣，主辅将官及三司等官俱听节制。王守仁权力不可谓不大，即使如此他仍需要按敕书规定行事。

通过上述事例可知，督抚的职责"往往因人、因事、因时、因地有很大差别。有明一代，对督抚职权没有一般性规定。一般的情况是：皇帝于钦颁督抚的敕书中详列其职权，督抚因情况需要变更哪些职权，须奏请皇帝更换敕书，或于敕书内增入（或减削）某项职权"[⑥]。因此，明代督抚虽然实际上已属于国家的地方行政管理系统，有封疆大吏之实，但其在制度和法律即名分上仍属于派遣官。这种差遣性质使得督抚的职权决定于皇帝的敕书，他们需要随时听命于中央。因此，督抚即使拥有再大的权力，到了明朝末

①《明宪宗实录》卷一六〇，"成化十二年十二月乙未"条，北京：中国书店，1983年，第2940页。

② 同上。

③〔清〕蔡新辑：《明臣奏议》卷二二《遵宪纲考察御史疏》，清武英殿聚珍版书本，第16—23页。

④ 最初总督的名称不是十分统一，有时也称提督军务。

⑤〔明〕王守仁著、〔明〕李贽编：《阳明先生道学钞》，张山梁、张宏敏点校，厦门：厦门大学出版社，2021年，第254页。

⑥ 林乾：《论明代的总督巡抚制度》，《社会科学辑刊》1988年第2期，第83—87页。

年也没有发展成为汉唐时期那种能与中央相抗衡的地方割据政权。

六、结语

敕作为一种古老的戒饬类文书，在明代开始重点向敕谕和敕书两个方向分化。敕谕和敕书应该都体现了敕的功能，二者应该都是敕的分支。明中叶以后，各项制度出现了松懈废弛的情况，中央临时派遣官员外出执行原有制度之外事务的例子越来越多，敕书便成为解决临时派遣官员法律地位的凭证。大约于正德、嘉靖时期，敕书制度趋于成熟。明朝末年，督抚之所以没有发展成为汉唐时期那种能与中央相抗衡的地方割据政权，就是因为他们仍然是需要“依敕而行”的中央派遣官员，敕书制度在调节中央与地方权力的关系中扮演了重要的角色。

〔作者梁艳萍，信阳师范大学图书馆。信阳，464000〕

清代以来闽东契约文书的契名术语研究
——以根契、替契、课契为中心*

孙清玲

摘　要：根契、替契、课契是闽东契约中非常重要的类型，三者语义不同但又存在着关联。根契主要用于有根的土地（包括佃根和根面全业）的转让；替契主要用于不完整产权的产业（包括佃根、大租田）的转让；而课契用途更广，凡是将土地等产业出租并收取租价，都可以称为“课”。由于众多课契是为了应急而订立的，所以“课”有提前征收的特点，但提前征收并不是它的本质特征。

关键词：清代以来；闽东；契名术语；根契；替契；课契

清代以来闽东的契名用语相当丰富，笔者之前在其他文章考察了闽东的兑契、拨契、缴契与判契等契约的命名情况，厘清了“驳”与“拨”、“缴”与“撤”、“判”与“拼”等字之间的关系。因受到篇幅的影响，将在本文中继续讨论根契、替契、课契等契约的命名内涵与特点，以及闽东契名多样复杂化的原因。

一、根契

由于山多田少，土地资源匮乏，福建地区的田面、田根的分化由来已久。早在万历年间，怀安的陈履吉在揭示根租带给佃户的沉重负担时说：“贫佃揭债莫偿，指田禾岁岁输纳，名曰田根。根主得粟与业主同，而实无苗粮之苦，此风闽省最甚。故奸猾富厚

* 本文系教育部学位与研究生教育发展中心2023年主题案例项目《学脉传承：福建传统契约的归户研究与实践》（ZT-231039417）阶段性研究成果。

者多蓄田根，根价遂倍于面，而佃农之苦亦倍他郡。”[①]这句话似乎是说，明代福建的贫佃将已手佃田的部分收入卖了应急，形成根租和“一田二主”的局面。

正是因为田根无粮易于出手，且主要掌握在佃农手中，一遇天灾人祸，田根便成为穷人变通的主要出路，因此在闽东民间契约中频繁出现。清代闽东的田根买卖，与田面或根面全业田无异，可以典当、找价、卖断，一般也用“典”“卖”“当”等词，但罗源、古田、屏南、周宁等地多用“根”，霞浦、福安、寿宁等地多用“替”。如罗源《乾隆四十四年（1779）十一月雷门蓝氏立田根约》载：

> 立田根约堂嫂雷门蓝氏，今因积欠租谷无项理还，将本里小获地方、土名陈赤坑耕作田亩，载租一百斤，托亲向于堂夫叔雷子英处，赔垫出租谷三百斤，的时价钱三千文，立字之日亲手收讫。其田任从英耕作，其租历年冬成之日，系英送到游家理纳，不得负欠。面约日后陈灿长大成人，此田任灿备钱取赎复耕，不得执留。如是无钱取赎，任英永远耕作，不得言说。堂叔伯兄弟无干之理，今欲有凭，立田根为照。[②]

这是一块佃田，载明每年主租一百斤。与传统的欠租夺佃不同，作为佃方的雷门蓝氏通过转让田根的方式，理还所欠的租谷，并规定将佃田暂时交给钱主耕种还租，由长男陈灿长大成人后取赎。这种转让佃田的方式叫作“根”。

“根”（有时误作“跟”）一词来源于“田根”或“佃根”（有些地方也写作“佃埂”或“垫埂”）。一些业主在招佃时（往往个人无钱使用而将土地送根），收取根钱作为地租押金，相应地给予根权。这种根钱，大都无利，佃户在欠租时，常常被扣除；不过在退佃后，根钱大都是可以退还的，其实质就是押租制。不过，通过这种形式形成的契约大都不称为“根”，而用“判”“批”，或直接以“立佃字”“立承田批”的形式体现出来，如柘荣《清咸丰六年（1856）三月张必和等立判田批契》：

> 立判批张六公，原有祭田一号……今自本春，判与刘高茂边耕种，张家收去头

① 〔明〕陈益祥：《陈履吉采芝堂文集》卷一三，载《四库全书存目丛书》编纂委员会编《四库全书存目丛书》集部第195册，济南：齐鲁书社，1997年，第549页。明清以来，闽东的土地产权分裂之后，业主所有的称为“田面”，佃户所有的称为“田根”。这种称呼习惯与其他省份不大一样，主要是因为福建的地权分化来自贫困小农的“典田留耕”，即把自己所有的土地典卖出去，又承回耕种，而成为银主的佃户。“根”的原意为“根源”“根本”，“田根”一词强调的是土地原始权，是土地分化之前残存的历史记忆。

② 陈支平主编：《福建民间文书》第6册，桂林：广西师范大学出版社，2007年，第18页。

根铜钱[①]一十千文。面约历年加（交）田租六百六十斤中，送至张家苍（仓）前加纳（交纳），不敢欠短斤粒；倘或欠租，其田退还张家另判，其根钱仍理还。其田自判之后，任凭现刘家耕作纳租，张家再不敢异言阻止。如有交家（纠葛）不明，自向料理，不累刘家之事。恐口难凭，立判批为照者。[②]

该契中值得注意的是“头根铜钱”，说明该佃田是第一层次的田根——“原根”，与佃户将田根再次转让的第二层次田根——“小根”[③]不同。又如古田《清嘉庆十七年（1812）十二月戴高迁等立批根佃契》：

立批根佃据戴高迁，承上手有福屯田一号……年收租谷四石七斗正。但此田原系石床村张大本故祖手耕作纳租迄今无异。兹缘迁意欲召回自种，遂托公亲进前劝谕，念梓里久耕之情，劝本出得田根价钱八千五百文正，向原主高迁处立根批种，递年仍旧理纳租谷四石七斗正，其秤系石床戴科高之秤，其钱即日交迁收讫，无挂只文。其田自批根以后，且本不得短少租粒，以及抛荒失界等情。倘有欠租，将田退还迁另另（召）耕种，且本不敢霸踞。若无欠少租粒，其田任从张家耕作，迁亦不得言及召佃。但此业迁是原主立批，倘有事外妄生枝节，系迁自行出抵，不涉张家之事。两允无悔，今欲有凭，托立批根佃一纸为照。[④]

此契强调的是“原主立批”，是为原根；佃户拥有根权之后，可以转佃或再次出租（后一情况即可能形成“小根”）。闽东的根契主要来自田根的转佃，如上文提到的罗源雷门蓝氏的“立田根约”。

闽东佃根的转让有一定的复杂性。一些佃田在有价转让后，并没有交给对方耕种，而是向对方交纳一定的租谷作为补偿，称为“根租”。这种根租实为根价的利息，也称为“根利租”。如屏南《清咸丰九年（1859）十月谢光晟立佃田根批契》载：

---

① 本篇引文中的下划线均为作者所加，以示强调或是对文字有校改，圆括号中文字为改后文字。如原文有漏字，则补全并以方括号标出。

② 周正庆、郑勇主编：《闽东家族文书》第1辑《柘荣卷上》，桂林：广西师范大学出版社，2018年，第424页。

③ 民国《长乐县志》：“他处田亩一主而已，长乐之田，有面有根，富者买面收租，贫者买根耕种，且有不自种而令他人代佃。佃户一还面租，一还根租，或总输租于根主，而根主分还面主者。承佃既久，私令他人转佃，则又有小根焉，名曰‘让耕’。”见〔民国〕李驹主纂：《长乐县志》，福州：福建人民出版社，1994年，第1260页。

④ 周正庆、郑勇主编：《闽东家族文书》第1辑《古田卷上》，第25页。

立根批谢光晟，今有阄分己分佃田乙（一）号。……该田一亩□分正，历年耕作无异。今因无钱应用，自情愿遂托中向在本家族侄肇学边入头承根为业。仝中三面言议，时得根租钱一十四千文正……其田自根之后，言约历年冬成收割之日，理还根租谷一石正，不敢欠少升合。如是欠少，即将此田任从学另召别耕，且晟不敢霸耕等情……其田言约四年满足，任从与晟备办根租价钱乙（一）足赎回……[①]

此即以往学术界所说的"一田二主"：谢光晟为周转资金而将阄分的佃田转让，除已经存在的业主之外，又给自己再添一"主"，即根主。而比"一田二主"更复杂的情况，则是转佃人的"四处扦根"，如古田《清嘉庆二十年（1815）十二月程允光立扦根租契》载：

立扦根租凭据程……递年理纳银租，田主系郭家，收于上年间。父手扦根租四石，希侯收，又扦根一石，本房三房伦流德仁祭典。今因年荒岁缺，又将佃田向在三房（长房恩侯次房自己允光三房康侯）入头承根。三面言议，时值根价钱八千文正。其钱即日交讫。其佃田系允座耕，递年纳钱租一石正，三房轮流祭扫高祖德仁公坟墓，值年当祭当收，不敢挂欠利租。如是挂欠，即将佃田退还三房轮耕，且光亦不敢霸佃觊觎等情。其限不论，任光备价钱赎回，其三房兄弟不敢兜揹情由。各有允愿，后［无］异言，今恐无凭，亲立扦根租据字一纸付照。[②]

在这里，程允光从父手开始，将从郭家承来的佃田，四处"送根"：一是在希侯处典了四石，一是在三房众边典了一石，现在再向三房众边典了一石。该契可以看出，转根仅仅是贫佃资金应急的手段，所谓的根主大都是自己的亲友，而在其他契约中，我们还可以看到，为事主应急的根主，事后往往在自身难保、急需资金时又不得不将同一块土地再次转根，从这个意义上说，闽东根主的经济基础相对脆弱且具有温情，与经济发达地区的"二地主"有本质上的差别。

---

① 周正庆、郑勇主编：《闽东家族文书》第1辑《屏南卷上》，第235页。

② 周正庆、郑勇主编：《闽东家族文书》第1辑《古田卷上》，第28页。

二、替契

唐智燕教授在《清代福建“賛”“替”类契名解读》[①]一文中，将“替”字当作“賛”字的讹变，从而将替契等同于暂契，这实是一种误会。完成于民国初年的《民事习惯调查报告录》指出：“前清时，福安田山地面皆得由佃户转替与人，甚至辗转相替，累及地主。阅时既久，地主非将替价一一代还，即不能调佃或转卖。近年，地主多令佃户改立借种或借耕契约，不再用判用批；设有私替，随时可以召回。惟佃户大半执有从前判批，因之，小承、大替之风犹有存者。”[②]以此看来，明清时闽东的佃户通过向业主承判承批土地，时间一久，形成了永佃权，然后有权对自己拥有的佃田进行处理，“替”是佃户将佃田转让时的专门用语，类似于福州地区的“寄佃”和闽西地区的“流顶”（或称“流退”）。[③]可能是因为仅拥有田根，在田土耕作权让渡时，不能用典卖字眼，而用“替”，意为替耕。如柘荣《民国五年（1916）十月游建波立替根田批》：

> 立替根田批游建波，原己承判根田一号……该田原载主租五百斤中。……今自丙辰年冬向南阳祠内承来耕种，缺欠硬根钱，将佃田托中送替与族宅守邱叔祖为业耕作。三面言议，得出替价铜钱六十四千文正，即日仝中亲送南阳祠内交称足讫，未少分毫。其田自替之后，再托亲向叔祖边借回耕种，面约历年冬成之日，备出干净好谷四百斤中，送至叔祖仓前加纳，不敢负欠斤粒，如或负累大小主租，将田任凭银主改召自便耕种，别判他人，孙边再不敢霸阻异言，另生枝节。此系原己承判物业，与兄弟伯叔侄无涉，并未仝替情蔽，如有交家不明，自能向前料理，不累银主之事。其田仍约远近备价，到日取赎，不得执留，恐口难凭，立替根田批为照者。[④]

在该契开头，即已交代此田系佃田，是民国五年向南阳祠内承来耕种，当是该宗族的众田。由于众田的管理与个人私田不大一样，一般都要缴纳根钱作为田租的保证，因

① 参见唐智燕：《清代福建“賛”“替”类契名解读》，《中国经济史研究》2014年第3期，第167—170页。唐教授以为，“賛”实为“暂”的同音借字，暂契是一种暂时出典的契约；而“替”字当为“賛”字讹变而成，即将替契等同于暂契。

② 前南京国民政府司法行政部编：《民事习惯调查报告录》上册，胡旭晟等点校，北京：中国政法大学出版社，2000年，第322页。

③《民国龙岩县志》卷二十一《礼俗志》：“前志云：‘田价数倍曩昔，佃耕俱有流顶。’盖岩地田额稀少，民数日繁，间有向业主认佃、纳贳押耕者，谓之土本；或私向佃户承顶、计田输钱者，谓之流退；更有胎借钱银纳谷供息者，谓之小租。”见《中国地方志集成·福建府县志辑》第34册，上海：上海书店出版社，2012年，第191页。

④ 周正庆、郑勇主编：《闽东家族文书》第1辑《柘荣卷上》，第149页。

此承租者无力缴纳根钱时，只好转让田根而又承回耕作，这种情况在闽东很常见，通常称作“借回耕种”。其结果是不仅要交大租（主租），又要交小租（根租），但可以不拘年限取赎。而在个别土地租佃契约中，则有严禁“私替”的规定。如柘荣县黄柏乡蒲洋南山村游志旺家族文书中，有同治元年（1862）游位元所立的“承田批”：

立承批游位元，今在杨宅芳桂先生边承出苗田一号……载租四十五贯。今自本春承来耕种，面约至冬成之日，备出干净好谷送仓交纳，不敢欠少斤粒。但四周并无荒芜闲地，亦不敢背地私替、移丘、截占等情；如有此等情弊，该田任凭杨家前去召佃另判他人，再不敢霸种异言。恐口难凭，立承批为照者。[①]

由于土地资源的稀缺，清代以来闽东的田面与田根的分化已向纵深发展。田根可以单独让渡，且田根自替之后，找贴、替断现象与根面合一的田亩完全一致。又由于田根在让渡时，常常又是原来的典卖者承耕，成为业主、根主之外的第三人，即耕作者，这个耕作者仅拥有耕作权（即“小根”），但仍然可以进行转让，也一样叫作“替”。请看柘荣《民国六年（1918）十一月游兆余立替根批契》：

立替根批游兆余，原已阄分有佃田一号……原载大租二百二十斤中，又根租六十斤中，其田……四至分明，今因乏用，托中送替在族弟□□边为业。三面言议，得出替价铜钱一十八千文，即日仝中收足，无少分文。其佃田自替之后，任凭弟边前去召佃，向主纳租耕种，兄边不敢异言阻止……[②]

总之，田根在转让时，可以称为“根”或“替”，二者的性质一样；但“根”的范围比“替”广，“根”还可以用于对仝业田的召耕，不过这种情况在闽东契约中大都用“判”“批”“佃”“承”等词来替代。一言以蔽之，“替”是专门针对不完全产权的“田根”而言的。此外，闽东还有一种特殊的不完整产权的土地——轮田，也用到“替”字。如寿宁《清光绪三年（1877）十一月林万端立替田批契》：

立替田批林万端，原太祖抽有轮年田一号……其田堂弟万舞分下八股合一，前经舞手出卖与建业边管业，后系端边出价赎回管业。今因乏用，即将端备价赎回万

① 周正庆、郑勇主编：《闽东家族文书》第1辑《柘荣卷上》，第426页。
② 同上书，第480页。

舞分下一股之田转替与堂兄万坦边管业，即日替出价钱一十六千文正，亲收足讫。其田自替之后，面约递年端边加纳租谷六秤正，送与兄边交收明白，不敢少短。如或其租交纳不清，即将该田合轮万舞名下耕种之年，其田任凭兄边前去耕种，弟边无得异言。仍约其租递年加纳清楚，其田不拘远近弟边备价取赎，兄边不得执留。恐口难凭，立替批为照。①

轮田实为众田，是一种具有公共产权性质的土地。由于它是轮流耕作与收租，每个人拥有的产权是不完整的。如果说田根是地权纵向的分裂，那么轮田则是地权横向的分裂。可能是基于这个原因，寿宁个别家族的轮田契中用到“替”字。

三、课契

在一般的词典解释中，“课”有租税等义，包括交给国家的赋税（如“盐课”）和存在于民间的“租课”。但在当下的闽东方言中，“课”除了保留“上课”“功课”等义项外，“租课”的义项已经消失，以至于笔者对课契的真实含义产生了怀疑。不过在《民国古田县志》中，提到一种“课价”，其曰：

邑山田最多，其在旷野者为洋田，多苦旱，惟有陂塘者则无患。谷熟之日，估其应收之额，还诸田主者曰面租，所余之谷系耕户所自得。自后耕户出钱向田主永远承耕，或暂时承耕。其永远者，得豫估一年己所应得之租，转卖别人曰根租。此例惟乾隆季年后始有之，乾隆以前大概皆根面合掌。凡根面合掌之田，递年由何人承耕，听田主自由。其有根之田，除积欠面租，可由田主召回别耕外，即有买卖，田主亦不过问。惟遇天年旱潦，耕户应先还面租，其根租之有无不计也。然根租不纳粮，价比面租尤轻，故乡民便之。至还根面两租，其数目盈绌，或主佃到田分收，或豫收课价，则视其当时所立之契约若何。此则古田置业之家所沿为一种习惯也。②

需要注意的是：1. 这里所言的是“课价”，不是田租，是田租之“价”。2. “课”

---

① 周正庆、郑勇主编：《闽东家族文书》第1辑《寿宁卷下》，第45页。

②《民国古田县志》卷二十一《礼俗志》，载《中国地方志集成·福建府县志辑》第15册，上海：上海书店出版社，2012年，第530页。

的重要特征，是提前预收。[①]根据上下文之义，此处的“课价”实指“根价”。民间任何产业，都可以出租，并提前收取“课价”（其实质就是典卖），因此“课”的对象，既有田根，也有田面（即大租田），可能还有一般的全业田及其他山场、房屋等产业。如《道光二十七年（1847）正月张定鉴立课田批》载：

> 立课田批张定鉴，祖手置有水田一号……此田原与吴宅亦义亲边耕种一半，加纳租谷三十贯正。今因无钱应用，将本田己半课与吴宅亦义亲边前去耕种，即日收过现租根钱三千五百文正。其田面约冬成之日四六均分，其扣除租谷一十头正准为钱息，其谷照冬时价理还吴边根钱。如或长者退还张边收回，短者张边补凑清正，如或不清，将本田廿八年分又与吴边耕种，照补原约。两家先将言尽，各无反悔等情。今欲有凭，立课田批为照。[②]

在该契中，张定鉴所持的水田似乎是全业田，原已有一半佃与吴亦义耕种，每年交租30贯（寿宁等地，1贯相当于5斤重）；现在将另一半再“课”与吴亦义，收到“现租根钱”3500文。原约定这一半只让耕一年，其所应该交纳的租谷抵作租根钱本息，如不够，需张家补凑还清，或再让耕一年以相抵偿。

但在闽东家族文书中，更多的“课批”，是与田根、轮田（或称众田、祭田等）有关。我们先看几份“课根批”，如柘荣《清咸丰元年（1851）正月游阿大立课田根批》载：

> 立课根批游阿大，今因无钱使用，就将有佃田一号……其田送课在堂侄住礼边，课出根钱二千文，即日亲收足讫，无少分文。其田自课之后，任凭侄边前去耕种，向主纳租，叔边再不敢异言等情。两家自心情愿，各无反悔。今欲有凭，立课根批为照者。[③]

---

① 笔者虽然未在福建省内的地方文献中找到有关“课”的解释，但邻近的浙江泰顺有类似的“出稞”说法。如民国初年的《民事习惯调查报告录》载有泰顺县习惯“未来祭租提前出抵”条云：“泰邑人民公共祭田，共有人按年轮值收租，本属通例。乃有为贫所迫，值年未到，预将轮值祭田提前出稞族人或外人，迨值祭年，无赀措办，势将辍祭，共有人公向质问，值祭人商邀殷实房族出为担保，订期祭宴（泰俗坟祭后，所有祭品照祭簿秤足，即在坟旁设锅烹宴，俗谓‘散坟酒’，亦有邀其族友到往宴饮），一面又将别物，或将后届祭租复行出稞措款，暂顾目前了事，寅支卯粮，终难弥补。”见前南京国民政府司法行政部编：《民事习惯调查报告录》下册，胡旭晟等点校，北京：中国政法大学出版社，2000年，第617页。

② 陈支平主编：《福建民间文书》第5册，第164页。

③ 周正庆、郑勇主编：《闽东家族文书》第1辑《柘荣卷上》，第423页。

这是一份比较单纯的“课根批”，送课之后直接将田地交给对方耕种并向田主交租，所得到的根钱不多，时间约定5年外取赎，其实质属于“典”契。又古田《清同治九年（1870）十一月游志崇等立课根田批契》：

> 立课根批族叔游志崇，仝弟志玉置有祀典一坵……该租三百斤乡秤正，历年耕作还租无异。今因无钱应用，自情愿托中引进本家族侄鉴斋、钟斋境内入头承课。三面言议，时值田根价钱三十千文正。其钱亲收足讫，无少只文。其田是崇、玉兄弟承来耕作，俟至冬成备办钱利每千一八算还，不敢负欠。如或负欠，即将此田公估抵还等情，两家允愿，各无后悔。今欲有凭，托立课根批一纸为照。①

这份“课根批”相对复杂，一是根价较高，二是送课之后，田仍由出课人耕种，课钱按月利率1.8%算还，其实质是“当”契。

上述两份课田批中，有典、有当，但标的物都是田根，那么该“课”字是否义同“根”字，专门用于田根或全业田（随时可分化出田根）的转让？我们在其他的文献中，的确还可以看到“根”字与“课”字的交互使用。如《清嘉庆十二年（1807）十一月南河立课佃田根批契》：

> 立根批堂兄南河，手有已分本佃根一号……递年还主租早谷一百五十斤租秤正，一向耕作。今因缺少无钱应用，自情愿托中引进亲房堂弟南沿边入头承根。三面言议，时值田根价钱五千五百文本正，其钱即收足讫，无少只文，其田自根之后，随手即退与弟沿前去耕作还租，且兄河无异［议］。其年限七［年］满，任从退与兄河备办根价钱照凭根批面取赎，且沿不敢霸耕等情。两家甘允，各无反悔，今欲有凭，托立课根批一纸为照。②

此契开头写作“立根批”，但结尾却写作“立课根批”。不过，这并不能说明问题，在民间文书中，常常有将契名简写的习惯。而且我们从其他的文献中，可以发现，课批的对象不仅仅是田根，而且还有可能是轮田（或称众田、祭田等）。如《清光绪二十九年（1903）十二月谢年永立预当课田批契》载：

① 周正庆、郑勇主编：《闽东家族文书》第1辑《古田卷上》，第146页。

② 同上书，第130页。

立预当课批谢年永，承上手有太高祖朝楚公抽有祀典……共民田三号，又及田租在庄，共应三十石正，又及本乡该租一石三斗陆升正，历来照序三大房轮流管业无异。算至光绪甲寅年冬，是永出课当年分；乙卯年冬，是永收租当年分。今因粮差急迫，无钱完粮，自情愿遂托中向在本家族叔兆盈边入头承预当课为业。仝中三面言议，时得预课当出钱五十三千三百文，合本利正。其钱是永亲收足讫。其钱俟至甲寅年十一月末备办本利一足送还，不敢欠少。于若欠少，即将所预课之田及租照凭公估价钱，全轮田及租任与盈前去乙卯年耕一春收一冬在庄收租，且永不敢霸阻等情。其完粮祭墓俱是盈料理，中间授受清楚，并无抑勒车算情由，亦无典挂外人财物。倘有来历不明，是永出头抵当，不［涉当主］盈之事。两家允悦，各无反悔，今欲有凭，托立预当课批一纸为照。[①]

这里必须说明，闽东为宗族聚居之处，有大量众田的存在，而且基本上按房轮耕、轮收。这些众田的产权性质又有不同，大部分是根面全一的轮耕田，有些是轮流收租的大租田（田面），还有些是转手来的轮耕田根，但它们有一个共同的特点，就是轮流管业。在该契中，谢年永所课的对象，既有轮耕田，又有轮收的大租。从这里，我们可以得出一个结论，课契比根契用得更广，因为根契只适用于有田根的土地（包括田根与全业田），而不能用于只能收租的大租田。从这个意义上说，课契几乎等同于典契或卖契（典、当、卖、租等概念在闽东混淆使用，笔者将在其他文章讨论）。“课”与“卖”字的唯一差别似乎是在于“预卖”，即将未收成年份的收益提前变卖。变卖之后，是以利息的方式返还，还是将土地交给对方耕作，或是将大租交给对方收租，要视情况而言。

至此，我们大致可以知道，“课”来源于“课租”，其实际的含义等于“典”“当”“卖”，所以与“根”“替”等词有交叉的地方。另外，我们还可以从《清嘉庆十六年（1811）十二月李德臣立承现课批契》中再次找到“课”始于“课租”的佐证：

立承现课批李德臣，今因缺少田土耕种，遂托中向在本厝堂兄朝宝边承出田一号……递年冬成收割之日，理还主租五石乡正。三面言议，递年又备办现课钱七千文正，言约至十二月二十日止交还，不得欠少只文，如或两项田租及现课价钱缺少一项，即将此田退还宝另召别耕，且德臣不敢霸耕等情。如是不负两项田租及现课钱，

① 周正庆、郑勇主编：《闽东家族文书》第1辑《屏南卷上》，第278页。

田与德臣耕作还租，且宝不敢召种。二家甘允，各无反悔。今恐口说无凭，托立承现课批一纸付于为照者。[①]

李德臣向堂兄租种的土地当属佃田，每年冬季，既要向业主交租谷五石，又要向堂兄交现课钱7000文。值得注意的是，这里不是提前征收“课租”之价，而是“递年备办”现钱；属于闽东契约中为数不多的货币租，故而称之为“现课钱”。

四、结语

根契、替契、课契是闽东契约中非常重要的类型，三者语义不同但又存在着关联。根契主要用于有根的土地及其他产业；替契主要用于不完整产权的产业；而课契用途更广，凡是将土地及其他产业出租并收取租价，都可以称为“课”。由于众多课契是为了应急而订立的，所以“课”有提前征收的特点，但提前征收并不是它的本质特征。

清代以来闽东的特殊契名，除了“驳”“拨”“缴”“撤”“判”“拼”“根”“替”“课”之外，还有“暂”“托”“放”“借”等词，总而言之，闽东的契名术语，有一定的复杂性，可能与以下原因有关：

1. 受到方言的影响，出现一词多义和一义多词的书写形式。如同样是兑契，柘荣等地写作“兑驳”“兑博”或“对博”，寿宁写作“兑便”或“对便”。在福州话系统中，“兑驳”一词的重心在“驳”字，因此，又可能与“拨”字互相干扰。但二者所表达的词义有一定差异，“驳”强调的是二者的对换，“拨”强调的是某一方拨给另一方的行为。而表达这个“拨”字的含义时，又可能用“扒”“拔”等近义词来代替，这些都是一义多词造成的。而对于“判”或“拼”而言，它既可以表示将土地、山场出租，也可以表示将林木出卖，此则是一词多义的结果。

2. 在一定程度上受到亲情因素及买卖、典当等忌讳心理的影响，一些典卖契采取委婉的说法，用“送”“托”“放”“缴”“拨”“借”等词来代替，而其结果往往仍有价格交易。

3. 受到不完整产权的影响，所以多用“根”“替”等词。“根”契最初当是收取押租——“根钱”之后，把土地的田根让渡给对方。之后，这个词的使用范围进一步扩大到田根的再次转让，在柘荣等地，“替”字更准确地表示了这一含义。而“替”字还可

① 周正庆、郑勇主编：《闽东家族文书》第1辑《古田卷上》，第443页。

以用于不完整产权的大租田让渡。

4. 除此之外，契名可能也受到民间契约表达习惯的影响。契约的文字追求简约，其契名尤为如此。契名一般是以“立典契”“立卖契”“立当字”“立借字”等进行命名，突出最重要的内容是“典”“卖”“当”“借”。随着地权的分化与典卖租借形式的多样化，“根”“课”“暂”等词被突显出来。因闽东的田地买卖，多数都是典当、活卖性质，保留了回赎权，极少绝卖，罗源一带的“立暂契”就突出了这一特点。闽东的土地买卖界线是模糊的，其特点是典卖不清、典当不清、租卖不清、贴借不清，所以“课”字很好地代表了民间资金周转的各种行为。

〔作者孙清玲，福建师范大学社会历史学院。福州，350117〕

清代处理当赃问题的法律机制
——以江、浙二省的立法讨论为中心

李文清

摘　要：清代中期，商品经济发展迅速，商人地位显著提高，与此相应，政府的法律法规也做出了一系列有意义的变动。本文主要关注18世纪浙江与江苏两省政府围绕如何处理当铺收赃问题而进行的法律改革，在这一改革过程中，地方政府的立法讨论始终对如何平衡“中央”与“地方”、“商困”与“民穷”的矛盾而争论不定，因而也产生了诸多措施以不断完善细化处理当赃问题的法律机制。从结果来看，虽然有一部分措施并未能长久地落地实施，但这些立法讨论仍旧在一定程度上弥补了相关法律的滞后与不足，有效保障了典商的利益并为商业发展创造了良好的制度环境。

关键词：当赃问题；地方法规；典当

当赃是指盗贼将偷取的赃物在典当铺中进行质当的行为。古代典当业因其收受财货的性质，经常成为盗贼出脱赃物的重要渠道，因此如何处理当铺中的赃物，常常作为政府如何处理盗贼问题的衍生问题而存在。但与一般贼盗案不同，当赃问题还与典商的利益休戚相关，因此当赃问题的处理实际上是一个政治、法律、商业三方交汇的场域。表面上看，地方政府对当赃的处理反映了地方治理过程中法律机制的不断完善，但更深层的，地方政府对当赃问题的反复讨论，反映了司法制度在市场交易中的运作与对市场交易的干预。

在制度经济学的观念里，任何市场交易都需要一套相应的市场制度做基础，价格机制才能顺利运作。相应地，建立起一套行之有效的法律规范以降低不必要的交易成本、降低交易风险，不仅是典商格外关切的问题，也是政府管控市场的主要考量。对于典商来说，“当赃”就是交易成本的一环，为了降低误收赃物而造成“当本无归”的风险，商人反复请求政府变通法律以体恤“商困”，而地方官也不断在是否体恤，以及在何种程度上体恤"商困"上争论不定。在双方不断的博弈拉扯中，官与商双方逐渐找到一个利益的平衡点，以促使司法机制能适应更复杂的经济活动，进而提升对社会资源的控制力。

清代处理当赃问题的直接立法依据见于乾隆五年（1740）的《大清律例·刑律·贼盗上·强盗》："强窃盗贼见获之赃，各令事主认领外，如不足原失之数，将无主赃物赔补，余剩者入官。如仍不足，将盗犯家产变价赔偿。若诸色人典当、收买盗赃及窃赃，不知情者勿论，止追原赃，其价于犯人名下追征给主。"[①]从此条律文来看，中央的立法逻辑，实际上是将当铺收赃分为恶意收赃与善意收赃：如果收赃时当铺知情即恶意收赃，需要承担刑事责任；如果收赃时当铺不知情即善意收赃，只需要承担部分民事责任，将收典的赃物由官府追回，并还给原失主。此条律文乍看并无不妥之处，然而站在典商的立场上细究则会发现，善意收赃的典商在典物收当时，由于无法预估的风险，承担了巨大的经济损失。故而，在商言商的典商必然要为了自己的利益而奔走呼号，迫切希望地方政府可以出台地方法规，以作为对中央律例变通之策，这才造就了18世纪官商之间在当赃问题上不断博弈的图景。

一、商困当恤：风波不断的典商请呈

从江、浙二省对于当赃问题的文献记载来看，政府的讨论从康熙四十年（1701）绵延至嘉庆九年（1804），前后历时103年，其间一波多折，纷纭不断，除了与政府的利弊衡量有关，其源头实则是民间典商。从康熙年间到嘉庆九年，由典商带头以"商困"为名，就当赃问题向政府请呈共计13次，其姓名被记录在案的典商有51人，只在乾隆一朝就有11次典商请呈，从乾隆十七年（1752）到乾隆二十七年（1762），几乎每年都有一次，人数最多时有41户典商联合请呈，由此可见当赃问题在典当行业所受重视之深。

浙江嘉兴县保留的乾隆五年由典商邵祥和等41人所立的《窃盗质当勒石碑》记录了仁和县、钱塘县典商王泰亨请呈的前后始末，为我们从典商角度了解当赃问题的重要性提供了宝贵的史料。

> 乾隆四年三月十八日，据具呈仁、钱二县，典商王泰亨、胡隆泰等呈称切（亨）等揭本输饷，济民缓急。凡趁当者，万难查究来历，故向例贼赃供明，持票押同到典，

① 田涛、郑秦点校：《大清律例》卷二三《刑律·贼盗上·强盗》，北京：法律出版社，1999年，第380页。

> 识认定案，追本取赎，奉前宪勒石可据。自河督田立法，盗赃起验，给主于犯属名下，追还当本，文内未分强窃，乘机扭混，流毒无穷。虽蒙宫保督宪李有劫案给与凭据，押起窃案，不得藉例累商。又宫傅督宪嵇有毋使当本空悬之檄，而事主、贼犯俱置罔闻，迩年以来，有一贼赃至数十金者，有一票数至十余两者，有贼已就获，而始当者有满期已过而着起者，有无主识认，贮库霉烂者，有本非贼赃，经捕串取者纷纷起取，百整从生，纵蒙比追当本，但银已入手。焉肯吐偿，徒费天心，从无丝毫呈缴，竟以输饷。便民之典为窃贼赔赃之主输饷，尚有额征，赔赃反无定数。[①]

从这篇请呈中，可以看到典商的直接诉求是“循例建碑，到典识认，交本取货”，即典商希望将盗贼当在典铺的赃物由事主识认后再支付当本取回，这显然是一种转嫁风险、弥补亏损的做法。而“循例建碑”，由后文可知是指康熙六十年（1721）监生徐汶和典商孙载森被王大索诈一案，此案件使得当时政府出台了“贼赃令原督捕同失主往当认明，原赃物仍贮当内，俟追出当本，免利取赎，到官给主”[②]的规定，因而成为典商王泰亨请呈遵循的立法依据，也成为其请求合理性的来源之一。

除了有前例可依外，王泰亨还提出了其他理由来为自己请呈的合理性增加砝码。首先是“揭本输饷，济民缓急”。这句话不仅是对典当行业功能的描述，更是典商屡次请呈的底气所在。于国家层面而言，清代施行向典当业收税的政策。据统计，乾隆十八年（1753），全国共有当铺18075座，收典税90375两；嘉庆十七年（1812），全国共有当铺23139座，收典税115695两。[③]于民间层面，典当业作为金融链条上的重要一环，在平民的经济生活中还担负着调剂缓急的功能。[④]故而王泰亨认为，“于国有功、于民有利”的典商应当在当赃问题上得到优待处理。

其次，王泰亨以“凡趁当者，万难查究来历”为由，抛出了典当行收受赃物的不可避免性，以此来减轻在当赃问题中典铺应承担的责任。然而，地方官员对典当行业是否有能力甄别所收物品为赃物有着自己的判断。乾隆二十一年（1756）浙江巡抚杨廷璋在

① 《窃盗质当勒石碑》，载嘉兴市文化广电新闻出版局编《嘉兴历代碑刻集》，北京：群言出版社，2007年，第314页。

② 同上。

③ 参见曲彦斌：《中国典当史》，北京：九州出版社，2007年，第196页。

④ 如林云铭《挹个楼遗稿·徽州南米改折议》中所说：“徽民有资产者，多商于外。其在籍之人，强半贫无点锥，往往有揭其敝衣残履，暂质升合之米，以为晨炊计者。……然巨典高门，锱铢弗屑。于是有短押小铺，专收此等穷人微物，或以银押，或以酒米押，随质随赎。”在《治浙成规·贼犯当赃犯事到官，令事主措备一半本银，赴典认明回赎》一篇中，提刑按察使司官员谢田也认为“典铺输客便民”。参见《治浙成规》卷二《贼犯当赃犯事到官，令事主措备一半本银，赴典认明回赎》，载官箴书集成编纂委员会编《官箴书集成》第6册，合肥：黄山书社，1997年，第388页。

批文中写道“窃贼当赃多在黎明之候，且当本轻贱，形迹可疑，本易觉察”[①]，也就是说巡抚认为盗贼为了掩人耳目一般多在黎明之际当赃，且急于脱手，所以价格更低，因此典商可以从时间和价格两方面来判断是否是赃物。但根据笔者对《当行杂记》《当谱》《典业须知》《典务必要》等典当行商书的查阅，其中并未明确记载如何辨认赃物，反而有叮嘱“所收物品来历需要细细盘问，以免收赃”[②]的字句，可见行内的确没有判别赃物的有效办法，唯有倚靠从业者的小心。因此对于当物是否为赃物，典当行难以凭借外观辨识查验，王泰亨的此条理由实为合乎情理。

最后，王泰亨从现行当赃律例的实施情况出发，指出了赃物立即查起给事主所造成的四个弊端。其一是盗案发生后，贼犯捉拿归案率并非百分之百，这使得从盗贼名下追还当本的规定通常有名无实，以致典商在贼赃一项上亏损有“至数十金者，有一票数至十余两者”。其二是由于贼犯捉拿后需要立即提赃，是以常会出现已经过了赎当期限的赃物也要被官府强行提取的状况，扰乱了典当行的正当经营。其三是官府将赃物提走后，实际上会出现大量赃物无人认领的情况，这些赃物只得贮库发霉，以典商的谋利视角看，这无疑是经济资源的浪费，这些无主赃物与其令其发霉，不如驻留当铺。其四是当赃识认与当本追还过程中存在严重的捕差诬指索诈、盘剥侵扣的行为，这一点在日后典商的请呈中也被反复提及。《吴文节公遗集》记载，捕差丁役张福等人教唆贼犯朱星诬指典商邓唐收买赃物，借机中饱私囊，于是捕差陈发等人竟将邓唐捉拿，私刑赫诈十八日。[③]无怪乎典商会因此而不断请呈。

综上所述，当有“输客便民”之功的典商以充分理由就当赃一事向地方政府请呈变通地方法规时，必然会引起当地官员的高度重视。

二、当赃何解：恤商立场下的制度调整

典商的建议由县至省层层反馈，最终在提刑按察使司、巡抚、总督之间引发了激烈的立法讨论，其中浙江、江苏两省尤为盛大，而且围绕当赃的立法原则做出了具体的制度调整。

---

① 《治浙成规》卷五《典铺窃赃先行查起给主于犯属名下追还当本·附旧详案》，载官箴书集成编纂委员会编《官箴书集成》第6册，第497页。

② 佚名撰、丁红整理：《典务必要》，载中国社会科学院近代史研究所近代史资料编辑组编《近代史资料》总71号，北京：中国社会科学出版社，1988年，第12页。

③ 参见〔清〕吴文熔：《吴文节公遗集》卷四〇《批瑞州府禀邓黎氏控案由》，清咸丰七年（1857）吴养原刻本，第542页。

（一）以强盗、窃盗分别处理

根据《窃盗质当勒石碑》的记载，乾隆四年（1739）三月十八日，浙江省杭州府仁和县与钱塘县的典商王泰亨与胡隆泰就当赃的处理办法一事向政府请呈，此则文献是目前所见将当赃分强、窃案件分别处理的最早记录。在此请呈中，典商认为自田文镜重新立法之后，赃物开始不分窃案、强案，一律先行提起给事主，再从贼犯名下追还当本的做法弊端丛生，既损害了典商的利益，又使得贼犯愈加猖狂。幸而后来闽浙总督李卫提出劫案赃物“给与凭据，押起窃案，不得藉例累商”的规定，以及继任总督嵇曾筠发布“毋使当本空悬”的告令，才稍微缓解了典商的苦累。然而如此法良意美的规定并未得到有效的执行，典商仍然受殃颇深。是以，典商王泰亨等人才重提前情，提出希望依照康熙六十年的规定，再行勒禁。这一呼吁得到了杭州府内众多典商的响应支持，41位典商向各自所在的县衙提出请呈。①

然而此请呈在报送上级批示后，却遭到了巡抚卢焯的质疑。卢焯认为前例文中并没有将赃物分成强盗、窃盗两种性质分别处理的办法，典商的请呈与中央律例颇有违背，故而批示下级进一步核查清楚。②接到批示的按察使郑禅宝，再次追溯核查过去对于此条律例的释读执行方式，认为“条例并无窃贼字样，似乎耑（专）指盗劫而言”，在此条例基础上，如果不分盗案、窃案，概令典商交本取赎，才是与中央律例相违背，因此郑禅宝提出应对盗案、劫案分别处理，具体办法是只将盗案赃物仍照定例，立即查起给事主，其他窃贼案件中的赃物由事主认明后暂时贮存当内，等贼犯落网后再将赃物由事主免利取赎。③这一建议最终得到了巡抚、总督的认可并颁为条例，勒石遵行。

由于史料的缺失，无法得知此条例颁布后，江、浙二省在司法实践中的执行状况，但从《刑钱必览》的记载来看，乾隆六年（1741），在立法层面，政府对于盗案、窃案赃物分别处理的讨论仍未停止，这似乎可以证明，这一处理办法在政府内部或司法实践中仍然颇具争议。乾隆六年，新上任的浙江按察使徐琳提出在承认对盗案、窃案的赃物提取分别处理的情况下，进一步完善窃案赃物的提取办法，即需要出本取赎的窃赃仍旧由事主取赎，赎本在犯属名下追还给事主，但如果碰到事主无力取赎且犯人也没有家产可变卖的情况，就以三年为期，三年之内听事主随时取赎，如果三年后仍无力赎回，则

① 参见《窃盗质当勒石碑》，载嘉兴市文化广电新闻出版局编《嘉兴历代碑刻集》，第314页。

② “查例内仅称盗赃，未尝分别强盗、窃盗，同一盗也，随多随少，均为赃也。据议与例是否相符，仰再妥议。”参见《窃盗质当勒石碑》，载嘉兴市文化广电新闻出版局编《嘉兴历代碑刻集》，第314页。

③ 参见《窃盗质当勒石碑》，载嘉兴市文化广电新闻出版局编《嘉兴历代碑刻集》，第314页。

由事主和典主将赃物一同变卖，所得钱财先偿清典主所付当本，其余还给事主。[①]这一提议补充完善了事主无力取赎时赃物的处理情况，但其本质仍然是对典商更为有利，因此这一提议一出就遭到了闽浙总督德沛的反对，在经过几番讨论后，浙江省就当赃问题最终议定的结果为仍按中央律例规定，所有赃物先行还给失主，不分强、窃。[②]然而典商并没有因此善罢甘休，在此之后的乾隆十七年（1752）、乾隆十九年（1754）、乾隆二十一年（1756），嘉、秀、仁、钱等县的典商仍旧不断以“商困”为名提出变更地方法规的请求。[③]是以政府又出台了新的措施以作变通。

（二）以内结、外结分别处理

虽然按窃案、盗案分别处理的措施只短暂施行了两年，就回归中央，但是江、浙两省关于当赃处理办法的讨论仍旧进行着。乾隆八年（1743），江苏按察使等议请，略为变通中央律例，以将盗、窃案件分为内结、外结的方式分别处理当赃，即如果是州县自理的词讼和笞刑以下的外结案件，其当赃就可以在事主认明后暂时存储典内，待从贼犯处追还当本后再由事主取赎，而其他徒刑及以上重罪需要由省一级长官督抚呈送中央决议的内结案件，则按照中央定例，立即提起给事主，同时限定事主取赎期限为30个月，逾期则由典商自行处理。[④]

这一处理方式得到了上下一致的认可，于是乾隆九年（1744）三月，苏州府震泽县奉两江总督尹继善批示，立碑为禁：

> 仰典商知悉：嗣后，凡获贼供出当赃，遵照宪饬事理，赴典认明，定案详结。如果事关题请内结重案，吊起给主。倘一切外结窃案，追本免利取赎。均毋违误。须至碑者。[⑤]

如果说前者按窃案与盗案来分别处理当赃的做法是从案件轻重性质的不同来区别，

① 参见〔清〕王又槐辑：《刑钱必览》卷三《江浙二省查起当赃》，载四库未收书辑刊编纂委员会编《四库未收书辑刊》第4辑第19册，北京：北京出版社，2000年，第410页。

② 参见《治浙成规》卷五《典铺窃赃先行查起给主于犯属名下追还当本・附旧详案》，载官箴书集成编纂委员会编《官箴书集成》第6册，第497页。

③ 同上。

④ 参见〔清〕王又槐辑：《刑钱必览》卷三《江浙二省查起当赃》，载四库未收书辑刊编纂委员会编《四库未收书辑刊》第4辑第19册，第409页。

⑤《震泽县奉宪禁起窃赃碑》，载王国平、唐力行主编《明清以来苏州社会史碑刻集》，苏州：苏州大学出版社，1998年，第571—572页。

那么内结、外结的做法则是用政治手段来照顾典商利益。由于《大清律例》清晰地规定了赃物必须先行给还事主，之后再从盗贼处追还典当铺的当本的处办原则，故而省级以下地方政府想要在体恤典商的同时规避风险，只有将这种“公然”的违背转为“暗地”的变通，即将必须报送中央的内结案件，用符合中央律例的规定，将赃物立即查起给主；而将地方自行审理的案件，变通处理为将事主认明后的赃物暂时存储典内，待从贼犯处追还当本后再由事主取赎。

（三）令事主半本取赎

乾隆五十八年（1793），钱塘县典商以商本无着为由，又一次请呈。这一次请呈使得浙江在当赃问题的处理上有了新的解决措施，在选择对典商请求再一步退让的同时，也对事主利益进一步保护。新措施其实是之前内、外结处理方法的延续，即仍将盗案分内结、外结，所有外结盗案的赃物，可在赴典认明后，由事主支付典商一半的当本自行赎回，即“半本取赎”，如果事主到限不赎，则仍由典铺变卖；内结案件则仍然照例。①在同意颁布此规定的浙江按察使谢启昆看来，由于地方官漠视商本，提赃过程中捕衙人怠惰、侵扣，追赃给典始终有名无实，极大损害了典商的利益，而“半本取赎”则能在补偿典商的同时也令事主得以尽快取回赃物，实为一种商民两便的双赢方式。②

然而，谢启昆这种自认为商民两便的方式遭到了来自江苏省的质疑。嘉庆六年（1801），苏州府长洲县、吴县，江宁府上元县三地的典商前来请呈，希望江苏省能够援照浙江省窃盗当赃“半本取赎”的规定。是以江苏省提刑按察司就此事向浙江省发咨文，向浙江省提出希望删去“半本取赎”的规定，并给出了四条充分的理由：第一是两省比邻而居，在浙江体恤典商的做法下，对比出江苏省的典商更加苦累，并不公平；第二是浙江省的做法违背了定例，如果事主并不善罢甘休，以官府违例提起诉讼，势必导致奸讼不休，徒增事端；第三是当赃的处理方式会牵动对买赃的处理方式，进而引发指赃勒索的弊端；第四是典商作为富裕有力的一方，可以承担得起当物的损失，而丢东西的事主是贫困势弱的一方，往往无力承担损失，官府应当站在事主的角度体恤贫弱。③

浙江省在查核律例并讨论前任做法的基础上，站在事主的窘乏角度上，充分体谅了“半本取赎”的代价之于事主的不可行性，以及赃物对事主的重要性，并进一步分析了

① 参见《治浙成规》卷二《贼犯当赃犯事到官，令事主措备一半本银，赴典认明回赎》，载官箴书集成编纂委员会编《官箴书集成》第6册，第388页。

② 同上。

③ 参见《治浙成规》卷三《浙省外结之赃令事主备半价回赎之旧议删除，仍遵定例画一办理》，载官箴书集成编纂委员会编《官箴书集成》第6册，第415页。

两省异法将给予盗贼异地当赃以可乘之机的弊端，[1]最终在嘉庆九年（1804）五月二十九日，总督玉德批准将旧议删除，仍遵照定例与各省划一办理。[2]

三、恤商之外：司法执行中的程序微调

从上述分析来看，在当赃一事的处理办法上，政府官员的确是非常积极地重视商人团体的利益，并想出了诸多有效的规制试图介入典商的纠纷。换言之，政府已开始不自觉地注意从法律角度来维护商人的合法权益。虽然在主观上，清政府维护、扶持商人的目的是维护社会安定，调解官与商、商与商、商与民之间在经济活动中的矛盾，但政府的“恤商”政策及政策法规等制度安排方面的诸多变化，客观上有利于商品经济的发展和商人社会地位的提高，并具有极大的社会示范效应，为商人地位的提高提供了不可缺少的制度环境。虽然总体来看，上述这些“案分强、窃”“案分内、外结”“半本取赎”的直接“恤商”政策的施行经历了一波三折，以及地方官出于综合因素的考虑而未能长久地落地实施，但是在这些直接的“恤商”政策之外，地方官仍旧尽可能地对司法程序中的纰漏做出调整，以间接手段来维护典商的利益。

（一）规范起赃程序

康熙初年的闽浙总督刘兆麒率先注意到了起赃程序不规范而造成的贪污勒索之弊端，是以在《禁获盗起赃诈害积弊》中，他提出如下措施以完善当赃的处理程序：官府拿获盗贼，如赃物寄存在非盗贼处时，必须首先讯问清楚寄赃或典买之家是否知情，然后再分别对待，如并不知情而窝赃或买赃，要写明正式的书面文字材料，押解盗贼一起起赃；如知情窝赃或买赃，可以缉拿归案；如不知情，则不许株连迫害。[3]这从制度上有效避免了无辜典商因误买赃物而受牢狱之灾的风险；该法条对提取赃物的程序做了规范，如果确有误质，需要衙门派出一名差役，并由他携带当票及写明理由的官方牌面前去起赃，不许缉拿当商到官。这一规定使得提赃程序有了官方凭证，杜绝捕役从中作梗。

① 参见《治浙成规》卷三《浙省外结之赃令事主备半价回赎之旧议删除，仍遵定例画一办理》，载官箴书集成编纂委员会编《官箴书集成》第6册，第415页。

② 同上。

③ 参见〔清〕刘兆麒：《总制浙闽文檄》卷四《禁获盗起赃诈害积弊》，载官箴书集成编纂委员会编《官箴书集成》第2册，第529页。

乾隆十七年（1752），浙江按察使德福在重申前任规定的基础上进一步完善了提赃程序："准凡追起当赃务，须官为给票，令该事主协捕赴认。如仍系原赃，又令典移公同呈验，若非原失赃物不得遽行起缴，现在遵行，是该典起赃既以官票为冯，而呈验又经典移之手，该捕似难藉端滋扰。又上年十月内经富升司详明通饬，凡起赃追本该州县等务须认真办理不得假手经捕，倘敢阳奉阴违，任听经捕串捏起赃虚悬商本，一经察出官则严揭详条该经捕等立提重处，在案是立法已极周详，现又通饬遵行似亦可毋庸再议，缘奉批饬前因理合查案详覆伏候察和等。"在此基础上，闽浙总督喀尔吉善批示中规定"令典移公同收抵本，或贼犯已物不敷，即将储库无主贼物吊查算给并起，请务遵定例，令捕衙赴贼犯家起赃，如有该犯已资即开册送案，以便立时抵给商本，不致经捕侵蚀"①。首先在认赃程序上，在原先以票为证的基础上，令事主和捕役共同前往典铺认赃，避免单方面误认的情况发生；第二规定认明赃物后，令典铺直接将赃物移送府衙验证，不得经捕差之手，并且严肃刑罚，如果有阳奉阴违者立提重处，有效避免了捕差借机滋扰；第三在赃物入库后，贼犯的资产需要造册备案，以便抵扣给典商。

（二）禁止捕差侵吞

在当赃提取的司法执行过程中，基层执法人员的盘剥侵扣也是重大的问题，在《常州县谕禁捕盗诈民大害碑》中记载了捕差在贼盗案件中指盗称窝，抄抢家私的借机作乱过程，并指出，由于基层执法办事人员的队伍鱼龙混杂，经常有三五成群，贿赂上司官吏，拿着官府牌票沿村恐吓居民敲诈勒索的事件发生，更有甚者遇到大的贼盗案件，他们还会利用职务之便诬陷良民窝赃，借机中饱私囊，烧杀抢夺为祸一方。②

典商的多次请呈中都提到了捕差的勒索、侵扣的问题，这一请求当然也引起了地方官的注意。身为地方官的刘兆麒针对这一顽疾提出了如下建议：赃物经失主认明之后，可以有存贮官库或者直接让失主领去两种途径。当赃物是价值不高的非贵重物品，当铺应免于追偿其价值；如果赃物价值贵重，当本多至三五两或十两以上者，应在将盗贼家产按照法律折价赔偿失主之时一块偿还当铺，官府不许克扣隐匿。除此以外，如果赃物原失主因为自己的疏忽，没有对自己的家仆做必要防范，致使其乘机偷盗财物质当，这与普通盗贼偷盗应当区别对待，因为失主有失察之责，所以失主一定要执票携银取赎，

① 参见《治浙成规》卷五《典铺窃赃先行查起给主于犯属名下追还当本・附旧详案》，载官箴书集成编纂委员会编《官箴书集成》第6册，第494—498页。

② 参见《常州县谕禁捕盗诈民大害碑》，载王国平、唐力行主编《明清以来苏州社会史碑刻集》，第220页。

本金归还当铺，一概不许讹诈自取。[①]

康熙六十一年（1722），捕差侵害百姓，诬指良民侵害商人的事愈演愈烈，以至于发生江苏常州县29名民众集体请呈“捕盗交通，唆报良善”一事。[②]请呈中罗列了捕差的罪状，可为我们管窥捕差侵吞积弊之深为祸之甚。对于此请呈，提刑按察使司首先提出的办法是十家保结来针对诬报，“如有良民被盗妄报，遵照十家保结之法，赴案具结，以便唤讯邻甲，果系评报，即行省释”[③]。这里十家保结之法指的是每当遇到良民被盗贼诬报的情况，就请此人同里的十位邻居出面担保具结。这一办法呈报上级批示后，江苏巡抚吴存礼进一步质疑，“但十家邻甲，倘以真云假，受嘱扶同，岂不令伙贼漏网”。为避免此类相护包庇的漏洞发生，巡抚提出应当对互相包庇串供的邻保从重治罪。[④]从此以后，盗贼案件的涉案人不经由捕差传唤至公堂，而是由地保传唤，这种方法用以民治民代替以官治民，减少了贪污之弊。

（三）核查制度与奖罚分明

虽然当赃问题上，捕差的侵扣是造成典商损失的重要原因，但是县级政府的纵容与懈怠也起到了间接的推动作用。因此浙江省发布《饬防弭盗贼》，认真分析了这个问题，以严厉督办不认真捉拿盗贼的官和吏。其中指出地方官只知用强、窃推诿责任而不尽力捉拿盗匪，并有针对性地提出了三项措施：第一是建立档案，将所有已报和未报的案件造册登记，写明案件发生的时间、失主姓名、遗失地点以及所负责的兵丁捕快的姓名，交与县官备案；第二是执行核查制度，每过三日比较查验一次手册上的案件进度，府厅县衙门的承缉应捕快壮都在核查之列；第三是赏罚分明，对抓获盗贼的捕快进行奖励，如果有私刑拷打的情况则按例治罪。[⑤]除了针对捕差外，还制定了盗案发生后对官员瞒报、不尽力追拿盗贼的惩罚制度。“地方失事先将疏防文武职名开报题参，一面追缉盗贼，如隐匿不报讳强为窃，开报迟延，于疏防议处之外，另参重处，此定例也。”[⑥]除此以外，浙江为督促官员尽力办案，提出凡能够拿获过半的文武官员，可以

① 参见〔清〕刘兆麒：《总制浙闽文檄》卷四《禁获盗起赃诈害积弊》，载官箴书集成编纂委员会编《官箴书集成》第2册，第529页。

② 参见《常州县谕禁捕盗诈民大害碑》，载王国平、唐力行主编《明清以来苏州社会史碑刻集》，第220页。

③《常州县谕禁捕盗诈民大害碑》，载王国平、唐力行主编《明清以来苏州社会史碑刻集》，第220页。

④ 参见《常州县谕禁捕盗诈民大害碑》，载王国平、唐力行主编《明清以来苏州社会史碑刻集》，第220页。

⑤ 参见〔清〕刘兆麒：《总制浙闽文檄》卷三《饬防弭盗贼》，载官箴书集成编纂委员会编《官箴书集成》第2册，第517页。

⑥〔清〕刘兆麒：《总制浙闽文檄》卷一《诫饬讳盗》，载官箴书集成编纂委员会编《官箴书集成》第2册，第517页。

免除其疏防责任。

法律制度功效的发挥需要有效执行机制的构建，在当赃问题的配套机制上，地方政府显然已经开始重视这一点，并对执行制度的州县官员与差役等群体行为进行了有效规范，以程序微调的方式逐步实现了相关实效性监督机制、奖惩机制设计，从而保证当赃处理制度的有效与落实到位。

四、小结

整体而观，当铺这类收民众财货的商业组织，在经营时总难免遇上盗窃等人为损失，这些都是商业经营上的风险。这类风险的分担方式，不只是商人经营时要考虑的问题，也是政府进行社会治理时需要考虑的问题。若依《大清律例》的规定，赃物必须立即提起给主，于商人而言是承受了巨大的利益损失，当叠加的人为损失不断累积以致亏损之后，他们不惜聚讼盈廷，请呈纷纷甚或是扰攘私闹，以维护自己的利益，从而与地方政府形成对立。因此，执掌一方的地方官员很难真的完全依照中央律例行事而忽视典商的利益。因此我们看到，18世纪地方对典铺当赃法律规范的讨论，在地域上由浙江、江苏而蔓延到湖南、广东，并且在内容上由案分强、窃，变通为案分内、外结，乃至“半本回赎”，这在当时可谓有关民间商业经营赔偿责任问题的一波省级立法运动。虽然最后处理当赃的诸多改良机制都没能得以长久的落地实施，但确实引起了相当一部分地方司法官员的注意，并在若干程度上影响到后来一系列相关法律机制的变动。在这一系列有关典铺收赃责任问题的立法运动中，被各级地方官员纳入主要考量的是如何兼顾典商“有力之家”与典物民众“窘乏之户”之间的利益，而当赃立法改革的一再碰壁，正是因为地方官持有“典商素拥厚资，其平日子母相权，取利于贫民，生生不已”[①]的观点。正如邱澎生的研究结论，只有当富人无须太为穷人生活困境负太多抽象责任时，这类涉及过失责任的法律论述，才能让法律制定者更有意识地去区别收受当赃的责任归属。[②]

总之，18世纪中国有关典铺收受当赃如何处理的法律论述，让我们进一步理解了当时法律规范如何平衡典商与事主之间复杂的债权债务关系，如何平衡地方分权与中央集权间的矛盾，以及政府如何站在商人立场试图将典铺的经营风险适当地降低。这些法律

①《治浙成规》卷三《浙省外结之赃令事主备半价回赎之旧议删除，仍遵定例画一办理》，载官箴书集成编纂委员会编《官箴书集成》第6册，第416页。

② 参见邱澎生：《当法律遇上经济：明清中国的商业法律》，台北：五南图书出版公司，2008年，第209—249页。

规范的演变，将会为典铺甚至更多商业组织的结构与运作，带来更多而且更深的影响。如法律史学界通行的观点所言，尽管传统社会还未出现近代欧洲法典化运动意义上的民、商法典，但这些包括债务、债权在内的各类法律关系，却绝非与政府法律缺乏任何有意义的互动的表现。在笔者看来，这些互动不仅回答了“明清中国真的不曾出现有利市场经济发展的商业法律”的问题，更是回应了“只有近代欧洲标准下的普通法典或民商法典化运动才能算是促进经济发展的商业法律”的浅见。虽然要想更有效地论辩这些问题，仍然需要更多司法案例来检查证实，但本文通过追索18世纪实际发生于地方与中央的处理当赃问题的相关法律条文，一方面论证其间值得重视的内容变动，另一方面也关注到18世纪处理当赃问题的法律条文的修订过程，这些都让我们有机会进一步理解16到18世纪中国市场经济变迁的内在理路。

〔作者李文清，上海交通大学人文学院历史系。上海，201100〕

中国历史研究院图书档案馆藏徽州契约文书整理

李嘉锐

摘　要：徽州文书是20世纪中国历史文献领域重大发现之一，并由此逐渐形成了一个新的研究领域——徽学。中国社会科学院中国历史研究院图书档案馆藏有16000余件宋至民国时期的徽州文书，规模庞大、类型齐全、特色鲜明，具有极高的学术价值。在前人整理研究基础上，对其进行了全面的整理。面对数字人文技术的日益发展，文书的整理工作迎来了新的机遇与挑战。

关键词：徽州文书；中国历史研究院图书档案馆

徽州位于我国安徽省南部地区，古时称新安、歙州，宋宣和三年（1121），歙州更名为徽州，包括今天的安徽省歙县、休宁、祁门、黟县、绩溪和江西省婺源六县。徽州文书是古徽州地域内人们在社会生产、生活与交往过程中形成的原始记录资料，是覆盖当地人生产劳作、文化发展、社会交往、商业活动、风俗传统、宗教信仰等日常各个领域的真实、具体且相对规范的第一手材料。徽州文书根据内容大致可以分为财产文书、赋役文书、官府文书、会社文书、教育文书、商业文书、社会关系文书、宗教文书等类别。徽州文书的数量之巨、研究价值之高、现存体系之完整、年代连续性之紧密和内容的地域独特性，是其被称为20世纪中国古文献领域“第五大发现”的重要原因，堪与殷墟甲骨、秦汉简牍、敦煌遗书、明清内阁大库档案齐名。

徽州文书的大量发现始于20世纪50年代末。安徽省屯溪新华书店下设的古籍书店不仅在门店设专人进行文书收购，而且还经常到各县、乡、村等居民家中进行收购活动。之后将收集到的文书按照宋、元、明、清与民国时间线和地契、房契、田契、分家阄书、婚书、卖子契约、封山告示、禁渔告示和鱼鳞册等不同内容进行分类整理、记录在案。书店通过印制契约目录并邮寄到全国和在报刊上发表文章的方式，向外界介绍徽州文书收集整理的具体情况，随后有关徽州文书新发现的消息不断传来。[①]20世纪60年代初，徽州文物商人将这类徽州文书运送到北京，中国社会科学院历史研究所（现为中国社会科学院古代史研究所）和中国历史博物馆（现为中国国家博物馆）首先注意到了这批文物，并择其珍贵者率先选购了一些。

一、历史研究所对徽州文书的搜集、整理及出版工作

从20世纪60年代开始，历史研究所就进行了徽州文书的整理工作。当时，李济贤和牛继斌首先给文书编上号码，对文书内容做了摘要。1983年，中国社会科学院历史研究所、经济研究所，中国历史博物馆，安徽省博物馆几家单位达成共识，决定将各自所藏契约文书进行整理、归类并出版发行。在刘重日、刘永成、武新立等人的带领下，周绍泉、栾成显、张雪慧、陈柯云和图书馆的王钰欣、罗仲辉等先后进行了分类整理工作。[②]这次整理的主要目的就是出版《徽州千年契约文书》。

1988年，安徽省博物馆将所藏契约文书整理完毕，并经由中国社会科学出版社出版发行《明清徽州社会经济资料丛编（第一集）》。该书收录了自明洪武至清光绪年间有关买卖田、地、山、塘、身和借贷等，分为18个类别，共计950件原始契约文书资料。1990年，中国社会科学院历史研究所徽州文契整理组编《明清徽州社会经济资料丛编（第二辑）》，由中国社会科学出版社出版发行。该书收录了宋元明三代徽州卖田文契、卖地文契、卖屋基田文契、卖园文契、卖塘文契和卖山文契等，分为6个类别，共计697份原始契约文书资料。其中第一编收录宋元土地买卖文契12份，第二编收录明代土地买卖文契685份。

1991年，王钰欣、周绍泉主编的《徽州千年契约文书》由花山文艺出版社出版发行。该书影印了租佃文约、田土契约、合同文书、卖身契、典当文约、赋税票据等契约文书资料。该书根据原始资料直接照相，然后由分色机进行计算机排版，采用美术纸印刷，精装。其印制精度很高，文字的浓淡和朱印都可识别，能表现原始资料的形态，文字较易识别。[③]

① 参见周绍泉：《徽州文书与徽学》，载周绍泉、赵华富主编《'98国际徽学学术讨论会论文集》，合肥：安徽大学出版社，2000年。

② 参见［日］鹤见尚弘：《中国社会科学院历史研究所收藏整理徽州千年契约文书》，曲翰章译，《中国史研究动态》1995年第4期。

③ 参见翟屯建：《徽州文书的由来、发现、收藏与整理》，《上海师范大学学报（哲学社会科学版）》2006年第1期。

《徽州千年契约文书》可以说是20世纪90年代初，由历史研究所多位专家共同努力的成果，一定程度上展现了当时历史研究所在史料整理方面的综合实力。该书甄选历史研究所图书馆藏徽州文书，以朝代为划分界限，分为宋元明编和清民国编，每编各20卷。宋元明编收录散件1800余件、簿册43册、鱼鳞图册13部，清民国编收录散件1400余件、簿册79册、鱼鳞图册3部。对于选入的散契主要有两个标准：第一，契约的珍稀程度，主要是从时间角度考虑；第二，契约的完整性、代表性和史料价值，主要是综合契约的各个方面，并权衡出版时所呈现出的效果等因素。每件文书按照类型、时间进行排序编号，由三位字母和七位数字构成文书编号，例如：HZS1000001，HZ代表徽州地区；第三位字母有S/B/Y三种，其中S表示散契，B表示簿册，Y表示鱼鳞图册；数字的前三位代表朝代及年号，数字后四位则是文书归属朝代的顺序号。例如：HZS4040342，即为徽州散契，乾隆四十二年（1777）敦善堂秩下人等立合同。编者对每件文书的时间、地点、买卖双方、事由、附件等内容逐一考证，并在尽量保持原有信息的前提下进行拟题；同时，文书的影像材料标注了文书编号和原始尺寸，以便读者对文书实物大小有所了解。

21世纪，科学技术水平的提高和互联网应用发展的普及，不断推动着徽州文书整理与出版及徽学研究迈向新的高度。2000年，中国社会科学院历史研究所将收藏的徽州文书分类整理完毕，所编纂的《徽州文书类目》由黄山书社出版发行，全书共计110万字。《徽州文书类目》将当时完成整理的馆藏14137件（册）徽州契约文书按照土地关系与财产文书、赋役文书、商业文书、宗族文书、官府文书、教育与科举文书、会社文书、社会关系文书和其他文书9大类117目128子目进行归类梳理。每件文书拟题包括时间、地点、事主、事由等信息，文书馆藏编号由12位数字组成，第1位为文书种类，第2—3位为朝代，第4—5位为年号，第6—7位为年份，第8—9位为月份，第10—12位为文书序号。例如：116044011002，即为散契，清代乾隆四十年（1775）十一月祁门廖子云等卖地白契。

《徽州千年契约文书》和《徽州文书类目》两部史料整理著作，不论是从图书馆学角度，还是从文书影印与史料研究角度，都达到了当时的学术前沿水平，向学术界展现了历史研究所收藏的徽州文书所具有的极高史料价值。

二、2017—2019年历史研究所的清点整理工作

历史研究所图书馆一直重视对徽州文书的收集、整理和研究工作。2019年1月3日，中国历史研究院成立，历史研究所更名为古代史研究所，原历史研究所所藏古籍和文书

等文献资料移交给中国历史研究院图书档案馆。

在此之前，中国社会科学院为了加强本院文物资产管理，于2017年启动了全院范围的“可移动文物清理核实工作”并制订了具体的工作方案。徽州文书被列入了可移动文物清理核实工作范围。徽州文书是具有重要价值的国有资产，是中华文化和科学研究的重要物质载体。通过本次清理核实工作，可以更加全面准确地掌握文物管理情况，为实现规范化、数字化、科学化管理创造条件，为更好地开展学术研究和合理利用文物资源提供了有力支撑。

历史研究所图书馆所藏徽州文书数量较大，清点登记工作分阶段逐步推进落实。首先，充分利用历史研究所的科研优势，依托社会史研究室的科研力量，推进徽州文书的题名、时代、地点、基本内容等项目的编写与核对工作。由时任历史研究所社会史研究室主任的阿风研究员，带领该室同人和部分博士研究生，每周定时进行徽州文书的整理工作，包括认读文书，编写题名，核对时间、地点等类目，一一编写词条。经过阿风等人的初步整理，每一件文书的基本题目、时间、地点、参与人等信息得到确定。在档案袋上，科研人员分别写清文书的相关项目，装好徽州文书原件。这项工作耗时一年有余，是保证此次整理工作内容准确、有学术支撑的基础。

其次，历史研究所图书馆组织了几乎全部馆员，参与文书的编目与清点工作。为了减少对文书原件的损坏，减少搬运次数，在科研人员完成题目、时间、地点等项目的核查后，图书馆馆员直接进行拍照和电子化输入工作。图书馆馆员每3～4人分为一组，分别完成拍照、信息录入、归类、确定品相和保存状态以及上架等工作。并且，工作人员通过对比以往的徽州文书出版物，标明文书的出版情况。多个小组同时开展工作，基本保证在两年内完成了全部徽州文书的编号、题名、种类、品相、页数、出版等信息的电子化输入及档案归类存放。

最后，图书馆将原来散置在特藏库和古籍库的徽州文书，重新按照时间、地点和编号归类上架。在尽量保障原件样貌的基础上，不打乱原有顺序，集中放置在密集架中。对需要抢救性修复的文书，打包装箱，不再提供原件调阅服务，只支持馆内查看照片，做到文书保护与研究查阅兼顾，从而保证徽州文书完整地移交给中国历史研究院图书档案馆。

通过这次清点核查，发现部分契约文书原件因时代久远、运输搬运、存放条件和折叠存放等原因，亟须开展抢救性修复。据统计，散契品相大多数比较完好，另有2000余件属于微残程度，170余件属于重残程度，对于微、重残散契的修复和保存需加强重视，同时要做好整体契约文书的保存和保管工作。目前，散契按件存放于契约文书档案资料袋中，以减少损伤，纸袋封面上，该散契的编号、时间、地点、题目、种类、张数、品相和是否已出版等相关信息都有文字标识，便于工作人员查找。

契约文书的清点核对工作要求较高的相关专业知识，不仅需要辨识文书文字，草拟文书题名并编号，辨别地区、朝代、年号、时间以及类目等信息，还要对每件文书包含的数量、品相（完好／微残／重残）、保存方式和是否出版等各方面信息进行准确登记。

三、历史研究所移交中国历史研究院图书档案馆的徽州文书情况

根据多次统计对比，目前所藏徽州文书共计16400余件。中国历史研究院图书档案馆已完成徽州地区散契的分类整理工作，散契共计15300余件。从时间界限来看，明代散契文书藏量为2990件，清代为8508件（顺治至乾隆年间为3300余件，嘉庆至宣统年间为5000余件），民国时期为1385件。可以看出明清两代的散契文书占散契总数的75%以上。

表1　中国历史研究院图书档案馆藏徽州文书部分年代分布

单位：件

明代		清代		民国
嘉靖	520	康熙	759	1385
隆庆	148	乾隆	1713	
万历	1084	嘉庆	976	
天启	378	道光	1685	
崇祯	526	光绪	1396	

（注：只列出各个朝代散契数量最多的前五个年号）

就徽州文书数量而言，土地关系与财产文书、赋役文书和商业文书三类居多，这些都比较偏向于社会经济史方面。同时，有关百姓生老病死、婚丧嫁娶、宗族、风俗习气等日常生活方方面面的文书也独具特点。

本馆契约文书分类中的一级类目共有九类，下面将数量排名最多的前五类进行展示。

表2 中国历史研究院图书档案馆藏徽州文书一级类目部分分布情况

单位：件

一级类目	
财产文书	10580
赋役文书	1181
宗族文书	383
官府文书	343
社会关系文书	215

（注：只列出一级类目散契数量最多的前五类）

表3 中国历史研究院图书档案馆藏徽州文书二级类目部分分布情况

单位：件

二级类目									
财产文书		赋役文书		宗族文书		官府文书		社会关系文书	
事产买卖文书	5703	上下忙执照	473	分家书	194	政令	155	服罪甘罚文约	53
事产典当文书	1248	税单	407	安葬合同	44	诉讼文书	140	投主服役文约	38
田地皮文书	1034	归户票	110	继嗣文书	25	公文	30	社交甘结	30

（注：只列出二级类目散契数量最多的前三类）

值得注意的是，有大量的馆藏徽州文书仍未出版，其中明代有1273件，清代有7546件，民国有2334件，共11153件。这部分未出版的文书占总体的约68%。未出版的簿册有657件，体量比较大，没有逐页数字化和整理，不便于研究查阅。

这批馆藏徽州文书，由于大部分购买于20世纪60年代，搜集时间早，涉及地区相对集中，虽然散契很多，但通过地名和人名的整理，我们仍然可以回到历史现场，做归户的研究。比如，祁门有5437件，歙县有4528件，休宁有1922件，黟县有242件，绩溪有104件，婺源有12件。祁门有关十三都、十五都的康氏契约有923件，虽然没有进一步考证每件契约的来源，但其中大部分契约属于同一家族的可能性比较大。例如，编号115100506001，为弘治五年（1492）六月祁门康六新将自己开垦荒田一处卖给了侄孙康表，价白银四两三分；编号115100604001，卖田契写的是弘治六年（1493）四月祁门康六新自开荒田，卖给侄孙康表，白银一两。明显两张契约时隔一年，祁门康六新也是同一个人，并且都是买卖荒田。又如编号116040906003、116040804004、116041411001三件契约，分别是乾隆九年（1744）六月祁门康万锦卖地白契，乾隆八年（1743）四月祁门康万锦卖社会会股契，乾隆十四年（1749）十一月祁门康万锦卖山赤契。康万锦五年内先后出卖了田地、社会会股内田租、山产，由此可以推断康氏当时的经济生活状况。这批契约中，还有很多家族人员清晰、土地往来明确的类似契约，可以为深化社会经济史研究提供宝贵资料，具有较高的史料价值。

徽州文书清理核对工作，一方面有利于加强文物资产的管理。以往的清点工作由于受当时的人力、物力等条件限制，难免有疏漏不准之处。本次清理核实工作能够掌握契约文书的馆藏最新情况，不仅详细登记核对每一件契约文书编号、题名、地区、朝代、年号、时间、分类、数量、品相，而且对每件契约也都做了数字影像拍照工作。另一方面，掌握扎实、准确的基础数据后，通过建立数字化管理系统，能够实现科学统一管理和数据资源共享，有利于进一步开展更广泛的研究合作。

四、结语

徽州文书作为20世纪中国古文献领域的“第五大发现”，具有重要的资料价值和学术价值。徽州文书的原始性、独特性、地域性、文物性和学术性为历史学、经济学、社会学、人类学、宗教学等人文社会科学领域的研究提供了宝贵的史学依据。

中国社会科学院历史研究所和经济研究所、北京师范大学、南开大学、北京大学、南京大学、中山大学、安徽师范大学、北京图书馆、安徽省图书馆、天津市博物馆、安徽省博物馆，以及新疆、兰州、西安、成都、重庆等地的大学通过屯溪古籍书店、北京中国书店和上海古籍书店购入了大量徽州文书，黄山市博物馆、安徽大学徽学研究中心、黄山学院图书馆、安徽当地县档案馆及博物馆通过文物商店移交、捐赠或征集、购买等方式也积累了一定量的徽州文书。

据不完全统计，各个机构团体、个人收藏的徽州契约文书有80余万件（册），其中中山大学图书馆收藏33.8万件（册）。2010年，中山大学成立了文献遗产保护与修复研究创新基地，围绕着馆藏徽州文书和徽学研究，完成了一系列相关课题研究，其科研成果不仅有助于提升徽州文书整理、数字化工作的规范性，还推动了数字技术与人文研究相互结合的新趋势，值得学习借鉴。①

① 参见王蕾：《徽州文书、徽学研究与数字人文》，《图书馆论坛》2016年第9期。

当前，面对资料信息化、数字化的挑战，专业图书馆作为文献收藏、整理、查阅的重要公藏单位，在注重实现传统图书馆业务功能的同时，也应该更加积极地利用信息技术和网络等现代科技手段，将学术和文物价值高、保管难度大的珍贵文献资源进行数字化加工整理，让更多的学者得以方便利用，从而向数字人文的方向不断前进。

〔作者李嘉锐，中国社会科学院中国历史研究院图书馆员。北京，100101〕

《中国古文书学研究》征稿启事

本集刊作为中国社会科学院古代史研究所古代社会史研究室和隋唐五代十国史研究室合办的专业性学术刊物，以刊登中国古文书学研究的相关论文与书评为主，内容包括新见古文书的刊布，中国古文书学研究的理论与方法，从古文书学视角出发的以甲骨文、战国秦汉魏晋简牍、敦煌吐鲁番文书、黑水城文书、徽州文书、明清档案、民间文献等各类中国古文书为中心的学术研究、学术评论等。本集刊以促进中国古文书学研究为宗旨，提倡“重视史料，不尚空言”的学风，希冀为“中国古文书学”进一步发展贡献力量。

热诚欢迎各位学者不吝赐稿！

一、本集刊每年一期，截稿日期为发刊年的2月28日，出版日期为年底。

二、篇幅不限，既可发表五六千字的短文，也欢迎三五万字的鸿篇。除了论文和书评，也接受研究综述、文书校读札记等。

三、本集刊实行同行专家审稿制度，来稿处理期为3个月。稿件一经采用，作者可得到当期本集刊一册。逾期未接到通知，作者有权对自己的稿件另行安排。来稿恕不退还，请作者自留底稿。

四、投稿请提供电子版。稿件须为原创，除特殊情况外行文请使用通用规范汉字，注释采用脚注形式。详细文章格式见后附《稿件体例》。

五、来稿请写明作者真实姓名（发表时笔名听便）、工作单位、职称或职务、通讯地址、邮编、电话号码和电子邮箱，以便联系。

来函请寄：北京市朝阳区国家体育场北路1号院2号楼

中国社会科学院古代史研究所

王正华　赵洋　收

邮编：100101

电子邮件：lsswangzh@cass.org.cn

6458505@163.com

附：稿件体例

一、除特殊情况外，行文使用通用规范汉字。引用史料时，可适当保留俗字、异体字。

正文用5号字，宋体；注释用小5号字，宋体。正文大标题用4号字，黑体；小标题用小4号字，黑体。

二、文内各层级标题的层级顺序依次是：一、二、三、四……，（一）、（二）、（三）、（四）……，1. 、2. 、3. 、4. ……，（1）、（2）、（3）、（4）……。文内一级标题汉字数字后加“、”，三级标题阿拉伯数字后加“. ”，二、四级标题后紧接标题名。

三、一律使用新式标点符号，除破折号、省略号各占两个字位置外，其他标点均占一个字位置。书刊及论文均用书名号《 》。

四、第一次提及历史纪年，须在括号内加公元纪年，但不加“年”字，如：贞观十四年（640）；第一次提及外国人名，须附原名。历史纪年、古籍卷数等用汉字数字，如贞观十四年、《新唐书》卷五八。其他情况，诸如公历，期刊或杂志卷、期、号、页码，排印本古籍页码及近人论著章节、页码等，均用阿拉伯数字。引用敦煌文书，用S.、P.、Φ.、Дx.、千字文、大谷等缩略语加阿拉伯数字形式。

五、单独引文，首行缩4字，次行以下缩2字。

六、注释一律采用脚注格式（另页起重新编号）。注释号码用阿拉伯圆圈数字，作①、②、③……，其位置放在注释文字最后的右上角。不采用合并注号的方式。

特别提醒：注释时，（一）一定要注页码。（二）尽量不用“同注某”形式。（三）注号是每页单独编号。（四）朝代统一用“〔 〕”，国籍统一用“［ ］”。

七、除《旧唐书》《宋史》《册府元龟》《资治通鉴》等常见古籍外，引用古籍，应标明朝代、著者、卷数、篇名、版本、页码；引用专书及新印古籍，应标明著者、章卷数、章卷名、出版地、出版者及出版年代、页码；档案类史料，应标明编撰者、题名、时间、类型、档案号、收藏单位；未出版的民间文献等史料，应标明题名、收藏地、收藏号／收藏人。例如：

〔宋〕张齐贤：《洛阳缙绅旧闻记》卷五《白中令知人》，文渊阁《四库全书》本，上海：上海人民出版社，1986年，第231册，第45页。

《旧唐书》卷二《太宗本纪》，北京：中华书局，1975年，第31页。

〔清〕讬庸：《题为遵议直隶前玉田县知县张镇等员滥准庄头之子更名冒入民籍混行收考分别处罚事》，乾隆三十四年（1769）八月十四日，内阁吏科题本，档号：02-01-03-06414-001，中国第一历史档案馆藏。

《万历三十五年山西太平县上鲁村郭王氏立卖地契》，清华大学图书馆藏，收藏号：T3275。

引用期刊论文，应标明作者、期刊名、年代卷次、页码。例如：

吴丽娱：《论九宫祭祀与道教崇拜》，《唐研究》第9卷，北京：北京大学出版社，2003年，第283—314页。

黄正建：《中国古文书学的历史与现状》，《史学理论研究》2015年第3期，第135—139页。

引用西文论著，依西文惯例，书刊名用斜体，论文加引号。例如：

P. Demieville, *Le concile de Lhasa*, Paris, 1952, pp.50-100.

八、提交题目的英文译文。